ŒUVRES COMPLÈTES

DE

RONSARD

Paris. Imprimé par GUIRAUDET et JOUAUST, 338, rue S.-Honoré
avec les caractères elzeviriens de P. JANNET.

ŒUVRES COMPLÈTES

DE

P. DE RONSARD

NOUVELLE ÉDITION

Publiée sur les textes les plus anciens

AVEC LES VARIANTES ET DES NOTES

PAR

M. PROSPER BLANCHEMAIN

Tome II

A PARIS

Chez P. JANNET, Libraire

MDCCCLVII

LES ODES

DE

P. DE RONSARD

Gentilhomme vendomois.

Le Commentaire de N. RICHELET, Parisien, sur les Odes, est dédié à M. Achilles DE HARLAY, chevalier, conseiller du Roy en ses Conseils d'Estat et privé, premier president en sa Cour de Parlement.

AU LECTEUR [1].

Tu dois sçavoir que toute sorte de poésie a l'argument propre et convenable à son suject : l'heroïque, armes, assaults de villes, batailles, escarmouches, conseils et discours de capitaines ; la satyrique, brocards et reprehensions de vices ; la tragique, morts et miserables accidents des princes ; la comique, la licence effrenée de la jeunesse, les ruses des courtizannes, avarice de vieillards, tromperie de valets ; la lyrique, l'amour, le vin, les banquets dissolus, les danses, masques, chevaux victorieux, escrime, joustes et tournois, et peu souvent quelque argument de philosophie. Pour ce, lecteur, si tu vois telles matieres librement escrites, et plusieurs fois redites en ces Odes [2], tu ne

---

1. Cet avertissement, qui ne se trouve que dans les éditions posthumes, est de Ronsard, ainsi que les vers et arguments qu'il a mis en tête des mascarades, élégies, etc., pour en définir le genre.
2. Le mot *ode* en françois est de l'invention de Ronsard.

t'en dois esmerveiller, mais tousjours te souvenir des vers d'Horace en son Art poétique :

Musa dedit fidibus Divos puerosque Deorum,
Et pugilem victorem, et equum certamine primum,
Et juvenum curas, et libera vina referre (1).

RONSARD.

1. J'ai suivi, pour le texte des Odes comme pour celui des Amours, l'édition princeps des œuvres de Ronsard, donnée par lui en 1560, en y ajoutant les variantes importantes fournies par les autres éditions. Les vers retranchés depuis ont été, pour plus de clarté, renfermés entre deux crochets [ ].

Les odes postérieures à l'éd. de 1560 portent la date de l'édition où je les ai rencontrées pour la première fois. (P. B.)

PREFACE[1]

Mis au devant de la premiere impression des Odes.

AU LECTEUR.

Si les hommes, tant des siecles passez que du nostre, ont merité quelque louange pour avoir picqué diligentement après les traces de ceux qui, courant par la carriere de leurs inventions, ont de bien loin franchi la borne, combien d'avantage doit-on vanter le coureur qui, galopant librement par les campagnes attiques et romaines, osa tracer un sentier incognu pour aller à l'immortalité? Non que je soy, lecteur, si gourmand de gloire ou tant tourmenté d'ambitieuse presomption que je te vueil forcer de me bailler ce que le temps peut-estre me donnera (tant s'en faut que c'est la moindre affection que j'aye de me voir pour si peu de frivoles jeunesses estimé); mais, quand tu m'appelleras le premier auteur lyrique françois et celuy qui a guidé les autres au chemin de si honneste labeur, lors tu me rendras ce que tu me dois, et je m'efforceray te faire apprendre qu'en vain je ne l'auray receu. Bien que la jeunesse soit tousjours eslongnée de toute stu-

---

1. Préface étoit alors du masculin. Cette pièce et la suivante, qui datent de 1550, éliminées en 1560, se retrouvent dans les Pièces retranchées, Edition de 1617.

dieuse occupation pour les plaisirs volontaires qui la maistrisent, si est-ce que dés mon enfance j'ay tousjours estimé l'estude des bonnes lettres l'heureuse felicité de la vie, et sans laquelle on doit desesperer de pouvoir jamais atteindre au comble du parfait contentement. Donques, desirant par elle m'approprier quelque loüange encores non commune, ny attrapée par mes devanciers, et ne voyant en nos poëtes françois chose qui fust suffisante d'imiter, j'allay voir les estrangers, et me rendy familier d'Horace, contrefaisant sa naïve douceur, dés le mesme temps que Clement Marot (seule lumiere en ses ans de la vulgaire poësie) se travailloit à la poursuite de son psautier, et osay le premier des nostres enrichir ma langue de ce nom, Ode, comme l'on peut voir par le titre d'une imprimée sous mon nom dedans le livre de Jacques Peletier, du Mans, l'un des plus excellens poëtes de nostre âge, à fin que nul ne s'attribue ce que la verité commande estre à moy. Il est certain que telle ode est imparfaite pour n'estre mesurée ne propre à la lyre, ainsi que l'ode le requiert, comme sont encore douze ou treize que j'ay mises en mon Bocage, sous autre nom que d'odes, pour ceste mesme raison, servans de tesmoignage par ce vice à leur antiquité. Depuis, ayant fait quelques uns de mes amis participans de telles nouvelles inventions, approuvans mon entreprise, se sont diligentez de faire apparoistre combien nostre France est hardie et pleine de tout vertueux labeur; laquelle chose m'est agreable, pour voir par mon moyen les vieux lyriques si heureusement ressuscitez. Tu jugeras incontinent, lecteur, que je suis un vanteur et glouton de louange; mais, si tu veux entendre le vray, je m'asseure tant de ton accoustumée honnesteté que non seulement tu me favoriseras, mais aussi, quand tu liras quelques traits de mes vers qui se pourroient trouver dans les œuvres d'autruy, inconsiderément tu ne me diras imitateur de leur escrits ; car l'imitation des nostres m'est tant odieuse (d'au-

tant que la langue est encores en son enfance) que
pour ceste raison je me suis esloigné d'eux, prenant
stile à part, sens à part, œuvre à part, ne desirant
avoir rien de commun avec une si monstrueuse erreur. Doncques, m'acheminant par un sentier incogneu et monstrant le moyen de suivre Pindare et
Horace, je puis bien dire (et certes sans vanterie)
ce que luy-mesme modestement tesmoigne de luy :

> Libera per vacuum posui vestigia princeps,
> Non aliena meo pressi pede.

Je fus maintes-fois, avecques prieres, admonnesté de
mes amis faire imprimer ce mien petit labeur, et
maintes-fois l'ay refusé, apprenant la sentence de
mon sentencieux autheur,

> Nonumque prematur in annum ;

et mesmement solicité par Joachim du Bellay, duquel
le jugement, l'estude pareille, la longue frequentation
et l'ardent desir de réveiller la poësie françoise, avant
nous foible et languissante (j'excepte tousjours He-
roët et Sceve et Sainct Gelais), nous a rendus presque semblables d'esprit, d'inventions et de labeur. Je
ne te diray à present que signifie strophe, antistrophe,
epode (laquelle est tousjours differente du strophe et
antistrophe de nombre ou de ryme); ne quelle estoit
la lire, ses coudes ou ses cornes; aussi peu si Mercure la soupçonna de l'escaille d'une tortue, ou Poly-
pheme des cornes d'un cerf, le creux de la teste servant de concavité resonnante; en quel honneur estoient jadis les poëtes lyriques, comme ils accordoient
les guerres esmeües entre les rois, et quelle somme
d'argent ils prenoient pour louer les hommes. Je tai-
ray comme Pindare faisoit chanter les hymnes escris à
la louange des vainqueurs Olympiens, Pythiens, Ne-
means, Isthmiens. Je reserve tout ce discours à un
meilleur loisir; si je voy que telles choses meritent
quelque briefve exposition, ce ne me sera labeur de te

les faire entendre, mais plaisir, t'asseurant que je m'estimeray fortuné ayant fait diligence qui te soit agreable. Je ne fais point de doute que ma poësie tant variée ne semble fascheuse aux oreilles de nos rimeurs, et principalement des courtisans, qui n'admirent qu'un petit sonnet petrarquisé, ou quelque mignardise d'amour, qui continue tousjours en son propos ; pour le moins, je m'asseure qu'ils ne me sçauroient accuser sans condamner premierement Pindare, autheur de telle copieuse diversité, et outre que c'est la sauce à laquelle on doit gouster l'ode. Je suis de ceste opinion que nulle poësie ne se doit louer pour accomplie si elle ne ressemble la nature, laquelle ne fut estimée belle des anciens que pour estre inconstante et variable en ses perfections. Il ne faut aussi que le volage lecteur me blasme de trop me louer : car, s'il n'a autre argument pour medire que ce poinct là ou mon orthographe, tant s'en faut que je prenne garde à tel ignorant que ce me sera plaisir de l'ouïr japper et caqueter, ayant pour ma defence l'exemple de tous les poëtes grecs et latins. Et, pour parler rondement, ces petits lecteurs poetastres, qui ont les yeux si aigus à noter les frivoles fautes d'autruy, le blasmant pour un A mal escrit, pour une rime non riche ou un poinct superflu, et bref, pour quelque legere faute survenue en l'impression, monstrent evidemment leur peu de jugement de s'attacher à ce qui n'est rien, laissant couler les beaux mots sans les louer ou admirer. Pour telle vermine de gens ignorantement envieuse ce petit labeur n'est publié, mais pour les gentils esprits, ardans de la vertu et dédaignans mordre comme les mastins la pierre qu'ils ne peuvent digerer. Certes, je m'asseure que tels debonnaires lecteurs ne me blameront, moy de me louer quelquefois modestement, ny aussi de trop hautement celebrer les honneurs des hommes favorisez par mes vers : car, outre que ma boutique n'est chargée d'autres drogues que de louanges et d'honneurs, c'est le vray but d'un poëte lyrique de celebrer jusques à l'extremité celuy qu'il entreprend de louer. Et s'il ne cognoist en luy chose qui soit digne de grande recommandation, il doit entrer dans sa race, et là chercher quelqu'un de ses ayeux, jadis braves et vaillans, ou l'honorer par le tiltre de son païs ou de quelque heureuse fortune survenue soit à luy, soit aux siens, ou par autres vagabondes digressions, industrieusement brouillant ores cecy, ores cela, et par l'un louant l'autre, tellement que tous deux se sentent d'une mesme louange. Telles inventions encores te feray-je voir dans mes autres livres, où tu pourras (si les muses me favorisent comme j'espere) contempler de plus près les sainctes conceptions de Pindare et ses admirables inconstances, que le temps nous avoit si longuement celées; et feray encores revenir (si je puis) l'usage de la lyre, aujourd'huy ressuscitée en Italie, laquelle lyre seule doit et peut animer les vers et leur donner le juste poids de leur gravité (1). N'affectant pour ce livre icy aucun tiltre de reputation, lequel ne t'est lasché que pour aller descouvrir ton jugement, à fin de t'envoyer après un meilleur combattant, au moins si tu ne te fasches dequoy je me travaille à faire entendre aux estrangers que nostre langue (ainsi que nous les surpassons en prouesses, en foy et religion) de bien loin devanceroit la leur, si ces fameux sciamaches (2) d'aujourd'huy vouloient prendre les armes pour la defendre et victorieusement la pousser dans les païs estrangers. Mais que doit-on esperer d'eux, lesquels, estant parvenus plus par opinion peut-estre que par raison, ne font trouver bon aux princes sinon

---

1. Ronsard chantoit ses odes et ses sonnets. Orlande, Janequin, Goudmel, etc., les ont mises en chant. Il s'en trouve de notés à la suite des Amours (1552) et dans les recueils de musique du temps. (P. B.)

2. Sciamaches, gens qui combattent des ombres : de σκυαμαχέω.

ce qu'il leur plaist, et, ne pouvans souffrir que la clarté brusle leur ignorance, en mesdisant des labeurs d'autruy, deçoivent le naturel jugement des hommes abusez par leurs mines ? Tel fut jadis Bacchylide à l'entour d'Hieron, roy de Sicile, tant noté par les vers de Pindare; et tel encores fut le sçavant envieux Callimaq, impatient d'endurer qu'un autre flattast les oreilles de son roy Ptolomée, mesdisant de ceux qui taschoient, comme Ovide, gouster les mannes de la royale grandeur. Bien que telles gens foisonnent en honneurs, et qu'ordinairement on les bonnette (1) pour avoir quelque titre de faveur, si mourront-ils sans renom et reputation; et les doctes folies des poëtes survivront les innombrables siecles à venir, crians la gloire des princes consacrée par eux à l'immortalité.

RONSARD.

ADVERTISSEMENT AU LECTEUR (2).

J'avois deliberé, lecteur, suivre en l'orthographe de mon livre la plus grand' part des raisons de Louys Maigret, homme de sain et parfait jugement (qui a le premier osé desiller les yeux pour voir l'abus de nostre escriture), sans l'advertissement de mes amis, plus studieux de mon renom que de la verité, me peignant au devant des yeux le vulgaire, l'antiquité et l'opiniastre advis des plus celebres ignorans de nostre temps; laquelle remonstrance ne m'a tant sceu espouvanter que

---

1. On les salue.
2. Le poëte est loin d'être resté fidèle aux principes qu'il émet ici. Ils n'en sont pas moins curieux pour l'histoire de notre orthographe.

tu n'y voyes encores quelques marques de ses raisons. Et, bien qu'il n'ait totalement raclé la lettre grecque Υ, comme il devoit, je me suis hazardé de l'effacer, ne la laissant servir sinon aux propres noms grecs, comme en Tethys, Thyeste, Hippolyte, Ulysse, à fin qu'en les voyant de prime face on cognoisse quels ils sont et de quel païs nouvellement venus vers nous; non pas en ces vocables abismes, cigne, nimphe, lire, sire (qui vient comme l'on dit de κύριος, changeant la lettre κ en σ), lesquels sont desja receus entre nous pour françois, sans les marquer de cet espouvantable crochet de y, ne sonnant non plus en eux que nostre i en ire, simple, nice, lime. Bref, je suis d'opinion (si ma raison a quelque valeur), lors que tels mots grecs auront long-temps demeuré en France, les recevoir en nostre megnie, puis les marquer de l'i françois pour monstrer qu'ils sont nostres, et non plus incogneus estrangers : car qui est celuy qui ne jugera incontinent que sibille, Cibelle, Cipris, ciclope, nimphe, lire, ne soient naturellement grecs, ou pour le moins estrangers, puis adoptez en la famille des françois, sans les marquer de tel espouvantail de Pythagore? Tu dois sçavoir qu'un peu devant le siecle d'Auguste la lettre grecque Υ estoit incogneue aux Romains, comme l'on peut voir par toutes les comedies de Plaute, où totalement tu le verras osté, ne se servant point d'un charactere estranger dans les noms adoptez, comme Amphitruon pour Amphitryon; et, si tu me dis qu'anciennement la lettre y se prononçoit comme aujourd'huy nous faisons sonner nostre u latin, il faut donc que tu le prononces encores ainsi, disant Cubelle pour Cybelle; mais je te veux dire davantage, que l'y n'a pas esté tant affecté des Latins (ainsi qu'asseurent nos docteurs) pour le retenir comme enseigne en tous les vocables des Grecs tournez par eux en leur langue; mais ils l'ont ordinairement transformé, ores en u, comme μῦς, *mus*; ores en a, κύων, *canis*; ores en o, ὕπνος, *somnus*, tournant l'esprit aspre noté sur ύ en s, comme estoit presque leur vieille coustume avant que l'aspiration h fust trouvée. Je t'ay bien voulu admonester de cecy pour te monstrer que tant s'en faut qu'il faille escrire nos mots françois par l'y grec, que nous le pouvons bien oster, suivant ce que j'ay dit, hors du nom naturel, pourveu qu'il soit usité en nostre langue ; et, si les latins le retiennent en quelques lieux, c'est plus pour monstrer l'origine de leur quantité que pour besoin qu'ils en ayent. S'il advient que nos modernes sçavants se vueillent travailler d'inventer des dactyles et spondées en nos vers vulgaires, lors, à l'imitation des Latins, nous le pourrons retenir dans les noms venus des Grecs pour monstrer la mesme quantité de leur origine ; et, si tu le vois encore en ce mot, yeux, seulement, sçache que pour les raisons dessus mentionnées, obeïssant à mes amis, je l'ay laissé maugré moy pour remedier à l'erreur auquel pourroient tomber nos scrupuleux vieillars, ayant perdu leur marque en la lecture des yeux et des jeux, te suppliant, lecteur, vouloir laisser en mon livre la lettre i en sa naïve signification, ne la depravant point, soit qu'elle commence la diction, ou qu'elle soit au milieu de deux voyelles, ou à la fin du vocable, sinon en quelques mots, comme en ie, en i'eus, iugement, jeunesse et autres, où, abusant de la voyelle I, tu le liras pour I consonne, inventé par Maigret, attendant que tu recevras cette marque d'I consonne, pour restituer l'I voyelle en sa première liberté. Quant aux autres diphthongues, je les ay laissées en leur vieille corruption, avecques insupportables entassemens de lettres, signe de nostre ignorance et de peu de jugement en ce qui est si manifeste et certain, estant satisfait d'avoir deschargé mon livre, pour cette heure, d'une partie de tel faix, attendant que nouveaux characteres seront forgez pour les syllabes ll, gn, ch, et autres. Quant à la syllabe ph, il ne nous faut autre note que nostre F, qui sonne autant entre nous que φ entre les Grecs, comme manifestement tu peux voir par ce mot φίλη, feille. Et si tu m'accuses d'estre trop inconstant en l'orthographe de ce livre, escrivant maintenant espée épée, accorder acorder, vestu vétu, espandre épandre, blasmer blâmer, tu t'en dois colerer contre toy mesmes, qui me fais estre ainsi, cherchant tous les moyens que je puis de servir aux oreilles du sçavant, et aussi pour accoustumer le vulgaire à ne regimber contre l'éguillon lors qu'on le piquera plus rudement, monstrant par cette inconstance que, si j'estois receu en toutes les saines opinions de l'orthographe, tu ne trouverois en mon livre presque une seule forme de l'escriture que sans raison tu admires tant, t'asseurant qu'à la seconde impression je ne feray si grand tort à ma langue que de laisser estrangler une telle verité sous couleur de vain abus. Aussi tu ne trouveras fascheux si j'ay quelquefois changé la lettre E en A, et A en E, et bien souvent ostant une lettre d'un mot ou la luy adjoustant pour faire ma rime plus sonoreuse ou parfaite. Certes, telle licence a tousjours esté concedée aux poëmes de longue haleine ou de mediocre vertu, pourveu qu'elle soit rarement usurpée, non à ces rimes vulgaires, orphelines de la vraye humeur poëtique. Et si quelqu'un, par curieuse opinion plustost que par raison, se colere contre telle honteuse liberté, il doit apprendre qu'il est ignorant en sa langue, ne sentant point que E est fort voisin de la lettre A, voire tel que souvent, sans y penser, nous les confondons naturellement, comme en vent et autres infinis ; et s'il ne se contente de ces raisons, qu'il regarde la liberté des Grecs et Latins, qui muent et changent, changent et remuent les lettres ainsi qu'il leur plaist, pour obéir au son ou à la forçante loi de leurs vers, comme κραδία pour καρδία, olli pour illi. Si telles libertez n'ont lieu en nostre langue, qui est celuy qui voudroit se travailler à labourer un champ tant ingrat et inutile ? Au surplus, lecteur, tu ne seras esmerveillé si je redy souvent mesmes mots, mesmes sentences et mesmes traits de vers, en cela imitateur dés poëtes grecs, et principalement d'Homere, qui jamais ou bien peu ne change un bon mot, ou quelque trac de bons vers, quand une fois il se l'est fait familier. Je parle à ceux qui miserablement espient le moyen pour blasonner les escrits d'autruy, courroucez peut-estre pour m'ouïr souvent redire : le miel de mes vers, les ailes de mes vers, l'arc de ma Muse, mes vers succrez, un trait ailé, empaner la memoire, l'honneur alteré des Cieux, et autres semblables atomes par lesquels j'ay composé le petit monde de mes inventions. Quand tels grimaus ne reprennent d'un poëme que telles choses, ou (comme j'ay desja dit) quelque petit mot non richement rimé, ou une virgule pour un point, ou l'orthographe, lors le poëte se doit asseurer d'avoir bien dit, voire de la victoire, puis que ses adversaires, mal embastonnez, le combattent si foiblement.

RONSARD.

AU ROY

HENRY II DE CE NOM.

Après avoir long-temps sué sous le harnois,
Bornant plus loin ta France (1), et fait boire
  aux François,   [Seine,
Dans leur creux morions, en lieu de l'eau de
Les ondes de la Meuse, et saccagé la plaine
Des Flamans mis en route, et l'antique surnom
Des chasteaux de Marie (2) eschangez en ton nom;
 Après avoir gagné une bataille heureuse,
Et veu Cesar (3) courir d'une fuite peureuse;
Et après avoir fait comme un bon marinier (4),
Lequel, se souvenant de l'orage dernier,
Quand il est dans le port, soigneusement prend garde
S'il faut rien à sa nef : maintenant il regarde
Si le tillac est bon, si la carene en bas
Est point entre-fendue; il contemple le mas,
Maintenant le timon; il cherche si les coûtes
Ouvertes par l'orage aux flancs sont point dissoutes;

---

1. Dans le Luxembourg.
2. De Mariambourg, appellez Henribourg.
3. L'empereur Charles cinquiesme.
4. Tout cecy est une imitation ou plustost traduction de Marulle. (R.)

Et, bien qu'il soit au port, il n'a moindre souci
De sa nef qu'en la mer, et se rempare ainsi
Que s'il esperoit pendre au milieu de l'orage,
Et ne se veut fier au tranquille visage
Du ciel ny de la mer, pour se donner à l'eau,
Que premier il n'ait bien racoutré son vaisseau :
 Ainsi, après avoir (la guerre estant finie)
De vivres et de gens ta frontiere garnie,
Fait nouveaux bastions, flanqué chasteaux et forts,
Remparé tes citez, fortifié tes ports ;
 Bref, après avoir fait ce qu'un prince doit faire
De ce qui est en guerre et en paix necessaire
Pour tenir ton païs en toute seureté,
J'offenserois par trop contre ta Majesté
Si comme un importun je venois d'aventure
Entre-rompre tes jeux d'une longue escriture,
Maintenant que tu dois pour quelque peu de temps
Après mille travaux prendre tes passe-temps,
Pour retourner plus frais aux œuvres de Bellonne.
Toutefois le desir qui le cœur m'éguillonne
De te monstrer combien je suis ton serviteur
Me fait importuner ta royalle grandeur ;
Et si en ce faisant je commets quelque vice,
Il vient du seul desir de te faire service,
Qui, pressant, me contraint de mettre un œuvre mien
Sous la protection de ton nom tres-chrestien,
Le sacrant à tes pieds. C'est, Prince, un livre d'odes
Qu'autres-fois je sonnay suivant les vieilles modes
D'Horace Calabrois et Pindare Thebain ;
Livre trois fois heureux si tu n'as à desdain
Que ma petite lyre ose entre tes trompettes
Rebruire les chansons de ces deux vieux poëtes,
Et que mon petit myrte ose attoucher le rond
Des lauriers que la guerre a mis dessus ton front.
 Mais que dy-je ? à desdain ! j'ay tant de confiance
En ta simple bonté, que ta magnificence,
Bien que grave elle soit, ne refusera pas
Mon ouvrage donné, tant soit-il humble et bas :

Imitateur des dieux, qui la petite offrande [de,
Prennent d'aussi bon cœur qu'ils prennent la plus gran-
Et, bien qu'ils soient seigneurs, jamais n'ont à mespris
Des pauvres les presens, tant soient de petit prix.

   Ce fils de Jupiter, ce foudre de la guerre,
Hercule, qui tua les monstre de la terre,
Allant pour estre fait d'Olympe citoyen,
Ne refusa d'entrer au toict Molorchien;
Et mesme Jupiter, qui la tempeste jette,
De Bauce et Philemon entré dans la logette,
Comme d'un cerne d'or son chef environna
D'un chapelet de fleurs que Bauce luy donna.
Et toujours à sa feste en Libye honorée
Ne luy tombe un taureau à la corne dorée,
Mais souvent un aigneau; car sa grande bonté
Ne prend garde aux presens, mais à la volonté.

   Ainsi, suivant les dieux, je te suppli' de prendre
A gré ce petit don pour l'usure d'attendre
Un present plus parfait et plus digne d'un roy,
Que ja dans mon esprit je patrone pour toi.

   Cependant je pri'ray ta puissance divine,
Ainsi que Jupiter Callimache en son hymne.
« Donne-moy (ce dit-il) des vertus et du bien,
Car la seule vertu sans le bien ne sert rien,
Ni le bien sans vertu. O Jupiter, assemble
Tous ces deux poincts en un et me les donne ensemble!»
Les vertus et le bien que je veux recevoir,
C'est le moyen bientôt en armes de pouvoir
Amener ton Francus avec une grand trope
D'Asians pour domter la plus part de l'Europe;
Mais il te faut payer les frais de son arroy,
Car il ne veut venir qu'en Majesté de roy,
Bien qu'il soit fugitif et qu'il n'ait en partage
Sinon du pere sien la force et le courage.

   Aussi tu porterois la honte sur les yeux
Si luy, qui fut jadis l'ayeul de tes ayeux,
Le fils d'un si grand roy, venoit seulet en France
Donner à tes ayeux la premiere naissance.

Puis qu'il a donc trouvé le vent si à propos,
Ne le laisse languir en casanier repos
Aux rivages de Troye ou sur les bords d'Epire,
Fraudé de son chemin par faute de navire
Et par faute de gens ; car, ouvrier, je suis prest
De charpenter sa nef et dresser tout l'apprest,
Pourveu que ta grandeur royale favorise
A ton ayeul Francus et à mon entreprise.

LE PREMIER LIVRE
DES ODES

A LUY-MESME (1)

Sur la paix faite entre luy et le roy d'Angleterre l'an 1550.

ODE I. — *Strophe* I.

Toute royauté qui desdaigne
La vertu pour humble compaigne
Dresse toujours le front trop haut,
Et, de son heur outrecuidée,
Court, vague, sans estre guidée
De la raison, qui lui défaut.
O Roy par destin ordonné
Pour commander seul à la France,
Le Dieu tout puissant t'a donné
Ce double honneur dés ton enfance,
Lequel (après la longue horreur
De Mars vomissant sa fureur
Et l'aspre venin de sa rage
Sur ton pays noircy d'orage)

1. Au roi Henri II. Nous dirions aujourd'hui : Au même.

Par l'effort d'un bras souverain
A fait ravaller la tempeste
Et ardre à l'entour de ta teste
Un air plus tranquille et serain.

Antistrophe.

Certainement tousjours le sage
Augmente les dons davantage
Que jeune il emprunta des cieux.
Ta Majesté jeune et prudente
Au double tous les siens augmente
D'un artifice ingenieux.
Aussi mille felicitez
Ont bien-heuré toute ta race,
Et toy, roy de tant de citez,
Qui se courbent devant ta face,
Dés long temps tu fus honoré
Comme seul prince decoré
Des biens et des vertus ensemble
Que le destin en un t'assemble.
Mais ce bien qu'ores tu nous fais
Veut qu'on t'honore d'avantage
Pour avoir fait reverdir l'âge
Où florissoit l'antique paix,

Epode.

La quelle osta le debat
Du chaos, quand la premiere
Assoupit le sourd combat
Qui aveugloit la lumiere.
Elle seule osa tenter
D'effondrer le ventre large
Du grand Tout, pour enfanter
L'obscur fardeau de sa charge;
Puis, desmembrant l'univers
En quatre quartiers divers,

Sa main divinement sainte
Les lia de cloux d'aimant,
Et en eux alla formant
Une paisible contrainte.

Strophe II.

Adonc, meslant dans ce grand monde
Sa douce force vagabonde,
Les asseura d'un doux repos;
Elle fit bas tomber la terre
Et tournoyer l'eau qui la serre
De ses bras vagues et dispos;
Du soleil allongea les yeux
En forme de flèches volantes,
Et d'ordre fit baller aux cieux
L'ordre des estoilles roulantes.
Elle courba le large tour
De l'air qui cerne tout autour
Le rond du grand parc où nous sommes,
Peuplant sa grande rondeur d'hommes
D'un mutuel accroissement:
Car, partout où voloit la belle,
Les Amours voloient avec elle,
Chatouillans les cœurs doucement.

Antistrophe.

Lors pour sa juste récompense
Le sainct monarque qui dispense
Tout en tous (dont le grave front,
En se clinant pour faire sine,
Croulle la terre et la racine
Du firmament jusques au fond)
Fit seoir la paix au dextre flanc
De son grand trône d'excellence
Et près du senestre à son rang
Logea le dieu de violence.

De l'un les grands princes il oingt,
De l'autre durement les poingt,
Tous effroyez d'ouyr les armes
Craquer sur le doz des gendarmes.
De l'un jadis il honora
Les vieux pères du premier âge,
Et de l'autre il aigrit la rage
Contre Ilion, que devora

Epode.

Le feu grec, quand mille naus,
Ainçois mille et mille foudres,
Esclatèrent mille maux
Dessus les troyennes poudres.
Tandis que le feu tournoit
Forcenant parmy la ville,
Et que l'étranger s'ornoit
De la despouille servile,
Une aspre fureur d'esprit
Le cœur de Cassandre éprit,
Et, comme toute insensée,
Son corps tremblant çà et là,
Au fils d'Hector s'en alla
Pour lui chanter sa pensée.

Strophe III.

Bien que le feu gregeois nous arde,
Tant soit il cruel, il n'a garde
D'estoufer pourtant ton renom,
Enfant dont la race fatale (1)
Dedans la terre occidentale
Fera regermer nostre nom.
Ja déja Danube t'attend

---

1. La suitte destinée de tant de rois. (R.)

Sur le bord de sa rive humide (1),
Et ce grand marest (2) qui s'estend
Pres des lévres de l'eau Pontide (3):
C'est-là, c'est-là, c'est où tu dois
Pour quelque temps donner tes lois;
C'est où l'arrest des dieux t'octroye
Fonder encore une autre Troye (4),
Resuscitant par ton moyen
L'honneur des tiens et leur proësse,
Ayant vangé dessus la Grece
L'outrage fait au sang troyen.

Antistrophe.

Après le cours de quelque année,
L'ire de Ceres forcenée,
Pour, devôt, n'avoir satisfait
A ses honneurs, toute mutine
Te contraindra par la famine
De quitter ton mur imparfait.
Horriblant (5) ton corps de la peau
D'un tigre, déja, ce me semble,
Je te voy guider un troupeau
De vingt mille Troyens ensemble:
Je voy ce troupeau pelerin (6)
Déja bien loin outre le Rhin

1. Et de fait qu'il n'y a point d'autre fleuve plus commode ny de plus grande estendue par où ce prince pust venir és Allemaignes ny és Gaules. (R.)
2. Le Propontis, qui est au devant du Pont Euxin, entre l'Hellespont et le Bosphore Thracien. (R.)
3. Avant que d'entrer au Far de Constantinople et de là en la mer Majour, c'est-à-dire au Pont Euxin. (R.)
4. Il entend la ville des Sicambriens, bastie par les Troyens. (R.)
5. Rendant comme sauvage et herissé. (R.)
6. Colonie troyenne, comme Pyrrhus appelloit les Romains. (R.)

Enrichir Troye de louanges
Et du butin des roys estranges,
Ayant trompé mille peris,
Ains que bastir aux bords de Seine
Les murs d'une ville hautaine
Du nom de mon frere Paris.

Epode.

Là tes enfants dompteront
Les rois francs d'obéissance,
Et jusque au ciel porteront
L'empire de leur puissance.
Donc, cependant que les Grecs
Chargent leur dos de bagage,
Nous de cris et de regrets,
Donne voile au navigage,
Sus l'eschine de la mer
Fais les vagues escumer,
Pour replanter notre race
Où te traîneront les cieux
Et le forçant veüil des dieux,
Qui jà t'ont borné ta place (a).

a. Var. (1587) :

Ja déja j'entens la vois
De Seine, qui te desire,
Et la défaite des rois
Esclaves de ton empire;
J'enten le bruit des chevaux
Et le cliquetis des armes,
Et toy, noble de travaux,
Commander à tes gendarmes.
Ores tu ne peux sçavoir,
Comme enfant, ny concevoir
Ton heur que je prophetise.
Quand l'âge t'animera,
Alors ton bras s'armera
Pour achever l'entreprise.

Strophe IIII.

A-tant acheva la prestresse (1),
Et, folle du Dieu qui luy presse
L'estomac chagrin et felon,
En rechignant s'en est allée,
Nuds pieds et toute eschevelée,
Dedans le temple d'Apollon.
Andromache, qui remâcha
Les mots de Cassandre évolée,
Son fils secrettement cacha
Dessous figure recelée ;
Car Junon, qui ne vouloit plus
Que le nom troyen revinst sus,
Ardoit d'en abbatre la race
Et Francus tuer sur la place,
Sans Venus, qui soudain feignit
Une idole à lui ressemblante,
Dont Junon d'une main ardente,
En lieu de Francion, teignit

Antistrophe.

La terre de sang, et la feinte
Garda le vrai ; puis, après mainte
Fortune dont il se sauva,
Enterra le corps de sa mère
Dans le vain tombeau de son père,
Qu'entre les Grecs elle éleva (a).

a. Var. (1587) :
Sans Jupin, qui l'enfant mua
En une semblance animée,
Que Pyrrhe, de sa main armée
D'une tour, à terre rua.

Antistrophe.

Du faux sang la place fut teinte :

1. Cassandre, prestresse d'Apollon.

Son cœur elle ouvrit d'un couteau,
Ayant sceu la fausse merveille,
Comme l'orage avoit sous l'eau
Noyé son fils prés de Marseille (1).
De pleurs la tombe il honora (2)
Et de beaux (3) jeux la decora,
Par joustes esprouvant l'adresse
De la phrygienne jeunesse (*a*);
 Enfin à terre il se coucha,
Et d'une grand coupe dorée
Sur la vuide tombe Hectorée
Du lait par trois fois épancha.

Epode.

Lors la tombe en deux s'ouvrit
Et l'obscur de ses crevasses
Hors des enfers découvrit

Ainsi la fraude de la feinte
Le corps de Francion sauva.
En Buthrote, vivant sa mere,
Feignit le tombeau de son pere,
Qu'entre les Grecs il esleva.

a. Var. (1587), remplaçant les 104 vers suivants :

Puis faisant la vague escumer,
Invoquant Junon et Neptune,
Hazardeux, chercha sa fortune
Au gré des vents et de la mer.

1. En la coste de Provence, où quelques uns de ses vaisseaux furent portez par la tempeste, comme il se voit en la Franciade. (R.)
2. A la mode ancienne, avec des pleureux à loüage. (R.)
3. Qui se faisoient entre les Romains le neuviesme jour du decez, et pour cest effect estoient appellez *novendiales ludi.*

Une ombre de quinze brasses.
Tout le sang qui lui froidit
Le cœur, que la peur enserre,
Le corps tout plat lui roidit.
Dessus l'étrangère terre
Une voix par l'air s'oüit,
Qui les sens lui éblouit,
Lui chantant sa destinée,
Qui jà déjà le hâtoit,
D'autant qu'au ciel elle estoit
Par arrêt déterminée.

Strophe v.

Mon fils, dit l'ombre, prends bien garde
Que ce pays ne te retarde,
Ny tes labeurs, tant soient ils durs.
Mais fuy ces champs, mais fuy ces rives,
Afin que, paresseux, ne prives
Les tiens de leurs honneurs futurs.
Je voy desja fleurir ton los
En ce pays ou la Dunoue
Traîne en la mer ses larges flots
Et par les champs la Seine noüe.
Sus l'une tu dois maçonner
Une autre Troye, et luy donner
Le nom de Sicambre, où ta race
Usera quelque temps d'espace.
Mais sus l'autre non seulement
Mille ans borneront sa demeure ;
Car le ciel veut qu'elle y demeure,
Et demeure éternellement.

Antistrophe.

Après que par le veuil celeste
La pale famine et la peste

Auront tes soldats esclaircis,
Eux, quittant leur ville malade,
Sous toi faits nouvelle peuplade,
Peupleront des champs mieux assis.
Ton bras adonque poussera
Si courageusement tes bandes
Qu'à coups d'épée il froissera
Les rois des terres allemandes,
Et, comme un guide diligent,
Bien plus loin conduiras ta gent,
Outre le Rhin, tant qu'elle arrive
De Seine à la fertile rive
Dans la gauloise nation,
Et là fera sa demourance
Changeant le nom de Gaule à France
Pour l'honneur de toi, Francion.

Epode.

Si le Ciel m'a fait bien seur
Des paroles qu'il m'inspire,
Tu auras pour successeur
Maint neveu digne d'empire;
Maints rois de toi sortiront,
Dont les vertus manifestes
Parmi les princes luiront
Comme au ciel les feux celestes.
Entre eux un Henry je voy,
Des meilleurs le meilleur roy,
Qui finira sa conqueste
Aux deux bords où le soleil
S'endort et fait son reveil,
Penchant et dressant sa teste.

Strophe VI.

France, par luy victorieuse,
Ne sera point tant glorieuse

De son Clovis ni de Martel,
Ni de son Charlemagne encore,
Comme je voy qu'elle s'honore
Dans les vertus d'un prince tel.
C'est ce Henry qui bastira
Les pergames de nostre ville,
Qui plus jamais ne sentira
Le fer meurtrier d'un autre Achille.
Aussi le destin ne veut pas
Que le Grec là retombe à bas,
Afin que ta race éternelle
Eternellement vive en elle,
Grosse d'empires et d'honneur,
Enfantant triomphes et gloires,
Mille lauriers, mille victoires,
Ayant tel roy pour gouverneur.

Antistrophe.

Ainsi dit l'ombre, et le tonnerre,
Tombant du côté gauche à terre,
Qui de trois feux la tombe éprit,
Elança trois flammes subites,
Ratifiant les choses dites
Et par Cassandre et par l'esprit.
Adonc Francion étonné
Dedans son cœur pense et revire
L'augure qui lui est donné.
Pour le hâter, en son navire,
Ayant son oncle interrogué,
En haute mer il a vogué;
Tant et tant l'ardeur l'importune
De courir après la fortune
Pour le veüil des dieux éprouver.
Fuy-donc, Troyen, toi et ta bande !
Si ton neveu me le commande,
J'iray bientôt te retrouver.]

Epode.

Muse, repren l'aviron
Et racle la prochaine onde
Qui nous baigne à l'environ,
Sans estre ainsi vagabonde.
Tousjours un propos desplaist
Aux aureilles attendantes
Si plein outre reigle il est
De paroles abondantes (1).
Celuy qui en peu de vers
Estraint un sujet divers
Se met au chef la couronne.
De ceste fleur que voicy,
Et de celle et celle aussi
La mousche son miel façonne.

Strophe VII.

Diversement, ô paix heureuse,
Tu es la garde vigoureuse
Des peuples et de leurs citez;
Des royaumes la clef tu portes,
Tu ouvres des villes les portes,
Serenant leurs adversitez.
Bien qu'un prince voulust darder
Les flots armez de son orage,
Et tu le viennes regarder,
Ton œil appaise son courage;
L'effort de ta divinité
Commande à la necessité,

---

1. Parce qu'il s'estoit comme perdu dans le discours d'un suject estranger; ainsi souvent parle Pindare. (R.)

2. C'est-à-dire si, outre son principal sujet, il en reçoit d'autres par induction; comme en cet endroit que l'autheur s'est eschappé sur le discours de la Franciade, combien que son but ne tende qu'à louer la paix. (R.)

Ployant sous ton obéissance;
Les hommes sentent ta puissance,
Allechez de ton doux repos.
De l'air la vagabonde troupe
T'obeyt, et celle qui coupe
De l'eschine l'azur des flots.

Antistrophe.

C'est toy qui dessus ton eschine
Soustiens ferme ceste machine,
Medecinant chaque element,
Quand une humeur par trop abonde,
Pour joindre les membres du monde
D'un contrepois également.
Je te salue, heureuse Paix,
Je te salue et re-salue,
Toy seule, Deesse, tu fais
Que la vie soit mieux voulue.
Ainsi que les champs tapissez
De pampre ou d'espics herissez
Desirent les filles des nues
Après les chaleurs survenues,
Ainsi la France t'attendoit,
Douce nourriciere des hommes,
Douce rosée qui consommes
La chaleur qui trop nous ardoit.

Epode.

Tu as esteint tout l'ennuy
Des guerres injurieuses,
Faisant flamber aujourd'huy
Tes graces victorieuses.
En lieu du fer outrageux,
Des menaces et des flames,
Tu nous rameines les jeux,
Le bal et l'amour des dames,

Travaux mignars et plaisans
A l'ardeur des jeunes ans.
O grand roy non imitable,
Tu nous aumosnes cecy,
Ayant creu Montmorency (1)
Et son conseil veritable (2);

Strophe VII.

Lequel, mettant en evidence,
Les saincts tresors de sa prudence,
Ne s'est jamais accompagné
Du sot enfant d'Epimethée (3),
Mais de celuy de Promethée (4),
Par longues ruses enseigné.
Et certes un tel serviteur
Merite que ta main royale
Recontre-balance un grand heur
A sa diligence loyale.
Il me plaist or' de descocher
Mes traits thebains pour les lâcher,
Montmorency, dedans ta gloire,
Afin que je te face croire
Que la nourriture d'un roy (5)

1. Lors connestable, le plus grand et le plus sage seigneur de son temps. (R.)

2. A la différence de ceux dont l'ambition trahissoit desja le prince et l'Estat par conseils deguisez. (R.)

3. Epimethée et Promethée etoient frères. Ils furent les deux premiers ouvriers des hommes (*dissimili manu*) : car ceux de Promethée sont prudens; ceux d'Epimethee, au contraire, sont grossiers et sans esprit. (R.)

4. De la Raison, fille du Conseil et de la Prudence, τῆς προμηθείας.

5. Nostre poëte, nourry tousjours et elevé en la maison des roys, depuis François I jusqu'à Henry III, ainsi que tu peux voir par sa vie, qu'a escrite monsieur Binet. (R.)

De bien loin nos rymeurs (¹) surmonte,
Lors que hardie elle raconte
Un vaillant sage comme toy.

Antistrophe.

Nul n'est exempt de la Fortune,
Car sans égard elle importune
Et peuples et rois et seigneurs.
Cadme sentit bien sa secousse
Et de quel tonnerre elle pousse
Les grands princes de leurs honneurs.
Mais, tout ainsi que les flambeaux
Ou du soleil ou d'une estoile
Tout soudain reluisent plus beaux
Après qu'ils ont brisé leur voile,
Ainsi, après ton long sejour,
Tu nous esclaires d'un beau jour,
Ayant cognu par ta presence
Combien nous nuisoit ton absence,
Privez de ton œil, qui sçait voir
Les pieds boiteux de la malice,
Si près œilladant la police
Que rien ne le peut decevoir.

Epode.

Et qu'est-ce que des mortels?
Si au matin ils fleurissent,
Le soir ils ne sont plus tels,
Pareils aux champs qui fanissent.
Nul jamais ne s'est vanté
D'eviter la bourbe noire
Si la Muse n'a chanté
Les hymnes de sa memoire.

---

1. Ces miserables esprits qui n'avoient rien que des rymes quand il commença à paroistre, et pensoient estre grands poëtes. (R.)

C'est à toy, Roy, d'honorer
Les vers, et les decorer
Des presens de ta hautesse ;
Soufle ma nef, je seray
Le premier qui passeray
Mes compagnons de vistesse.

Strophe I X.

Plustost que les feux ne s'eslancent,
Quand au ciel les foudres nous tancent,
Je courray dire aux estrangers
Combien l'effort de ta main dextre,
Maniant le fer, est adextre
A briser l'horreur des dangers,
Et de quel soin prudent et caut
Ton peuple justement tu guides,
Appris au mestier comme il faut
Luy lâcher et serrer les brides.
Ta vieille jeunesse et tes ans
En mille vertus reluisans
M'inspirent une voix hardie,
Et me commandent que je die
Ce regne heureux et fortuné
Sous qui l'heureuse destinée
Avoit chanté dés mainte année
Qu'un si grand prince seroit né.

Antistrophe.

Pour gouverner comme un bon pere
La France, heureusement prospere
Par les effects de sa vertu.
Rien icy bas ne s'accompare
A l'equité saintement rare
Dont un monarque est revestu ;
Aussi rien n'est tant vicieux
Qu'un grand gouverneur de province

Quand il fault, d'autant que mille yeux
Avisent la faute d'un prince.
Ne preste l'aureille aux menteurs
Et fuy de bien loin les flateurs,
S'ils veulent oindre (1) tes aureilles
De fausses et vaines merveilles,
Fardans sous vaine authorité
Le vain abus de leurs vains songes,
Subtils artisans de mensonges
Et bons pipeurs de verité.

Epode.

L'un se ronge le cerveau,
L'autre mesdit et rapporte,
S'il sent qu'un esprit nouveau
Nouvelles chansons apporte.
Ce pendant l'innocent faict
Preuve de sa patience,
Sçachant que Dieu tout parfaict
(Dieu la mesme sapience)
Ne sçauroit jamais laisser
L'orgueil sans le rabaisser
Pour hausser la chose basse.
Ostant l'honneur d'un qui l'a,
Il le donne à cestui-là
Qui par raison se compasse.

Strophe X.

Il faut qu'en me parant j'evite
L'escrime de leur langue viste
A tirer l'estoc dangereux;
Si est-ce que j'oy tousjours dire
Qu'un homme engraissé de mesdire
Maigrit à la fin mal-heureux.

1. Doucement amadouer. (R.)

Ils n'ont point le japer si beau
Que leur caquet te force à croire
Qu'un blanc habit orne un corbeau,
Ou bien que la neige soit noire;
Ton jugement cognoist assez
Les vers qui sont bien compassez,
Et ceux qui trainent une envie,
Et ceux qui languissent sans vie,
Enrouez, durs et mal-plaisans.
Par trait de temps les flateurs meurent,
Mais les beaux vers tousjours demeurent
Opiniastres sur les ans.

Antistrophe.

Prince, je t'envoye ceste ode,
Trafiquant mes vers à la mode
Que le marchand baille son bien,
Troque pour troq'. Toy qui es riche,
Toy, roy des biens, ne sois point chiche
De changer ton present au mien.
Ne te lasse point de donner,
Et tu verras comme j'accorde
L'honneur que je promets sonner
Quand un present dore ma corde.
Presque le loz de tes ayeux
Est pressé du temps envieux,
Pour n'avoir eu l'experience
Des Muses ne de leur science;
Mais le rond du grand univers
Est plein de la gloire eternelle
Qui fait flamber ton pere en elle
Pour avoir tant aimé les vers.

Epode.

Dieu vueille continuer
Le sommet de ton empire
Et jamais ne le muer,

Eschangeant son mieux au pire.
Dieu vueille encor' dessous toy
Donter l'Espagne affoiblie,
Gravant bien avant ta loy
Dans le gras champ d'Italie.
Avienne aussi que ton fils,
Survivant ton jour prefis,
Borne aux Indes sa victoire,
Riche de gain et d'honneur,
Et que je sois le sonneur
De l'une et de l'autre gloire.

A LUY-MESME.

ODE II. — *Strophe* 1.

Comme un qui prend une coupe,
Seul honneur de son tresor,
Et de rang verse à la troupe
Du vin qui rit dedans l'or :
Ainsi, versant la rosée
Dont ma langue est arrousée
Sur la race des Valois,
En son doux nectar j'abbreuve
Le plus grand roy qui se treuve
Soit en armes ou en lois.

Antistrophe.

Heureux l'honneur que j'embrasse,
Heureux qui se peut vanter
De voir la thebaine grace
Qui sa vertu veut chanter.
Je vien pour chanter la tienne
Sur la corde dorienne,

Et pour estre désormais
Celui qui de tes victoires
Ne souffrira que les gloires
En l'oubly tombent jamais.

Epode.

De ce beau trait decoché,
Dy, Muse mon esperance,
Quel prince sera touché
Le tirant parmy la France?
Sera-ce pas nostre Roy,
De qui la divine aureille
Boira la douce merveille
Qui n'obeit qu'à ma loy?

Strophe II.

De Jupiter les antiques
Leurs escrits embellissoient,
Par luy leurs chants poëtiques
Commençoient et finissoient,
Réjouy d'entendre bruire
Ses louanges sur la lyre;
Mais Henry sera le Dieu
Qui commencera mon metre,
Et que seul j'ay voué mettre
A la fin et au milieu.

Antistrophe.

Le ciel, qui ses lampes darde
Sur ce tout qu'il apperçoit,
Rien de si grand ne regarde
Qui vassal des roys ne soit.
D'armes le monde ils estonnent,
Sur le chef de ceux ils tonnent
Qui les viennent despiter;

Leurs mains toute chose attaignent,
Et les plus rebelles craignent
Les roys fils de Jupiter.

Epode.

Mais du nostre la grandeur
Les autres d'autant surpasse
Que d'un rocher la hauteur
Les flancs d'une rive basse.
Puisse-t-il par l'univers
Devant ses ennemis croistre,
Et pour ma guide apparoistre
Tousjours au front de mes vers!

A LA ROYNE SA FEMME (1).

ODE III. — *Strophe* 1.

Je suis troublé de fureur,
Le poil me dresse d'horreur,
D'un effroy mon ame est pleine,
Mon estomac est pantois,
Et par son canal ma vois
Ne se desgorge qu'à peine.
Une deité m'emmeine;
Fuyez, peuple, qu'on me laisse,
Voicy venir la deesse;
Fuyez, peuple, je la voy.
Heureux ceux qu'elle regarde,
Et plus heureux qui la garde
Dans l'estomac comme moy!

Antistrophe.

Elle, esprise de mes chants,

1. Catherine de Medicis.

Loin me guide par les champs
Où jadis sur le rivage
Apollon Florence aima (¹),
Lorsque jeune elle s'arma
Pour combattre un loup sauvage.
L'art de filer ny l'ouvrage
Ne plurent à la pucelle,
Ny le lit mignard; mais elle,
Devant le jour s'éveillant,
Cherchoit des loups le repaire,
Pour les bœufs d'Arne son pere
Sans repos se travaillant.

Epode.

Ce Dieu, qui du ciel la vit
Si valeureuse et si belle,
Pour sa femme la ravit,
Et surnomma du nom d'elle
La ville qui te fit naistre,
Laquelle se vante d'estre
Mere de nostre Junon,
Et qui par les gens étranges
Pour ses plus grandes louanges
Ne celebre que ton nom.

Strophe II.

Là les faits de tes ayeux
Vont flamboyant comme aux cieux

---

1. Comme dans Pausanias Apollon aima Bolina vierge, du nom de laquelle est nommée une ville d'Achaïe. A la mode des anciens, le poëte desguise les choses veritables de fictions et de fables, et il feint une nymphe donnant son nom à la ville de Florence, fille d'Arne, aimée et ravie par Apollon; ce qui, en effect, vouloit dire que ceste ville est pleine de courage et de doctrine, comme de vérité plusieurs admirables esprits en sont sortis et plusieurs grands capitaines. (R.)

Flamboye l'aurore claire;
Là l'honneur de ton Julien (1)
Dans le ciel italien
Comme une planette esclaire.
Par luy le gros populaire
Pratiqua l'experience
De la meilleure science,
Et là reluisent aussi
Tes deux grands papes (2), qui ores
Du ciel, où ils sont encores,
Te favorisent icy.

Antistrophe.

On ne compte les moissons
De l'esté, ni les glaçons
Qui, l'hiver, tiennent la trace
Des eaux roides à glisser :
Ainsi je ne puis penser
Les louanges de ta race.
Le Ciel t'a peint en la face
Je ne sçay quoy qui nous monstre,
Dés la premiere rencontre,
Que tu passes par grand-heur
Les princesses de nostre âge,
Soit en force de courage,
Soit en royale grandeur.

Epode.

Le comble de ton sçavoir
Et de tes vertus ensemble
Dit qu'on ne peut icy voir
Rien que toy qui te resemble.
Quelle dame a la pratique

---

1. Il faut voir icy l'histoire de Florence. (R.)
2. Clement VII et Leon X.

De tant de mathematique (1) ?
Quelle princesse entend mieux
Du grand monde la peinture (2),
Les chemins de la nature (3)
Et la musique des cieux (4) ?

Strophe III.

Ton nom, que mon vers dira,
Tout le monde remplira
De ta loüange notoire :
Un tas qui chantent de toy
Ne sçavent si bien que moy
Comme il faut sonner ta gloire.
Jupiter, ayant memoire
D'une vieille destinée
Autrefois déterminée
Par l'oracle de Themis (5),
A commandé que Florence
Dessous les loix de la France
Se courbe le chef soumis.

Antistrophe.

Mais il veut que ton enfant
En ait honneur triomphant,
D'autant qu'il est tout ensemble
Italien et François,
Qui de front, d'yeux et de vois,
A pere et mere resemble.

1. Il comprend toutes les especes de la science, la geometrie, l'astronomie et les autres, qui s'appellent toutes mathematiques. (R.)
2. La cosmographie.
3. La physique.
4. La metaphysique.
5. Car ceste vieille deesse est là haut aux cieux et aux dieux ce que la justice est icy bas aux hommes en la terre. (R.)

Déja tout colere il semble
Que sa main tente les armes,
Et qu'au milieu des alarmes
Jà desdaigne les dangers;
Et, servant aux siens de guide,
Vainqueur, attache une bride
Aux royaumes estrangers.

Epode.

Le Ciel, qui nous l'a donné
Pour estre nostre lumiere,
Son empire n'a borné
D'un mont ou d'une riviere.
Le destin veut qu'il enserre
Dans sa main toute la terre,
Seul roy se faisant nommer,
D'où Phébus les Indes laisse,
Et d'où son char il abbaisse
Tout panché dedans la mer.

A MADAME MARGUERITE

Duchesse de Savoie, sœur du Roy Henry II (1).

ODE IV. — *Strophe* I.

Il faut aller contenter
L'aureille de Marguerite,
Et en son palais chanter
Quel honneur elle merite.
Debout, Muses, qu'on m'attelle

1. Ceste princesse a combatu l'ignorance de son temps et a merveilleusement advancé l'honneur des lettres. (R.)

Vostre charrette immortelle,
Afin qu'errer je la face
Par une nouvelle trace,
Chantant la vierge autrement
Qu'un tas de rimeurs barbares
Qui ses louanges si rares
Luy souilloient premierement.

Antistrophe.

J'ay sous l'esselle un carquois
Gros de fleches nompareilles,
Qui ne font bruire leurs vois
Que pour les doctes aureilles.
Leur roideur n'est apparente
A telle bande ignorante
Quand une d'elles annonce
L'honneur que mon arc enfonce.
Entre toutes j'esliray
La mieux sonnante, et de celle
Par la terre universelle
Ses vertus je publiray.

Epode.

Sus, ma Muse, ouvre la porte
A tes vers plus doux que le miel,
Afin qu'une fureur sorte
Pour la ravir jusqu'au ciel.
Du croc arrache la lyre
Qui tant de gloire t'acquit,
Et vien sur ses cordes dire
Comme la Vierge nasquit.

Strophe II.

Par un miracle nouveau,
Un jour Pallas de sa lance

Ouvrit le docte cerveau
De François, seigneur de France.
Alors, estrange nouvelle !
Tu nasquis de sa cervelle,
Et les Muses, qui là furent,
En leur giron te receurent.
Mais, quand le temps eut parfait
L'accroissance de ton age,
Tu pensas en ton courage
De mettre à chef un grand fait.

Antistrophe.

Tes mains s'armèrent alors
De l'horreur de deux grand's haches,
Sous un beau harnois de cors
Tout l'estomach tu te caches ;
Une menassante creste
Flotoit au haut de ta teste,
Refrappant la gueule horrible
D'une Meduse terrible :
Ainsi tu allas trouver
Le vilain monstre Ignorance,
Qui souloit toute la France
Dessous son ventre couver.

Epode.

L'ire qui la beste eslance
En vain irrita son cœur,
Poussant son mufle en défence
Encontre ton bras vainqueur ;
Car le fer prompt à l'abbatre
En son ventre est ja caché,
Et ja trois fois, voire quatre,
Le cœur luy a recherché.

Strophe III.

Le monstre gist estendu,
L'herbe en sa playe se souille;
Aux Muses tu as pendu
Pour trophée sa despouille;
Puis, versant de ta poitrine
Mainte source de doctrine,
Aux François tu fis cognestre
Le miracle de ton estre (1).
Pour cela je chanteray
Ce bel hymne de victoire,
Et sur l'autel de Memoire
L'enseigne j'en planteray.

Antistrophe.

Mais moy, qui suis le tesmoin
De ton loz qui le monde orne,
Il ne faut ruer si loin
Que mon train passe la borne.
Frappe à ce coup Marguerite
Par le but de son merite,
Qui luit comme une planette
Des flots de la mer brunette.
Repandons devant ses yeux
Ma musique tousjours neuve
Et le nectar dont j'abreuve
Les honneurs dignes des cieux,

Epode.

Afin que la nymphe voye

---

1. Car à la verité ce fut chose estrange de voir sous ceste princesse, et sous le grand roy François son pere, les esprits ramenez tout à coup de l'ignorance au sçavoir, et par sa faveur un siecle d'hommes doctes qui parurent en toutes sciences. (R.)

Que mon luth premierement
Aux François monstra la voye
De sonner si proprement,
Et comme imprimant ma trace
Au champ attiq' et romain,
Callimach, Pindare, Horace,
Je déterray de ma main.

A CHARLES

Cardinal de Lorraine.

ODE V. — *Strophe* I.

Quand tu n'aurois autre grace
Ny autre present des cieux,
Sinon sortir de la race
De tant de roys tes ayeux,
J'aurois encor trop de lieux
Pour te bastir une gloire :
Car, si je veux raconter
De ton grand Buillon l'histoire,
Qui peust les Turcs surmonter (1)
Par une heureuse victoire,
Ou la fameuse memoire
De ses freres (2), ou les rois
Tes ayeux, dont la Sicile
A leur obeïr docile,
Escouta les sainctes lois;

1. Soubs le pape Urbain II, autheur de la croisade à la suscitation de Pierre l'Hermite, en l'an 1099. Et Godefroy de Buillon en fut declaré chef, combien qu'alors il n'eust autre qualité que de seigneur de Boulongne sur la mer. (R.)
2. Paul Jove dit qu'il laissa après soy une succession glorieuse, et entre autres Baudouin son frere, qui luy succeda au royaume. (R.)

Antistrophe.

Leur nom, qui le temps surmonte,
Te feroit seul immortel;
Mais ta vertueuse honte
Rougiroit d'un honneur tel.
Je te veux faire un autel,
Où, maugré l'an, qui tout mange,
Ton propre los je peindray
D'une encre qui ne se change,
Et là ce vœu je pendray,
Qui au pèlerin estrange
Racontera ta louange,
Et la vertu qui reluit
Par les ans de ta jeunesse,
Comme l'or sur la richesse,
Ou la lune par la nuict.

Epode.

Tout l'honneur qui seul en France
Du sein des dieux s'escoula,
Pour illustrer ton enfance,
Dessus ton front s'en-vola,
Et depuis s'est planté là.
Doncques, prelat de bon-heur,
Qui tiens le sommet d'honneur,
En qui nostre roy contemple
Des vertus le vray exemple,
Sois content d'un si grand bien,
Et ne souhaitte plus rien :
Car toy, qui ta vie arroses
Du miel des heureuses choses,
D'avantage, à qui je donne
Une louange si bonne
Qui te celebre en tout lieu,
Cesse de plus rien attendre

Et ne vueilles point apprendre
A te faire un nouveau Dieu.

LA VICTOIRE DE FRANÇOIS DE BOURBON
COMTE D'ANGUIEN
à Cerizoles (1).

ODE VI. — *Strophe* I.

L'hymne qu'après tes combas
Marot fit de ta victoire,
Prince heureux, n'égala pas
Les merites de ta gloire ;
Je confesse bien qu'à l'heure
Sa plume estoit la meilleure
Pour desseigner simplement
Les premiers traits seulement ;
Mais moy, nay d'un meilleur âge,
Aux lettres industrieux,
Je veux parfaire l'ouvrage
D'un art plus laborieux.

Antistrophe.

Moy donc, qui tiens dans le poing
L'arc des Muses bien-peignées,
Je ru'ray l'honneur plus loing
De tes couronnes gagnées,
Et jusqu'aux pays estranges
Je darderay tes louanges,
Tes coups de masse et l'horreur
De ta vaillante fureur
Qui tonnoit en ton jeune âge,

1. Qui fut le lendemain de Pasques de l'an 1544. (R.)

Moissonnant les ennemis
Que le martial orage
Devant ta foudre avoit mis.

Epode.

Voy voler mon dard estrange,
De ma Muse emmiellé,
Et de ta victoire ailé,
Qui vient ficher ta louange.
Ores il ne faut pas dire
Un bas chant dessus ma lyre,
Ny un chant qui ne peut plaire
Qu'aux aureilles du vulgaire,
Mais des vers graves et bons,
Haut-celebrant par ceste ode,
Dite à la thebaine mode,
François, l'honneur des Bourbons (1),

Strophe II.

Qui, dés la jeune saison,
Quand la Jouvence dorée
Frise sa crespe toison
Sur la joue colorée,
Par la pointe de sa lance
Réveilla l'honneur de France,
Lors que, mattant la vertu
Du vieil marquis (2) combatu,
Trancha les peuples d'Espagne,
A bas sans ame ruez,

---

1. Et oncle paternel de nostre roy. (R.)
2. Du marquis du Gast, qui perdit ceste journée. Les historiens du temps racontent qu'on trouva entre ses despouilles quatre mille cadenats, desquels il avoit resolu d'enchaîner les François et les envoyer aux galleres s'il eust eu la victoire. (R.)

Lorsqu'il joncha la campagne
De tant de soudarts tuez (1).

Antistrophe.

Comme un affamé lion,
Qui de soif la gorge a cuite,
Tout seul domte un million
De cerfs legers à la fuite ;
Ores rouant sa grand masse
A grands coups de coutelace,
Emmena pour son butin
Le traistre Allemant mutin (2),
Et, brulé de la victoire,
Luy grava dessus le dos (3)
En lettres rouges (4) la gloire
De la France et de son loz.

Epode.

Jamais la muse ne souffre
Qu'un silence sommeillant
En ses tenebres engoufre
Les faits d'un homme vaillant.

1. Jusqu'à douze ou quinze mille tuez, deux mille cinq cens prisonniers blessez et non blessez. (R.)
2. Car il se jetta sur le gros des Allemans et des Espagnols, qui emportoient l'infanterie de France sans luy, et n'y perdit que deux cens des siens. Maistre Antoine Arnaud, advocat du Parlement, aussi docte que fort eloquent, parle de ceste victoire en ces mots, en sa premiere Savoysienne : « Monsieur d'Anguien, sous les auspices du roy François, emporta ceste glorieuse journée, où nostre infanterie, à coups de picques, renversa furieusement toutes les vieilles bandes triomphantes des deux parties du monde, bien qu'ils fussent le tiers plus que nous, et tellement armez que nous y gaignasmes huict mille corselets. » (R.)
3. Comme il fuyoit, *occipitium ostendenti.* (Varron.)
4. Avec le fer.

La France ne voit encore
De nul prince qu'elle honore
La gloire si bien empreinte
Comme j'ay la tienne peinte,
Poussant le nom par mes vers
De toy, prince, qui es digne
D'estre seigneur de mon hynne,
Voire de tout l'univers.

Strophe III.

Muses, ne vaut-il pas mieux
Que le son de ma lyre aille
Aux vieux Bourbons ses ayeux
Annoncer ceste bataille,
Seule douce recompense
Des coups et de la despense ?
Car la poudre des tombeaux
N'engarde que les faicts beaux
Des fils ornez de merveilles
N'aillent là bas resjouyr
De leurs peres les aureilles,
Esgayez de les ouyr.

Antistrophe.

Fille du nepveu d'Atlas (1),
Poste du monde où nous sommes,
Qui n'eus oncque le bec las
D'éventer les faicts des hommes,
Va-t'en là bas sous la terre,
Et à Charles (2) et à Pierre (3)
Dy que François, leur neveu,

1. La Renommée, fille de Mercure.
2. Dernier duc de Bourbon, brave prince qui mourut au siege de Rome. (R.)
3. Second de ce nom, duc de Bourbon, qui espousa Anne de France, fille du roy Louys onziesme. (R.)

Aujourd'huy vainqueur s'est veu
De l'imperiale audace ;
Et dy que sa jeune main
N'a point desmenty sa face
Par un faict couard et vain.

Epode.

Autour de la vie humaine
Maint orage va volant,
Qui ores le bien ameine (1),
Ores le mal violant.
La roue de la Fortune
Ne se monstre aux roys toute une,
Et jamais nul ne se treuve
Qui jusqu'à la fin espreuve
L'entiere felicité.
Les hommes journaliers meurent,
Les dieux seulement demeurent
Francs de toute adversité.

AU SEIGNEUR DE CARNAVALET.

ODE VII. — *Strophe* I.

Ma promesse (2) ne veut pas,
Carnavalet, que là bas
Ton nom erre sans honneur,
Ne sans avoir cognoissance

---

1 Il dit cela à cause de la malheureuse mort de ce prince, qu'un coffre jeté, peut-être à dessein, par une fenêtre, tua à la Roche-Guyon, en février 1546, sous le roi François Ier. (R.)

2. Il s'aquitte d'une promesse faite au sieur de Carnavalet de l'immortaliser. Entre autres choses, il le loue de sçavoir parfaictement manier un cheval et d'estre brave cavalier. (R.)

Quelle force a ma puissance
Et quels vers je suis donneur.
Muses, filles du grand Dieu
Par qui la foudre est lancée,
Venez lui dire en quel lieu
Je l'ay peint dans ma pensée.
   Il est vray que j'avoy mis
En long oubly la memoire
Qu'une fois je luy promis
D'espandre au monde sa gloire;
Mais ores vostre main forte
Chasse l'injure, de sorte
Qu'il voye parfaictement
Que nulle mortelle chose
Ferme ne fut oncques close
Sous l'huis de l'entendement.

Antistrophe.

   Le temps, venant de bien loin,
M'a blasmé, comme tesmoin,
De n'acquitter mon devoir.
Au pis aller, une usure
Raclera toute l'injure
Que j'en pourroy recevoir.
C'est un travail de bon-heur
Chanter les hommes louables,
Et leur bastir un honneur
Seul vainqueur des ans muables.
Le marbre ou l'airain vestu
D'un labeur vif par l'enclume
N'animent tant la vertu
Que les Muses par la plume.
   Ores donc ta renommée
Voirra le monde, animée
Par le labeur de mes dois.
Telle immortelle largesse

Passe en grandeur la richesse
Du plus grand de tous les rois.

Epode.

Quelle louange premiere
Ma lyre te sonnera,
Resjouy de la lumiere
Que mon vers te donnera?
Diray-je l'experience
Que tu as en la science,
Ou ta main qui sçait l'adresse
D'acheminer la jeunesse
Par tes vertus à bon train (1),
Ou ton art, qui admoneste
L'esprit de la fiere beste
Se rendre docile au frain

Strophe 11.

Qu'apporta du ciel Pallas
A Bellerophon, ja las
De vouloir en vain donter
Le fils aislé de Meduse
A coups de pied, qui refuse
Le laisser sur luy monter?
Quand la nuict il entendit
Pallas, des soudars la guide,
Qui en songe luy a dit :
Dors-tu, la race æolide?
Pren le secours de tes maux,
Ceste medecine douce;
Elle seule des chevaux
Le gros courage repousse.
Luy qui soudain se reveille

---

1. C'est à dire la parfaicte et plus importante pedagogie, comme celle du roy Charles IX. (R.)

De voir un frain s'esmerveille,
Et, le prenant, l'a caché
Dans l'opiniastre bouche
Du cheval non plus farouche,
L'ayant un petit mâché.

Antistrophe.

Lors, le touchant de plus près,
Osa tenter l'air après,
Monté sur le dos volant (1),
Et, se jouant en ses armes,
Fit de merveilleux alarmes;
Dévoûtant l'arc violant,
La puante ame il embla
A la chimere à trois formes,
Et le col luy dessembla
Hors de ses testes difformes.
 A terre morte il rua
Des guerrieres la vaillance;
Mais quel méchef le tua,
Je le passe sous silence.
Dix et huit astres receurent
Le cheval qu'ell' aperçurent
Culbuter son maistre à bas (a).
L'homme qui veut entreprendre
D'aller au ciel doit apprendre
A s'eslever par compas.

a. Var. :

Au ciel maint feu l'on vid naistre
De Pegase, qui son maistre
Culbuta du haut en bas.

1. Lucian estime que ce Bellerophon fut un excellent astrologue, dont l'esprit eslevé donna sujet de feindre qu'il estoit emporté au ciel sur un cheval volant. (R.)

Epode.

Automedon ne Sthenelle,
Dont la longue antiquité
Chante la gloire eternelle,
La tienne n'ont merité,
Soit pour mollir le courage
Au cheval d'une main sage,
Ou soit pour le faire adextre,
A la gauche et à la dextre
Obeyssant à tes lois,
A fin que par ta conduite
Puisse un jour tourner en fuite
Le camp ennemy des rois.

Strophe III.

Tes ancestres maternels
Et tes ayeux paternels
Divers champs ont habité,
Si bien que qui fils t'appelle
De deux terres, il ne cele
Ta race à la verité.
Quand la bize vient fascher
La nef que trop elle vire,
Alors il faict bon lascher
Deux ancres de son navire.
La France te va louant
Pour son fils, et la Bretaigne
De t'aller sien avouant
En si grand honneur se baigne,
Si tu es fils legitime
De la vertu, que j'estime
Plus que tes honneurs divers;
C'est pour cela que ma corde,
Parlant ta gloire, s'accorde
Avec le son de mes vers,

Antistrophe.

Lesquels en douceur parfaicts
Apparoistre se sont faits
Sur le rivage du Loir,
Pour sacrer à la memoire
Les vertueux qui leur gloire
Ne mettent en nonchaloir.
 Comme le fils qu'un pere a
De sa femme en sa vieillesse,
Ce vers, mon fils, te plaira,
Bien que tard je te le laisse.
L'homme veuf n'a tant d'ennuy
De quitter son heritage
Aux estrangers qui de luy
Auront le bien en partage
Comme l'homme qui devale
Dedans la barque infernale
De mes hymnes devestu.
En vain l'on travaille au monde,
Si la lyrique faconde
Fait muette la vertu ;

Epode.

 Mais la mienne emmiellée,
Qui sçait les loix de mon doy,
Avec les flustes meslée,
Chassera l'oubly de toy.
 Les neuf divines pucelles
Gardent la gloire chez elles ;
Et mon luth, qu'ell' ont fait estre
De leurs secrets le grand prestre,
Par cest hymne solennel
Respandra dessus ta race
Je ne sçay quoy de sa grace
Qui te doit faire eternel.

USURE, A LUY-MESME.

ODE VIII.

Ne pilier ne terme dorique
 D'histoires vieilles decoré,
Ne marbre tiré de l'Afrique
En colonnes elabouré,
Ne te feront si bien revivre,
Après avoir passé le port,
Comme les plumes et le livre
Te feront vivre après ta mort.
 Le compagnon des Dieux je vante
Celuy qui se peut faire amy
Du luth vandomois qui le chante
Contre le silence endormy;
Le doux accord de son murmure,
Chassant de ton bruict le sommeil,
Le respandra pour mon usure (1)
De l'un jusqu'à l'autre soleil.

LA VICTOIRE DE GUY DE CHABOT,
Seigneur de Jarnac (2).

ODE IX. — *Strophe* 1.

O France! mere fertile
 D'un peuple à la guerre utile,
 Terre pleine de grand-heur,

---

1. Il appelle ainsi ceste ode, laquelle il adjouste à la predente comme un interest de l'obligation qu'il a payée trop rd. (R.)
2. C'est en faveur du celebre duel qui fut fait sous le roy

Pren ceste douce couronne
Que Chabot pour son vœu donne
Au temple de ta grandeur,
Lequel, ains que son espée
Au sang haineux fust trempée,
Du miel de sa langue molle
Se desaigrit le souci,
Et de sa douce parolle
Flatta sa chere ame ainsi :

Antistrophe.

« Une ame lasche et couarde
Au peril ne se hazarde ;
Et d'où vient cela que ceux
Qui pour mourir icy vivent
L'honneste danger ne suivent,
A la vertu paresseux ?
Miserable qui se laisse
Engloutir à la vieillesse !
Heureux deux et trois fois l'homme
Qui desdaigne les dangers !
Tousjours vaillant on le nomme
Par les peuples estrangers. »

Epode.

Disant tels mots, il appreste
Au combat ses membres forts ;
De fer il arma sa teste,
De maille il arma son corps.
Il prit l'espée en la dextre,
Le bouclier en la senestre,

Henry II, entre la Chastaigneraye et Jarnac, qu'il loue la resolution d'un brave courage, et consacre à la memoire l'honneur qu'en rapporta le vainqueur. (R.)

Et, horrible à l'approcher,
Esclairoit comme une foudre
Qui chet pour ruer en poudre
Le haut sourcil d'un rocher.

Strophe II.

De juger par conjecture
La fin de l'heure future
Nous rend le cœur plus hautain,
Donnant à qui bien y pense
Une grande recompense
D'avoir preveu l'incertain.
Mesmes, c'est le tout que d'estre
Des mains aux armes adestre,
Qui doivent meurdrir la face
De l'adversaire odieux,
Et qui font au vainqueur place
Au plus haut siege des dieux.

Antistrophe.

Toy, devant les yeux de France,
Per à per en camp d'outrance,
Tu remis dessus ton front
Ce qu'on embloit de ta gloire (1),
Et j'y gravay la victoire,
Que mille ans ne desferont,
Tes vertus et ton audace,
Et le maintien de ta grace,
Qui eust adoucy la rage
Du plus foible belliqueur,
Si la fureur du courage
Ne luy eust sillé le cœur.

1. On sçait le suject de la querelle, et le tort que l'on tenoit au sieur de Jarnac, qui se vengea de son ennemy, de mesme qu'Apollon des enfans de Niobe. (R.)

Epode.

Une nue d'erreur pleine (1)
Qui nous trouble volontiers,
Couvrant la raison, nous meine
Esgarez des beaux sentiers,
Nous fians (sots que nous sommes!)
Aux vents incertains des hommes,
Qui soufflent, pour nous tromper,
En cent sortes et manieres,
Et aux faveurs journalieres
Que le fer sçait bien couper.

Strophe III.

Toutesfois, la palle Envie
Epie tousjours la vie
De l'homme à qui le bon-heur
De la victoire honorable
Par sa face venerable
A peint l'image d'honneur.
La loy de nature tourne,
Rien de ferme ne sejourne,
Divers vents sont en mesme heure,
Ore hyver, ore printemps;
Tousjours la vertu demeure
Constante contre le temps.

Antistrophe.

Ah! ce labeur que j'accorde
Dessus ma thebaine corde
Ne cesse de me tenter,
Afin qu'au jour je le monstre
Et que je marche à l'encontre

1. Tout ce qui suit est dit à cause de la fortune du sieur de la Chastaigneraye, qui estoit grande en cour et pleine de faveur, et cela luy haussoit le cœur.

Du vainqueur pour le chanter,
Le mariant aux haleines
Des trompettes, qui sont pleines
D'un son furieux et grave.
Qui mettroit à nonchaloir
La victoire que je lave
Dedans les ondes du Loir ?

Epode.

Qu'on chante les nouveaux hynnes,
Mais qu'on vante les vins vieux.
Ceux qui font les vertus dignes
Sont engravez dans les Cieux.
Du couard la renommée
Ne fut oncques estimée
(Quoy qu'il face du vaillant),
Soit au camp parmy les troupes,
Soit en la mer sur les poupes,
Lors que l'on va bataillant.

Strophe IIII.

La mer a cognu ta race,
Humble, appaisant son audace,
Sous ton oncle gouverneur,
Du flot qui venteux arrive
Contre la françoise rive
Bruyant encor son honneur.
O Chabot ! bien peu je prise
De gaigner une entreprise
Que la Fortune delivre
A chacun également ;
Mais c'est beaucoup que de vivre
Par elle eternellement.

Antistrophe.

Ta vertu seroit trompée,
Et non plus que ton espée

Mit à vaincre l'ennemi,
Non plus vive seroit-elle
Si je n'avoy coupé l'aile
Du long Silence endormi,
Monstre qui a de coustume
De couver dessous sa plume
La vertu qui s'est parfaite
En l'honneur d'un acte beau ;
Mais celle que tu as faite
N'ira pas sous le tombeau.

Epode.

J'ay juré de faire croistre
Ta gloire contre les ans,
Faisant par elle apparoistre
Combien mes vers sont plaisans,
Qui tesmoignent à la France
Comme ta brave asseurance
Te fit marcher glorieux,
Vestu d'honneur et de gloire,
Ayant ravy la victoire
Par le fer victorieux.

A MICHEL DE L'HOSPITAL,

Chancelier de France.

ODE X(1). — *Strophe* I.

Errant par les champs de la Grace,
Qui peint mes vers de ses couleurs,
Sus les bords dirceans j'amasse
L'eslite des plus belles fleurs,

---

1. C'est un chef-d'œuvre de poësie que ceste ode, faicte en l'honneur de la poësie et d'un grandissime personnage.

Afin qu'en pillant je façonne
D'une laborieuse main
La rondeur de ceste couronne
Trois fois torse d'un ply thebain,
Pour orner le haut de la gloire
De l'Hospital, mignon des Dieux,
Qui çà bas ramena des cieux
Les filles qu'enfanta Memoire.

Antistrophe.

Memoire, royne d'Eleuthere,
Par neuf baisers qu'elle receut
De Jupiter, qui la fit mere,
En neuf soirs neuf filles conceut.
Mais quand la Lune vagabonde
Eut courbé douze fois en rond
(Pour r'enflamer l'obscur du monde)
La double voûte de son front,
Elle adonc lassement outrée
Dessous Olympe se coucha,

Le poëte y traicte la naissance des Muses et le voyage qu'elles font chez l'Ocean pour y voir leur pere, où estans arrivées comme il souppoit, elles chantent trois sujects qui representent trois stiles divers. Cela fait, avec un ravissement merveilleux, l'une d'elles, au nom de la troupe, demande à Jupiter plusieurs choses excellentes et dignes de leur profession ; puis après, ayant obtenu ce qu'elles demandent, le poëte les fait revenir en terre, où il descrit les commencemens de la poësie, ses progrés et son declin ; enfin, pour venir au sujct special et particulier de son œuvre, il les fait retourner au ciel, contrainctes par l'Ignorance, jusqu'au jour prefix à l'heureuse naissance du grand Michel de l'Hospital, chancelier de France, qui les rameine une autre fois et restablit en terre pour jamais, avec admiration de ses vertus, sçavoir et preud'hommie, que le poëte traicte et poursuit excellemment jusqu'à la fin de l'œuvre. (R.)

Nous avons conservé cette note caractéristique de Richelet sur l'ode de Ronsard la plus admirée par ses contemporains.

Et criant Lucine, accoucha
De neuf filles d'une ventrée,

Epode.

En qui respandit le Ciel
Une musique immortelle,
Comblant leur bouche nouvelle
Du jus d'un attique miel,
Et à qui vrayment aussi
Les vers furent en souci,
Les vers dont flattez nous sommes,
Afin que leur doux chanter
Peust doucement enchanter
Le soin des dieux et des hommes.

Strophe 11.

Aussi tost que leur petitesse,
Courant avec les pas du temps,
Eut d'une rampante vistesse
Touché la borne de sept ans,
Le sang naturel, qui commande
De voir ses parens, vint saisir
Le cœur de ceste jeune bande,
Chatouillé d'un noble desir;
Si qu'elles mignardant leur mere,
Neuf et neuf bras furent plians
Autour de son col, la priant
De voir la face de leur pere.

Antistrophe.

Memoire, impatiente d'aise,
Délaçant leur petite main,
L'une après l'autre les rebaise
Et les presse contre son sein.
Hors des poumons à lente peine
Une parole luy montoit,

De souspirs allegrement pleine,
Tant l'affection l'agitoit,
Pour avoir desja cognoissance
Combien ses filles auront d'heur,
Ayant pratiqué la grandeur
Du Dieu qui planta leur naissance.

Epode.

Après avoir relié
D'un tortis de violettes
Et d'un cerne de fleurettes
L'or de leur chef delié,
Après avoir proprement
Troussé leur accoustrement
Marcha loin devant sa trope,
Et, la hastant jour et nuict,
D'un pied dispos la conduit
Jusqu'au rivage Ethiope.

Strophe III.

Ces vierges encores nouvelles
Et mal-apprises au labeur,
Voyant le front des eaux cruelles,
S'effroyerent d'une grand' peur,
Et toutes pancherent arriere
(Tant elles s'alloient émouvant),
Comme on voit dans quelque riviere
Un jonc se pancher sous le vent ;
Mais leur mere, non estonnée
De voir leur sein qui haletoit,
Pour les asseurer les flatoit
De ceste parole empennée :

Antistrophe.

« Courage, mes filles (dit-elle)
Et filles de ce Dieu puissant

Qui seul en sa main immortelle
Soustient le foudre rougissant!
Ne craignez point les vagues creuses
De l'eau qui bruit profondement,
Sur qui vos chansons doucereuses
Auront un jour commandement;
Mais dedaignez ses longues rides,
Et ne vous souffrez decevoir
Que vostre pere n'aillez voir
Dessous ces royaumes humides.»

Epode.

Disant ainsi, d'un plein saut
Toute dans les eaux s'allonge,
Comme un cygne qui se plonge
Quand il void l'aigle plus haut,
Ou ainsi que l'arc des cieux
Qui d'un grand tour spacieux
Tout d'un coup en la mer glisse,
Quand Junon haste ses pas
Pour aller porter là bas
Un message à sa nourrice (1).

Strophe IV.

Elles adonc, voyant la trace
De leur mere, qui ja sondoit
Le creux du plus humide espace,
Qu'à coup de bras elle fendoit,
A chef tourné sont devalées,
Penchant bas la teste et les yeux,
Dans le sein des plaines salées.
L'eau, qui jaillit jusques aux cieux,
Grondant sus elles se regorge,
Et, frisant deçà et de là
Mille tortis, les avala
Dedans le goufre de sa gorge.

1. Tethys.

Par l'esprit d'une vive haleine (1)
Donnerent l'ame à leur chanson ;
Fredonnant sur la chanterelle
De la harpe du Delien
La contentieuse querelle
De Minerve (2) et du Cronien (3),
Comme elle du sein de la terre
Poussa son arbre (4) palissant,
Et luy son cheval hennissant,
Futur augure de la guerre.

Antistrophe.

Puis, d'une voix plus violente,
Chanterent l'enclume de fer (5),
Qui, par neuf et neuf jours roulante,
Mesura le ciel et l'enfer,
Qu'un rempart d'airain environne
En rond s'allongeant à l'entour,
Avecque la nuict qui couronne
Son espace d'un triple tour.
Là, tout debout devant la porte,
Le fils de Japet fermement (6),
Courbé dessous le firmament,
Le soustient tout de sa main forte.

1. Outre le son des instrumens, elles y meslerent la voix, qu'il appelle elegamment esprit d'une vive haleine. (R.)
2. Qui nomma la ville d'Athènes de son nom.
3. De Neptune. — 4. Son olive.
5. Hesiode dit que les dieux, pour punir l'audace des Titans souslevez contre eux, les firent attacher avec des chaisnes dans l'enfer, qui est aussi bas sous la terre comme la terre est basse soubs le ciel. Or, pour justifier ces distances par quelque mesure vray-semblable, il feint qu'une enclume precipitée du ciel fut neuf jours à rouller devant que d'arriver en terre, et, depuis, roulant encore de la terre jusqu'à l'enfer, demeura autres neuf jours avant que d'y parvenir.
6. Atlas.

Epode.

Dedans ce gouffre béant
Hurle la troupe heretique
Qui par un assaut bellique
Assaillit le Tu-geant.
Là, tout auprès de ce lieu,
Sont les garnisons du Dieu
Qui sur les meschans eslance
Son foudre pirouettant,
Comme un chevalier jettant
Sur les ennemis sa lance.

Strophe VII.

Là de la terre et là de l'onde
Sont les racines jusqu'au fond
De l'abysme la plus profonde
De ce ventre le plus profond.
La Nuict, d'estoilles accoustrée,
Là salue à son rang le Jour,
D'ordre parmi la mesme entrée
Se rencontrant de ce sejour,
Soit lors que sa noire carriere
Va tout le monde embrunissant,
Ou quand luy, des eaux jaillissant,
Ouvre des Indes la barriere.

Antistrophe.

Après, sur la plus grosse corde,
D'un bruit qui tonnoit jusqu'aux cieux,
Le pouce des Muses accorde
L'assaut des Geans et des Dieux:
Comme eux sur la croupe Othryenne
Rangeoient en armes les Titans,
Et comme eux sur l'Olympienne
Leur firent teste par dix ans;

Eux, dardant les roches brisées,
Mouvoient en l'air chacun cent bras;
Eux, ombrageant tous les combas,
Gresloient leurs flesches aiguisées.

Epode.

D'aisle douteuse vola
Long temps sur eux la Fortune,
Qui or' se monstroit commune
A ceux-cy, or' à ceux-là,
Quand Jupiter fit sonner
La retraite, pour donner
A ces dieux un peu d'haleine;
Si qu'eux, en ayant un peu
Prins du nectar et repeu,
Plus forts retentent la peine.

Strophe VIII.

Il arma d'un foudre terrible
Son bras, qui d'esclairs rougissoit,
En la peau d'une chévre horrible
Son estomach se herissoit;
Mars, renfrongné d'une ire noire,
Branloit son bouclier inhumain;
Le Lemnien d'une maschoire
Garnit la force de sa main;
Phebus, souillé de la poussiere,
Lunoit en rond son arc voûté,
Et le lunoit d'autre costé
Sa sœur, la Dictynne (1) guerriere.

Antistrophe.

Bellonne eut la teste couverte
D'un fer sur lequel rechignoit

---

1. Ainsi les Candiots appellent Diane.

De Meduse la gueule ouverte,
Qui, pleine de flammes, grongnoit;
En son poing elle enta la hache
Par qui les roys sont irritez,
Alors que despite elle arrache
Les vieilles tours de leurs citez.
Styx d'un noir halecret rempare
Ses bras, ses jambes et son sein,
Sa fille amenant par la main (1),
Avec Cotte, Gyge et Briare.

Epode.

Rhete et Myme, âpres soudars,
Pour mieux fournir aux batailles,
Brisoient les dures entrailles
Des rocs, pour faire des dars;
Typhé hochoit arraché
Un grand sapin esbranché
Comme une lance facile;
Encelade un mont avoit,
Qui bien tost porter devoit
Le grand mont de la Sicile (2).

Strophe IX.

Un tonnerre ailé par la bise
Ne choque pas l'autre si fort,
Qui sous le vent africain brise
Mesme air par un contraire effort,
Comme les camps s'entre-heurterent
A l'aborder des divers lieux;
Les poudres sous leurs pieds monterent
Par tourbillons jusques aux cieux.

---

1. La Victoire.
2. Ce fut la punition des geans, qui furent terrassez la plus part sous des montagnes, comme Encelade sous le mont Gibel. (R.)

Un cri se fait, Olympe en tonne,
Othrye en bruit, la mer tressaut;
Tout le ciel en mugle là haut,
Et là bas l'enfer s'en estonne.

Antistrophe.

Voicy le magnanime Hercule,
Qui de l'arc Rhete a menacé;
Voicy Myme qui le recule,
Du heurt d'un rocher eslancé;
Neptune, à la fourche estofée
De trois crampons, vint se mesler
Dans la troupe contre Typhée,
Qui rouoit une fonde en l'air;
Icy Phœbus, d'un trait qu'il jette,
Fit Encelade trébucher;
Là Porphyre luy fit broncher
Hors des poings l'arc et la sagette.

Epode.

Adonc le pere puissant,
Qui d'os et de nerfs s'efforce,
Ne mit en oubly la force
De son foudre punissant.
My-courbant son sein en-bas
Et dressant bien haut le bras,
Contre-eux guigna sa tempeste,
Laquelle en les foudroyant
Sifloit, aigu-tournoyant,
Comme un fuseau sur leur teste.

Strophe X.

Du feu les deux piliers du monde(1)
Bruslez jusqu'au fond chancelloient;

---

1. Les deux poles.

Le ciel ardoit, la terre et l'onde
Tous petillans estincelloient ;
Si que le soulfre amy du foudre
Qui tomba lors sur les geans,
Jusqu'aujourd'huy noircit la poudre
Qui put par les champs Phlegreans.
A tant les filles de Memoire
Du luth apaiserent le son,
Finissans leur douce chanson
Par ce bel hymne de victoire.

Antistrophe.

Jupiter, qui tendoit l'aureille,
La combloit d'un aise parfait,
Ravi de la voix nompareille
Qui si bien l'avoit contrefait ;
Et, retourné, rit en arriere
De Mars, qui tenoit l'œil fermé,
Ronflant sur sa lance guerriere,
Tant la chanson l'avoit charmé ;
Puis à ses filles il commande
De luy requerir, pour guerdon
De leurs chansons, quelque beau don
Qui soit digne de leur demande.

Epode.

Lors sa race s'approcha,
Et, luy flatant de la destre
Les genoux, de la senestre
Le sous-menton luy toucha ;
Voyant son grave sourci,
Long temps fut béante ainsi,
Sans parler, quand Calliope,
De la belle voix qu'elle a,
Ouvrant sa bouche, parla
Seule pour toute la trope :

Strophe XI.

« Donne-nous, mon pere, dit-elle,
Pere, dit-elle, donne-nous
Que nostre chanson immortelle
Passe en douceur le sucre doux;
Fay-nous princesses des montagnes,
Des antres, des eaux et des bois,
Et que les prez et les campagnes
S'animent dessous nostre vois.
Donne-nous encor d'avantage
La tourbe des chantres divins,
Les poëtes et les devins,
Et les prophetes en partage.

Antistrophe.

« Fay que les vertueux miracles
Des vers, medecins enchantez,
Soient à nous, et que les oracles
Par nous encore soient chantez;
Donne-nous ceste double grace,
De fouler l'enfer odieux,
Et de sçavoir la courbe trace
Des feux qui dansent par les cieux;
Donne-nous encor la puissance
D'arracher les ames dehors
Le sale bourbier de leurs corps,
Pour les re-joindre à leur naissance.

Epode.

« Donne-nous que les seigneurs,
Les empereurs et les princes
Soient veus Dieux en leurs provinces,
S'ils reverent nos honneurs.
Fay que les roys decorez
De nos présens honorez

Soient aux hommes admirables,
Lors qu'ils vont par leur cité,
Ou lors que, pleins d'équité,
Donnent les loix venerables. »

Strophe XII.

A-tant acheva sa requeste,
Courbant les genoux humblement,
Et Jupiter, d'un clin de teste
L'accorda liberalement.
« Si toutes les femmes mortelles
Que je donte dessous mes bras
Me concevoient des filles telles
(Dit-il), il ne me chaudroit pas
Ny de Junon ny de sa rage ;
Tousjours pour me faire honteux,
M'enfante ou des monstres boiteux,
Ou des fils de mauvais courage,

Antistrophe.

« Comme Mars ; mais vous, troupe chere,
Que j'ayme trop plus que mes yeux,
Je vous plantay dans vostre mere
Pour plaire aux hommes et aux dieux.
Sus doncques, retournez au monde,
Coupez-moy derechef les flos,
Et là d'une langue faconde
Chantez ma gloire et vostre los.
Vostre mestier, race gentille,
Les autres mestiers passera,
D'autant qu'esclave il ne sera
De l'art, aux Muses inutile.

Epode.

« Par art le navigateur
Dans la mer manie et vire

La bride de son navire,
Par art plaide l'orateur,
Par art les roys sont guerriers,
Par art se font les ouvriers;
Mais si vaine experience
Vous n'aurez de tel erreur :
Sans plus, ma saincte fureur
Polira vostre science.

Strophe XIII.

« Comme l'aymant sa force inspire
Au fer qui le touche de près,
Puis soudain ce fer tiré tire
Un autre qui en tire après,
Ainsi du bon fils de Latonne
Je raviray l'esprit à moy;
Luy, du pouvoir que je luy donne,
Ravira les vostres à soy;
Vous, par la force apollinée,
Ravirez les poëtes saincts;
Eux, de vostre puissance attaints,
Raviront la tourbe estonnée.

Antistrophe.

« Afin (ô destins!) qu'il n'avienne
Que le monde, appris faussement,
Pense que vostre mestier vienne
D'art, et non de ravissement,
Cet art penible et miserable
S'eslongnera de toutes parts
De vostre mestier honorable,
Desmembré en diverses parts,
En prophetie, en poësies,
En mysteres et en amour,
Quatre fureurs qui tour à tour
Chatouilleront vos fantasies.

Epode.

« Le traict qui fuit de ma main
Si tost par l'air ne chemine
Comme la fureur divine
Vole dans un cœur humain,
Pourveu qu'il soit preparé,
Pur de vice, et reparé
De la vertu precieuse.
Jamais les dieux, qui sont bons,
Ne respandent leurs saints dons
En une ame vicieuse.

Strophe XIV.

« Lors que la mienne ravissante
Vous viendra troubler vivement,
D'une poitrine obeissante
Tremblez dessous son mouvement,
Et souffrez qu'elle vous secoue
Le corps et l'esprit agité,
Afin que, dame, elle se joue
Au temple de sa deité.
Elle, de toutes vertus pleine,
De mes secrets vous remplira,
Et en vous les accomplira
Sans art, sans sueur ne sans peine.

Antistrophe.

« Mais par sur tout prenez bien garde
Gardez-vous bien de n'employer
Mes presens en un cœur qui garde
Son peché, sans le nettoyer ;
Ains, devant que de luy respandre,
Purgez-le de vostre saincte eau,
Afin que net il puisse prendre

Un beau don dans un beau vaisseau ;
Et luy, purgé, à l'heure à l'heure
Divinement il chantera
Je ne sai quel vers qui fera
Au cœur des hommes sa demeure.

Epode.

« Celuy qui sans mon ardeur
Voudra chanter quelque chose,
Il voirra ce qu'il compose
Veuf de grace et de grandeur ;
Ses vers naistront inutis,
Ainsi qu'enfans abortis
Qui ont forcé leur naissance,
Pour monstrer en chacun lieu
Que les vers viennent de Dieu,
Non de l'humaine puissance.

Strophe XV.

« Ceux là que je feindrai poëtes
Par la grace de ma bonté
Seront nommez les interpretes
Des dieux et de leur volonté ;
Mais ils seront, tout au contraire,
Appellez sots et furieux
Par le caquet du populaire
Méchantement injurieux.
Tousjours pendra devant leur face
Quelque démon, qui au besoin,
Comme un bon valet, aura soin
De toutes choses qu'on leur face.

Antistrophe.

« Allez, mes filles, il est heure
De fendre les champs escumeux ;

Allez, ma gloire la meilleure,
Allez, mon los le plus fameux.
Vous ne devez, dessus la terre,
Long temps cette fois sejourner,
Que l'ignorance avec sa guerre
Ne vous contraigne retourner,
Pour retomber sous la conduite
D'un guide (1) dont la docte main,
Par un effroy grec et romain,
Ailera ses pieds à la fuite. »

Epode.

A-tant Jupiter enfla
Sa bouche rondement pleine,
Et du vent de son haleine
Sa fureur il leur soufla.
Après leur avoir donné
Le luth qu'avoit façonné
L'ailé courrier Atlantide,
D'ordre par l'eau s'en-revont ;
En tranchant l'onde elles font
Ronfler la campagne humide.

Strophe XVI.

Dieu vous gard, jeunesse divine,
Réchauffez-moy l'affection
De tordre les plis de cest hynne
Au comble de perfection.
Dessillez-moy l'ame assoupie
En ce gros fardeau vicieux ;
Et faites que tousjours j'espie
D'œil veillant les secrets des cieux.
Donnez-moy le sçavoir d'eslire
Les vers qui sçavent contenter,

1. Du docte Michel de l'Hospital.

Et, mignon des Graces, chanter
Mon *Francion* sus vostre lyre.

Antistrophe.

Elles, trenchant les ondes bleues,
Vindrent du creux des flots chenus,
Ainsi que neuf petites nues,
Parmi les peuples incognus ;
Puis, dardant leurs flames subtiles,
Du premier coup ont agité
Le cœur prophete des sibylles
Espoint de leur divinité ;
Si bien que leur langue comblée
D'un son douteusement obscur,
Chantoit aux hommes le futur
D'une bouche toute troublée.

Epode.

Après, par tout l'Univers
Les responses prophetiques
De tant d'oracles antiques
Furent ecrites en vers ;
En vers se firent les lois,
Et les amitiez des rois
Par les vers furent acquises ;
Par les vers on fit armer
Les cœurs, pous les animer
Aux vertueuses emprises.

Strophe XVII.

Au cri de leurs saintes paroles
Se réveillerent les devins,
Et disciples de leurs escoles
Vindrent les poëtes divins :
Divins, d'autant que la nature

Sans art librement exprimoient,
Sans art leur naïve escriture
Par la fureur ils animoient.
Eumolpe (1) vint, Musée (2), Orphée,
L'Ascrean, Line (3), et cestuy-là
Qui si divinement parla,
Dressant à la Grece un trophée (4).

Antistrophe.

Eux, piquez de la douce rage
Dont ces filles les tourmentoient,
D'un demoniaque courage
Les secrets des dieux racontoient :
Si que, paissant par les campagnes
Les troupeaux dans les champs herbeux,
Les démons et les sœurs compagnes
La nuict s'apparoissoient à eux ;
Et loin sus les eaux solitaires,
Carolant en rond par les prez,
Les promouvoient prestres sacrez
De leurs saincts orgieux mysteres.

Epode.

Apres ces poëtes saincts,
Avec une foule grande
Arriva la jeune bande

---

1. Excellent homme athenien, duquel fut fils Musée, qui le premier de tous escrivit de la generation des dieux et inventa la sphere. (R.)

2. Duquel nous n'avons point d'œuvres. Et le poëme des Amours de Leandre n'est pas de luy. (R.)

3. Docte Thebain, fils de Mercure et d'Uranie, qui a traitté quasi de toute la nature. (R.)

4. Homere. Son Iliade et son Odyssée, le trophée de la victoire de tous les esprits, parce qu'il n'y a rien de pareil entre les escrits des hommes. (R.)

D'autres poëtes humains
Degenerans des premiers :
Comme venus les derniers,
Par un art melancholique
Trahirent avec grand soin
Les vers esloignez bien loin
De la saincte ardeur antique.

Strophe XVIII.

L'un sonna l'horreur de la guerre
Qu'à Thebes Adraste conduit (1),
L'autre comme on tranche la terre,
L'autre les flambeaux de la nuict ;
L'un sur la flute départie
En sept tuyaux siciliens
Chanta les bœufs (2) ; l'autre en Scythie
Remena les Thessaliens (3) ;
L'un fit Cassandre furieuse (4),
L'un au ciel poussa les debas
Des roys chetifs (5), l'autre plus bas
Traina la chose plus joyeuse (6).

Antistrophe.

Par le fil d'une longue espace,
Après ces poëtes humains
Les Muses soufflerent leur grace
Dessus les prophetes romains ;

1. Une Thebaïde : car Pausanias, dans ses Bœotiques, en fait mention, sans dire le nom de l'autheur. (R.)
2. Theocrit, Sicilien qui a fait des eclogues. (R.)
3. Apollonius, autheur des Argonautiques. (R.)
4. Lycophron. (R.)
5. Comme Sophocle ou Euripide et les autres Tragiques. (R.)
6. Comme Aristophane ou Menandre, autheurs premiers de la comedie, qui a le style bas, à cause de ses sujects simples et populaires. (R.)

Non pas comme fut la premiere
Ou comme la seconde estoit,
Mais, comme toute la derniere,
Plus lentement les agitoit.
Eux toutefois, pinçant la lyre,
Si bien s'assouplirent les dois,
Qu'encor le fredon de leur vois
Passe le bruit de leur empire.

Epode.

Tandis l'Ignorance arma
L'aveugle fureur des princes,
Et leurs aveugles provinces
Contre les Sœurs anima.
Ja l'horreur les enserroit,
Mais plustost les enferroit,
Quand les Muses destournées,
Voyant du fer la rayeur (1),
Haletantes de frayeur
Dans le ciel sont retournées.

Strophe XIX.

Auprès du throne de leur pere
Tout à l'entour se vont asseoir,
Chantant, avec Phebus leur frere,
Du grand Jupiter le pouvoir.
Les dieux ne faisoient rien sans elles,
Ou soit qu'ils voulussent aller
A quelques nopces solennelles;
Ou soit qu'ils voulussent baller.
Mais si tost qu'arriva le terme
Qui les hastoit de retourner
Au monde, pour y sejourner,
D'un pas eternellement ferme,

---

1. L'esclat et la lueur des armes. (R.)

Antistrophe.

Adonc Jupiter se devale
De son throne, et, grave, conduit
Gravement ses pas en la salle
Des Parques, filles de la Nuit.
Leur roquet pendoit jusqu'aux hanches,
Et un dodonien fueillard
Faisoit ombrage aux tresses blanches
De leur chef tristement vieillard;
Elles, ceintes sous les mammelles,
Filoient assises en un rond
Sus trois carreaux, ayant le front
Renfrongné de grosses prunelles.

Epode.

Leur pezon (1) se herissoit
D'un fer estoillé de rouille;
Au flanc pendoit leur quenouille,
Qui d'airain se roidissoit.
Au milieu d'elles estoit
Un cofre où le Temps mettoit
Les fuzeaux de leurs journées,
De courts, de grands, d'allongez,
De gros et de bien dougez,
Comme il plaist aux Destinées.

Strophe xx.

Ces trois sœurs, à l'œuvre ententives,
Marmotoient un charme fatal,
Tortillans les filaces vives
Du corps futur de l'Hospital.
Clothon, qui le filet replie,
Ces deux vers mascha pour neuf fois :

---

1. Ce qui arreste au bout du fuseau la descente du fil. (R.)

« JE RETORS LA PLUS BELLE VIE
QU'ONCQUES RETORDIRENT MES DOIS. »
Mais si tost qu'elle fut tirée
A l'entour du fuzeau humain,
Le Destin la mit en la main
Du fils de Saturne et de Rhée.

Antistrophe.

Luy adoncques print une masse
De terre, et devant tous les Dieux
Dedans il feignit une face,
Un corps, deux jambes et deux yeux,
Deux bras, deux flancs, une poitrine,
Et, achevant de l'imprimer,
Soufla de sa bouche divine
Le saint filet pour l'animer ;
Luy donnant encor' davantage
Mille vertus, il appella
Ses neuf filles, qui çà et là
Entournoient la nouvelle image :

Epode.

« Ore vous ne craindrez pas,
Seures sous telle conduite,
De reprendre encor la fuite
Pour encor voler là bas.
Suivez donc ce guide ici :
C'est celuy, filles, aussi,
Du quel la docte asseurance
Franches de peur vous fera,
Et celuy qui desfera
Les soldars de l'ignorance. »

Strophe XXI.

Lors à bas il poussa leur guide (1) ;

---

1. Michel de l'Hospital. (R.)

Et elles, d'ordre le suivant,
Fendoient le grand vague liquide,
Hautes sur les ailes du vent,
Ainsi qu'on voit entre les nues
De rang un escadron voler
Soit de cygnes ou soit de grues,
Suivant leur guide parmy l'air.
A-tant, prés de terre eslevées,
Tomberent au monde, et le feu
Qui flamber à gauche fut veu (1)
Resalua leurs arrivées.

Antistrophe.

Hà! chere Muse, quel zephyre,
Souflant trop violentement,
A fait écarter mon navire
Qui fendoit l'air si droitement?
Tourne à rive, douce nourrice,
Ne vois-tu Morel (2) sur le bord,
Lequel, à fin qu'il te cherisse,
T'œillade pour venir au port?
N'ois-tu pas sa nymphe Antoinette (3)
Du front du havre t'appeller,
Faisant son œil estinceler,
Qui te sert d'heureuse planete?

Epode.

Haste-toy donc de plier
Ta chanson trop poursuyvie
De peur, Muse, que l'Envie
N'ait matiere de crier,

---

1. Bon presage. (R.)
2. Docte personnage, assez cogneu de son temps. (R.)
3. Sa femme et son espouse, docte pareillement, comme estoient aussi ses trois filles. (R.)

La quelle veut abysmer
Nos noms au fond de la mer
Par sa langue sacrilege ;
Mais plus ell' nous veut plonger,
Et plus ell' nous fait nager
Haut dessus l'eau comme un liege.

Strophe XXII.

Contre ceste lice (1) execrable
Resiste d'un dos non plié.
C'est grand mal d'estre miserable,
Mais c'est grand bien d'estre envié.
Je sçay que tes peines, ancrées
Au port de la divinité,
Seront malgré les ans sacrées
Aux pieds de l'Immortalité ;
Mais les vers que la chienne Envie
En se rongeant fait avorter
Jamais ne pourront supporter
Deux soleils sans perdre la vie.

Antistrophe.

Ourdis, ô douce lyre mienne,
Encore un chant à cestui-ci,
Qui met ta corde dorienne
Sous le travail d'un doux souci.
Il n'y a ne torrent ne roche
Qui puisse engarder un sonneur
Que près des bons il ne s'approche
Courant pour chanter leur honneur.
Puissé-je autant darder cet hynne
Par l'air, d'un bras presomptueux,
Comme il est sage et vertueux,
Et comme il est de mes vers dinne.

---

1. Ceste chienne. (R.)

Epode.

Faisant parler sa grandeur
Aux sept langues de ma lyre,
De luy je ne veux rien dire
Dont je puisse estre menteur ;
Mais veritable il me plaist
De chanter bien haut qu'il est
L'ornement de nostre France,
Et qu'en fidele equité,
En justice et verité,
Les vieux siecles il devance.

Strophe XXIII.

C'est luy dont les graces infuses
Ont ramené par l'univers
Le chœur des Pierides Muses,
Faites illustres par ses vers (1) ;
Par luy leurs honneurs s'embellissent,
Soit d'escrits rampants à deux piez,
Ou soit par des nombres qui glissent
De pas tous francs et déliez ;
C'est luy qui honore et qui prise
Ceux qui font l'amour aux neuf Sœurs,
Et qui estime leurs douceurs,
Et qui anime leur emprise.

Antistrophe.

C'est luy, Chanson, que tu reveres
Comme l'honneur de nostre ciel,

---

1. Illustres à la vérité ; car les six livres de ses Epistres que nous avons sont excellens, et ont, outre la douceur et l'elegante simplicité de vers, une plenitude d'erudition et de philosophie morale, tesmoins de la docte et sainte prud'hommie de leur autheur. (R.)

C'est celuy qui aux loix severes
A fait gouster l'attique miel ;
C'est luy qui la saincte balance
Cognoist, et qui ne bas ne haut,
Juste, son poids douteux n'eslance,
La tenant droite comme il faut ;
C'est luy dont l'œil non variable
Note les meschans et les bons,
Et qui contre le heurt des dons (1)
Oppose son cœur imployable.

Epode.

J'avise, au bruit de ces mots,
Toute France qui regarde
Mon trait, qui droitement darde
Le riche but de son los.
Je trahirois les vertus,
Et les hommes revestus
De vertueuses louanges,
Sans publier leur renom,
Et sans envoyer leur nom
Jusques aux terres estranges.

Strophe XXIV.

L'un d'une chose esbat sa vie,
L'autre d'une autre est surmonté ;
Mais ton ame n'est point ravie
Sinon de justice et bonté.
Pour cela nostre Marguerite (2),
L'unique sœur de ce grand roy,
De loin espiant ton merite,
Bonne, a tiré le bon à soy.

1. La concussion.
2. De Valois, qui depuis fut duchesse de Savoye, princesse digne de l'immortalité, que son mérite et la plume des plus doctes de son temps luy ont acquise. (R.)

Bien que son pere (1) ayt par sa lance
Donté le Suisse mutin (2),
Et que de l'or grec et latin (3)
Ayt redoré toute la France;

Antistrophe.

Il ne fit jamais chose telle,
Que d'avoir engendré la fleur
De la Marguerite immortelle,
Pleine d'immortelle valeur,
Laquelle tout le ciel admire,
Et, à fin que de tous costez
Dedans ses graces il se mire,
Sus elle tient ses yeux voûtez ;
Laquelle d'un vers plein d'audace
Plus hautement je descriray,
Lors que hardy je publiray
Le tige troyen (4) de sa race.

Epode.

Mais la loy de la chanson
Ores, ores, me vient dire
Que par trop en long je tire
Les replis de sa façon:
Ores donques je ne puis
Vanter la fleur, tant je suis
Pris d'une ardeur nompareille
D'aller chez toy, pour chanter
Ceste ode, à fin d'enchanter
Ton soin charmé par l'aureille.

1. Le roy François Ier, prince auquel à jamais les Muses et les lettres devront leur establissement en France. (R.)
2. A Marignan, à Novarre
3. De la science grecque et latine, le plus riche et plus précieux or de ces deux Republiques. (R.)
4. La Franciade.

A JOACHIM DU BELLAY

Gentil-homme Angevin, poete excellent.

ODE XI. — *Strophe* 1.

Aujourd'huy je me vanteray
Que jamais je ne chanteray
Un homme plus aimé que toy
Des neuf Pucelles et de moy,
Poste qui cornera ta gloire
Que toute France est appreuvant,
Dans les delices s'abreuvant,
Dont tu flates l'orgueil de Loire :
Car si un coup elle apperçoit
Qu'à du Bellay mon hymne soit,
Par monceaux elle accourra toute
Autour de ma lyre, où degoute
L'honneur distillant de ton nom,
Mignardé par l'art de mon pouce,
Et pour cueillir la gloire douce
Qui emmielle ton renom.

Antistrophe.

Sus avant, Muse, ores il faut
Le guinder par l'air aussi haut
Que ses vertus m'ont mis ici
Dessous le joug d'un doux souci.
Il le mérite, ma mignonne :
Nul tant que luy n'est honorant
Les vers dont tu vas redorant
La gloire de ceux que je sonne ;
Il s'esgaye de tes chansons,
Et de ces nouvelles façons,
Auparavant non imitables,
Qui font esmerveiller les tables

Et les gros sourcis renfoncer
De ceste jalouse ignorance
Qui ose déja par la France
L'honneur de mes vers offenser.

Epode.

L'homme est fol qui se travaille
Porter en la mer des eaux,
A Corinthe des vaisseaux,
Et fol qui des vers te baille.
Si t'envoiray-je les miens
Pour r'encherir plus les tiens,
Dont les douceurs nompareilles
Sçavent flater les aureilles
Des roys, joyeux de t'ouïr :
Seule en France est nostre lyre,
Qui les fredons sache eslire
Pour les Princes réjouïr.

Strophe II.

Car le poete endoctriné,
Par le seul naturel bien né,
Se haste de ravir le prix ;
Mais ces rimeurs qui ont appris
Avec travail, peines et ruses,
A leur honte enfantent des vers
Qui toujours courent de travers
Parmy la carriere des Muses.
Eux, comparez à nos chants beaux,
Sont faits semblables aux corbeaux,
Qui dessous les fueilles caquettent
Contre deux aigles, qui aguettent
Auprès du throne de leur Roy
Le temps de ruer leurs tempestes
Dessus les miserables testes
De ces criars palles d'effroy,

Antistrophe.

Voyant l'aigle ; mais ny les ans,
Ny l'audace des vents nuisans,
Ny la dent des pluyes qui mord,
Ne donne aux vers doctes la mort.
Par eux la Parque est devancée,
Ils fuyent l'eternelle nuict,
Tousjours fleurissans par le fruit
Que la Muse ente en leur pensée.
Le temps, qui les suit de bien loin
En est aux peuples le tesmoin.
Mais quoy ! la Muse babillarde
L'honneur d'un chacun ne regarde,
Animant ores cestuy-cy,
Et ores ces deux-là ; car elle,
Des hauts Dieux la fille eternelle,
Ne se valette (1) pas ainsi.

Epode.

L'ayant prise pour ma guide,
Avec le chant incognu (2)
De mon luth, je suis venu
Où Loire en flotant se ride
Contre les champs plantureux
De tes ancestres heureux ;
Puis, sautelant, me rameine
De ton Anjou jusqu'au Maine
(De mon Vendomois voisins),
Afin que là je decore
Et Guillaume et Jean encore,
L'ornement de tes cousins,

1. Ne se profane pas ainsi comme un valet. (R.)
2. A cause de la nouveauté de ses odes. (R.)

Strophe III.

Lesquels ont supporté souvent
La fureur de l'horrible vent
Qui d'un orage redoublé
Nostre grand prince avoit troublé (1).
Bien que matin le jour s'éveille
Pour voir tout, il ne vid jamais
Ny ne pourra voir desormais
De freres la couple pareille,
A qui les François doivent tant
De lauriers qu'ils vont meritant ;
Ou soit pour refroidir l'audace
De l'Espagnol, s'il nous menace,
Ou soit pour amollir les cœurs,
Par la douceur de leur faconde,
Des Anglois separez du monde
Ou des Allemans belliqueurs.

Antistrophe.

Rome, s'yvrant de leur parler,
Dont le nectar (2) sembloit couler,
Béante, en eux s'émerveilla ;
Puis à l'un d'eux (3) elle bailla
Le sainct chapeau dessus la teste,
Flamboyant autour de son front,
Ainsi que les deux jumeaux font
Quant ils sereinent la tempeste.
A l'autre (4) nostre Roy donna

---

1. Aux plus belles et importantes fonctions de l'Estat, pendant les guerres des roys François Ier et Henry II. (R.)
2. La parfaicte eloquence necessaire aux legations qu'ils ont eu devers plusieurs princes estrangers. (R.)
3. A Jean, cardinal et evesque d'Hostie. (R.)
4. A Guillaume du Bellay, sieur de Langé, qui a dressé les Memoires de son temps. (R.)

L'ordre (¹) qui son col entourna,
Avecque la puissance d'estre
Sous luy des Piémontois le maistre (²),
Balançant d'équitable poids
Son advis et sa vigilance,
Les exploits de sa forte lance
Jointe avec une docte vois.

Epode.

Nul terme de nostre vie
Par nous ne se juge pas,
Ignorans le jour qu'en bas
Elle doit estre ravie.
Dessus l'esté de ses ans,
Rongé de soucis cuisans,
Son grand Langé rendit l'ame,
Enterrant sous mesme lame
L'honneur ensemble abbatu,
Ne laissant rien de valable
Sinon un frere semblable
Au portrait de sa vertu.

Strophe IIII.

Sçache que le sang de ceux-cy
Et leur race est la tienne aussi.
Mais repren l'arc, Muse, il est temps
Guigner au blanc où tu pretens.
Puis que sa louange foisonne
En cent vertus propres à luy,
A quoy par les honneurs d'autruy
Remply-je ce que je luy donne ?

---

1. Le faisant chevalier de l'ordre de Sainct-Michel. Depuis cet ordre, celuy du Sainct-Esprit a esté institué par Henry III. (R.)

2. Gouverneur pour le roy en Piedmont. (R.)

Sa gloire suffit pour borner
Les vers qui le veulent orner.
O bons Dieux ! on ne sçauroit faire
Que la vertu se puisse taire,
Bien qu'on tasche de l'obscurcir :
Maugré toute envie elle est forte
Et sur le front la lampe porte
Qui seule la peut esclaircir. »

Antistrophe.

Ton nom est tant estincelant,
Qu'encores, s'on l'alloit celant,
Dessous le silence il croistroit,
Et plus sa flame apparoistroit.
Car, tout ainsi que la mer passe
L'honneur d'un chacun element,
Et le soleil semblablement
Les moindres feux du ciel efface,
Ainsi apparoissent les traits
Dont tu esmailles les portraits
De la riche peinture tienne,
Naïvement sœur de la mienne,
Monstrant par ton commencement
Que mesme fureur nous affole,
Tous deux disciples d'une escole
Où l'on forcene doucement.

Epode.

Par une cheute subite
Encor je n'ay fait nommer
Du nom de Ronsard la mer,
Bien que Pindare j'imite.
Horace, harpeur latin,
Estant fils d'un libertin (1),

1. D'un serviteur affranchi.

Basse et lente avoit l'audace
Non pas moy, dé franche race,
Dont la Muse enfle les sons
Avecque plus forte haleine,
A fin que Phebus rameine
Par moy ses vieilles chansons;

Strophe v.

Lequel m'encharge de chanter
Son du Bellay, pour le vanter
Sur tous ses enfans qui ont bien
Masché le laurier Delphien (1).
Obeissant à la voix saincte,
Mon trait, par le ciel galopant,
L'air angevin n'ira coupant
Sans que ta gloire en soit atteinte,
Chantant l'homme estre bien-heureux
Qui en ton nectar doucereux
Ses belles louanges enyvre,
Mille fois nommé dans ton livre.
Que diray plus ? Le Ciel t'a fait
(Te fortunant de main non chiche)
Jeune, dispost, sçavant et riche,
Dessus son moule plus parfait.

Antistrophe.

Mes doigts ne pourroient se lasser
De faire mon batteau passer
Parmy les mers de ton renom,
Et ramerois encor sinon
Que j'ay déja preveu l'orage
Des mesdisans impetueux,
Qui contre les plus vertueux

---

1. Qui sont les meilleurs poëtes, *qui laurum momorderunt* (Juvenal).

Dégorgent volontiers leur rage,
La quelle, en babil s'estendant,
Comme un grand tonnerre grondant,
De son murmure m'admoneste
De tromper l'horrible tempeste,
Aboyante tant seulement
Les nourrissons des neuf Pucelles,
Qui se sont mis au dos des ailes
Pour voler eternellement.

Epode.

Ore donc, freres d'Helene,
Les Amycleans flambeaux
Du ciel, monstrez-vous, jumeaux,
Et mettez but à ma peine;
Faites ancrer à ce bort
Ma navire en quelque port,
Pour finir mon navigage,
Et destournez le langage
Du mesdisant (1) que je voy,
Qui tousjours sa dent travaille
Pour me mordre, afin qu'il aille
Remordre un autre que moy.

AU PRÉSIDENT BOUJU

Angevin.

ODE XII. — *Strophe* 1.

LE potier hait le potier,
Le févre le charpentier,
Le poëte tout ainsi

---

1. De Mellin de Saint-Gelais, à qui la gloire lors et la grandeur de l'esprit de nostre poëte faisoit envie. (R.)

Hait celuy qui l'est aussi,
Comme dit la voix sacrée
Du vieil citoyen d'Ascrée ;
Mais tu as par ta vertu
Ce vieil proverbe abbatu,
Vantant mon petit merite
(Sans te monstrer envieux)
Devant nostre Marguerite,
Le rare present des cieux.

Antistrophe.

Phebus ravit les neuf sœurs,
Puis leurs picquantes douceurs
Ravissent les beaux esprits
Qui d'elles se sont épris ;
Mais mon ame n'est ravie
Que d'une bruslante envie
D'oser un labeur tenter
Pour mon grand Roy contenter,
A celle fin que mon œuvre
Sa grand'main flatte si bien
Que quelquefois je la treuve
Prompte à me faire du bien.

Epode.

Celuy qui d'un ret pourchasse
Les poissons, ou cestuy-là
Qui par les montagnes chasse
Les bestes deçà et là,
C'est afin qu'un peu de proye
La fortune luy octroye ;
Mais l'homme plein de bon-heur,
Qui suit comme toy les princes
Et les grands dieux des provinces,
C'est pour se combler d'honneur,

Strophe 11.

Laissant au peuple ignorant
Un crevecœur devorant
Béant après la vertu
Dont le sage est revestu.
Les uns en cecy excedent,
Les autres cela possedent.
Mais les roys portent sur eux
Le sommet des biens heureux.
Au poëte qui s'amuse
Comme toy de les vanter,
Calliope ne refuse
De l'ouyr tousjours chanter.

Antistrophe.

Quand Phebus s'esleve aux cieux,
Les ombres fuyent ses yeux :
Ainsi, où ta Muse luit,
La sourde ignorance fuit,
Rendant les bouches muetes
De nos mal-heureux poëtes,
Qui souloient comme pourceaux
Souiller le clair des ruisseaux.
Les beaux vers que j'ay veu naistre
Si heureusement de toy
Te rendent bien digne d'estre
Prisé de la sœur d'un Roy.

Epode.

Ta fameuse renommée,
Qui doit voir tout l'Univers,
Me prie d'estre nommée
Par la trompe de mes vers.
Et le feray, car ta gloire

Est digne de la memoire ;
Puis les dieux conte ne font
De nul papier s'il ne porte,
A la dorienne sorte,
Ton beau nom dessus le front.

A JEAN D'AURAT

Son precepteur et poete royal.

ODE XIII. — *Strophe.*

Le medecin de la peine,
C'est le plaisir qui ameine
Le repos avecque luy,
Et les odes qui nous flatent
Par leurs douceurs, qui abbatent
La memoire de l'ennuy.
Le bain ne soulage pas
Si bien les corps qui sont las
Comme la louange douce
Nous soulage, que du pouce
A la lyre nous joignons,
Par qui les playes de l'ame
(Lors qu'un desplaisir l'entame)
Pour la guerir nous oignons.

Antistrophe.

Certes ma chanson sucrée,
Qui les grands princes recrée,
Te pourra bien dérider
Apres ta peine publique,
Où ta faconde s'applique
Pour la jeunesse guider.

Le haut bruit de ton sçavoir
Evidemment nous fait voir
Que tu brises l'ignorance,
Renommé parmy la France,
Comme un oracle des dieux,
Pour desnouer aux plus sages
Les plus ennouez passages
Des livres laborieux.

Epode.

Tant d'ames ne courent pas
Après Alcée là bas,
Quand hautement il accorde
Les guerres dessus sa corde,
Comme ta douce merveille
Emmoncelle par milliers
Un grand peuple d'escoliers
Que tu tires par l'aureille.

A JAN ANTOINE DE BAÏF

Très-excellent poëte.

ODE XIV. — *Strophe* 1.

J'ay tousjours celé les fautes
Dont mes amis sont tachez;
J'ay tousjours teu leurs pechez,
Mais non pas leurs vertus hautes;
Car moy qui suis le sonneur
Et le courrier des louanges,
Je ne porte aux gens étranges
Sinon la gloire et l'honneur
Que le Ciel, large donneur,
Ayant quelque soin de toy,
T'a départy comme à moy,

Versant sur ta langue sage
Un sainct tresor de beaux vers,
Afin que son doux message
S'espande par l'univers.

Antistrophe.

Maint chemin nous peut attraire
Pour venir à la vertu ;
D'un bien un tel est vestu,
L'autre d'un autre au contraire.
Premier j'ay dit la façon
D'accorder le luth aux odes,
Et premier tu t'accommodes
A la tragique chanson,
Espouvantant d'un grand son
Et d'un stile tel qu'il faut
Nostre françois échafaut ;
Des grands princes miserables
Trainant en long les regrets
Par tonnerres execrables
Bruyans és tragiques Grecs.

Epode.

D'esprit et d'art volontiers
En tout differens nous sommes :
Ne deux ne quatre mestiers
Ne nourrissent pas les hommes ;
Mais quiconque a le sçavoir,
Celuy doit l'honneur avoir.
O Baïf, la plume pronte
A vouloir monter aux cieux
D'un vol qui la mort surmonte
Trompe l'enfer odieux.

A JEAN MARTIN

Poëte et architecte.

ODE XV. — *Strophe* I.

La fable elabourée,
Descrite heureusement
D'une plume dorée,
Nous trompe doucement,
A l'un donnant la gloire
Qu'il n'a pas merité,
Faisant par le faux croire
Qu'on voit la verité ;
Car tout ce que la Muse
Lyrique ne refuse
D'emmieller par nous,
Cela flatte l'aureille,
Qui toute s'esmerveille
De le boire si dous.

Antistrophe.

Il ne faut que j'honore
Ton renom, ô Martin,
De fables prises ore
Du grec ny du latin ;
Ta vertu treluisante
Comme astres radieux
Me sera suffisante
Pour te loger aux cieux.
Quelle terre esloignée,
Quelle rive baignée
De l'une et l'autre mer,
Quelle isle descouverte,

Ne tient la gorge ouverte
Ardente à te nommer?

Epode.

Vous gouvernez les rois,
Poëtes de la court,
Et si de vostre vois
La memoire ne court.
Si ta grand main desire
De respandre le bien,
C'est à ce Martin, Sire,
Qui le merite bien.

Strophe 11.

Certes l'experience
N'est utile sinon
Pour sonder la science
Si elle est fausse ou non.
Le siecle qui doit estre
Ne taira ton bon-heur,
Et comme tu fis naistre
A la France un honneur,
Toy de qui la musette
Sur le bord de Sebette (1)
Chanta bien haut aussy
Les beaux pasteurs, qu'encore
Naples autant honore
Comme on t'honore icy.

Antistrophe.

Par toi le peuple estrange
A peu sentir combien

---

1. Fontaine auprès de Naples. Elle fut chantée par Sannazar, dont Jean Martin a traduit l'ARCADIE.

La France a de louange
Faite heureuse en ton bien ;
Par toy revient l'usage
Des outils et compas
Que mesme le vieil âge
Des Romains ne sceut pas.
Le maçon par ta peine
Son ouvrage démeine,
Et, sous toy faict sçavant,
Jusques au ciel égale
Mainte maison royale,
Ton livre allant devant.

Epode.

L'œuvre est de l'inventeur,
Et celuy qui apprend
Est tenu pour menteur
Si grace ne luy rend.
La plume bien apprise
Dresse son vol aux cieux,
Et sa belle entreprise
Ne peut ceder aux lieux.

Fin des Odes pindariques.

AU SIEUR BERTRAND BERGIER,

De Poitiers.

ODE XVI.

La mercerie que je porte,
Bertrand, est bien d'une autre sorte
Que celle que l'usurier vend
Dedans ses boutiques avares,
Ou celle des Indes barbares
Qui enflent l'orgueil du Levant.
   Ma douce navire immortelle
Ne se charge de drogue telle,
Et telle de moy tu n'attens,
Ou, si tu l'attens, tu t'abuses :
Je suis le trafiqueur des Muses
Et de leurs biens, maistres du temps.
   Leur marchandise ne s'estalle
Au plus offrant dans quelque halle,
Car leur bien en vente n'est mis,
Et pour l'or il ne s'abandonne ;
Sans plus, liberal je le donne
A qui me plaist de mes amis.
   Reçoy donque ceste largesse,
Et croy que c'est une richesse
Qui par le temps ne s'use pas ;
Mais contre le temps elle dure,
Et, de siecle en siecle plus pure,
Ne donne point aux vers d'appas.
   L'audacieuse encre d'Alcée
Par les ans n'est point effacée,
Et vivent encores les sons
Que l'amante (1) bailloit en garde
A sa tortue (2) babillarde,
La compagne de ses chansons.

---

1. Sapphon. — 2. A sa lyre, parce que la premiere lyre fut faite et composée d'une tortue. (R.)

Mon grand Pindare vit encore
Et Simonide et Stesichore,
Sinon en vers (1), au moins par nom;
Et des chansons qu'a voulu dire
Anacreon dessur la lyre
Le temps n'efface le renom.

 N'as-tu oüy parler d'Enée,
D'Achil, d'Ajax, d'Idomenée ?
A moy semblables artisans
Ont immortalizé leur gloire
Et fait allonger la memoire
De leur nom jusques à nos ans.

 Helene seule, estant gaignée
D'une perruque bien peignée,
D'un port royal, d'un vestement
Brodé d'or ou d'une grand suite,
N'a pas eu la poitrine cuite
Par un amour premierement.

 Hector le premier des gendarmes,
Et Teucre n'a vêtu les armes,
Dardant ses homicides traits;
Non une fois Troye fut prise :
Maint prince a fait mainte entreprise
Devant le camp des deux roys grecs.

 Mais leur prouesse n'est cogneue,
Et une oblivieuse nue
Les tient sous un silence estraints;
Engloutie est leur vertu haute
Sans renom, pour avoir eu faute
Du secours des poëtes saincts.

 Mais la mort ne vient impunie
Si elle atteint l'ame garnie
Du vers que la Muse a chanté,
Qui, pleurant de dueil, se tourmente
Quand l'homme aux enfers se lamente
Dequoy son nom n'est point vanté.

---

1. Nous n'avons point les vers de Simonide et de Stesichore, sinon quelques fragmens dans les livres. (R.)

Le tien le sera, car ma plume
Aime volontiers la coustume
De louer les bons comme toy,
Qui prevois l'un et l'autre terme
Des deux saisons, constant et ferme
Contre leur inconstante foy;

Plein de vertu, pur de tout vice,
Non bruslant après l'avarice,
Qui tout attire dans son poin;
Chenu de meurs, jeune de force,
Amy d'espreuve, qui s'efforce
De toujours prêter au besoin.

Celuy qui sur la teste sienne
Voit l'espée sicilienne (1),
Des douces tables l'appareil
N'irrite sa faim, ny la noise
Du rossignol qui se desgoise
Ne luy rameine le sommeil.

Mais bien celuy qui se contente
Comme toy; la mer il ne tente,
Et pour rien tremblant n'a esté,
Soit que le bled fausse promesse,
Ou que la vendange se laisse
Griller aux flames de l'esté.

De celuy le bruit du tonnerre
Ny les nouvelles de la guerre
N'ont fait chanceler la vertu;
Non pas d'un roy la fiere trace,
Ny les pirates la menace,
N'ont point son courage abatu.

Taisez-vous, ma lyre mignarde,
Taisez-vous, ma lyre jazarde,
Un si haut chant n'est pas pour vous:
Retournez louer ma Cassandre,
Et dessur vostre lyre tendre
Chantez-la d'un fredon plus dous.

1. L'épée de Damoclès.

A CASSANDRE.

Ode XVII (1).

Mignonne, allons voir si la rose
Qui ce matin avoit desclose
Sa robe de pourpre au soleil
A point perdu ceste vesprée
Les plis de sa robe pourprée,
Et son teint au vostre pareil.

Las! voyez comme en peu d'espace,
Mignonne, elle a dessus la place,
Las! las! ses beautez laissé cheoir!
O vrayment marastre Nature,
Puis qu'une telle fleur ne dure
Que du matin jusques au soir!

Donc, si vous me croyez, mignonne,
Tandis que vostre âge fleuronne
En sa plus verte nouveauté,
Cueillez, cueillez vostre jeunesse :
Comme à ceste fleur, la vieillesse
Fera ternir vostre beauté.

A JOACHIM DU BELLAY.

Ode XVIII.

Celuy qui ne nous honore
Comme prophetes des Dieux,
Plein d'un orgueil odieux

---

1. Voici les 18 vers qui ont plus servi à la gloire de Ronsard que tout le reste de ses œuvres.

Les Dieux il mesprise encore;
Et le ciel, qui nous decore
De son thresor le plus beau,
Nous mariant au troupeau
Que le sainct Parnasse adore.

 Une saincte jalousie
De leurs presents les plus dous,
Se laissant glisser dans nous,
Flatte nostre poësie,
Qui darde la fantasie
De leurs prestres agitez
Jusqu'au sein des deitez,
Yvres de leur ambrosie.

 De-là revolans au monde,
Comblez de secrets divers,
Vont chantant par l'univers
D'une voix où Dieu abonde,
Et leur divine faconde
Sert d'oracles, et sont faits
Les ministres plus parfaits
De la deité profonde.

 Un démon les accompaigne,
Par sur tous le mieux instruit,
Lequel en songes, la nuict,
Sans nul travail les enseigne,
Et, demy-dieu, ne desdeigne
De les aller informant,
Afin que l'homme en dormant
Toutes sciences appreigne.

 Ils cognoissent la peinture
De ce grand monde, et cela
Qu'il varie çà et là
En chacune creature;
Ore par leur escriture
Sont pescheurs, sont laboureurs,
Maçons, soudars, empereurs;
Vrais peintres de la Nature.

 Celuy à qui le ciel donne

Un tel present, il peut bien
Dire à tous qu'il a le bien
Qu'à peu d'hommes il ordonne ;
Et sa langue, qui doux sonne,
Quand elle voudra chanter,
Se pourra très-bien vanter
Qu'elle est des Dieux la mignonne.
 En chaque art jadis maint homme
Admirable s'est trouvé,
Et admirable approuvé
Par l'âge, qui tout consomme.
Quant aux poëtes, on nomme
Un Homere seulement ;
Homere éternellement
Sur les autres se renomme.
 Ce nous est experience
Que Dieu n'est pas liberal
A chacun en general
D'une si belle science,
Qui commença l'alliance
De corps et d'âme entre nous,
Et qui loge par sur tous
En tes beaux vers sa fiance.

AVANT-VENUE DU PRINTEMPS.
ODE XIX.

Taureau qui dessus ta crope
 Enlevas la belle Europe
Parmy les voyes de l'eau,
Heurte du grand ciel la borne,
Et descrouille de ta corne
Les portes de l'an nouveau.
 Et toy, vieillard qui enserre

Sous ta clef ce que la terre
Produit generalement,
Ouvre l'huys à la Nature,
Pour orner de sa peinture
Les champs liberalement.

 Vous, nymphes des eaux, qui estes
Ores aux glaces sujettes,
Levez un beau chef dehors,
Et, mollissant vostre course,
D'une trepignante source
Frappez librement vos bors,

 Afin que la saison verte
Se monstre aux amans couverte
D'un tapis marqué de fleurs;
Et que la campagne face
Plus jeune et gaye sa face,
Peinte de mille couleurs,

 Et devienne glorieuse
De se voir victorieuse
Sur l'hyver injurieux,
Qui l'avoit trop offencée
De mainte gresle eslancée
D'un aiguillon furieux.

 Mais or en vain il s'efforce:
Car il voit déjà sa force
Lentement se consumer
Sous le beau jour qui s'allonge,
Et qui ja tardif se plonge
Dans le giron de la mer.

 [Jà le beau printemps arrive
Et jà l'herbe de la rive
Souléve un petit son chef,
Et, méprisant la froidure,
Etale au ciel sa verdure,
Pour y fleurir de rechef.]

 Jà le ciel d'amours s'enflamme,
Et dans le sein de sa femme
Jupiter se va lançant,

Et, meslant sa force en elle,
De sa rosée eternelle
Va son ventre ensemençant;
　Si qu'elle, estant en gesine,
Respand sa charge divine
Sur la terre, à celle fin
Que la terre mesme enfante,
De peur que ce Tout ne sente
En ses membres quelque fin.
　Amour, qui Nature éveille,
Amenant prés de l'aureille
La coche des traits ardents,
Les pousse de telle sorte
Que la poitrine est bien forte
S'ils ne se fichent dedans.
　Du ciel la grand' bande ailée,
De l'eau la troupe escaillée,
Contrainte du dard vainqueur,
Ny dans l'eau ny par les nues
N'esteint les flames venues
Enflamber leur tendre cœur.
　La charrette vagabonde
Qui court sur le doz de l'onde,
Oisive au port paravant,
Laschant aux voiles les brides,
Va par les plaines humides
De l'occident au levant.
　[Nos soudards chargent la pique
Voire et tant l'honneur les pique
Qu'avant le temps attendu
Du veillant soudard d'Espagne
Ils ont jà dans la campagne
Leur camp partout épandu.]
　Du printemps la saison belle,
Quand la terre estoit nouvelle,
L'an paisible conduisoit;
Du soleil qui nous esclaire
La lampe seulement claire

Tiede par tout reluisoit.
  Mais la main des Dieux jalouse
N'endura que telle chouse
Suivist son train coustumier ;
Ains, changeant le premier vivre,
Fit une saison de cuivre
En lieu du bel or premier.
  Lors le printemps donna place
Au chaud, au vent, à la glace,
Qui renaissent à leur tour,
Et le sapin des valées
Sauta sur les eaux salées
Qui nous baignent à l'entour.
  On ouyt sonner les armes,
On ouyt par les alarmes
L'acier tinter durement,
Et les lames acerées
Sur les enclumes ferrées
Craqueter horriblement.
  On inventa les usages
D'empoisonner les breuvages
Et l'art d'espandre le sang ;
Les maux du cofre sortirent,
Et les hauts rochers sentirent
La foudre dessus leur flanc.

A PHŒBUS,

pour la santé de sa maistresse.

ODE XX.

O pere, ô Phœbus Cynthien,
Ô sainct Apollon Pythien,
Seigneur de Déle la divine,

Cyrenean, Patarean,
Par qui le trepié thymbrean (1)
Les choses futures devine ;
  Ou soit que Clare (2), où que tes sœurs,
Te detiennent de leurs douceurs,
Ou soit que tu laves en l'onde
D'Eurote (3), clairement roulant,
Le crespe honneur du poil coulant
Par flocons de ta teste blonde :
  Enten, ô Prince, mon soucy,
Et vien pour soulager icy
Celle qui ne m'est moins cruelle
Que la fiévre, qui va mordant
D'un accez et froid et ardant
La douce humeur de sa mouelle.
  Quoi ! sur elle n'espandras-tu
Quelque jus remply de vertu ?
Veux-tu pas son medecin estre ?
Si seras, où je fus deceu,
Ayant l'autre jour apperceu
Ton cygne voler à senestre.
  Tu as, seul des dieux, cest honneur,
D'estre poëte et gouverneur
De toute herbe, soit de campagne,
Soit de monts, soit de celles-là
Que Thetys, de çà et de là,
En quelque bord étrange bagne.
  Par toy Esculape pilla
Les enfers, lors qu'il réveilla
Hippolyt' de la grésle bande,
Et, fraudant le prince inhumain (4),
Luy arracha hors de la main

1. Une sorte de simple, appellée *thymbra*, qui abonde en la Troade. (R.)
2. Isle des Cyclades. (R.)
3. Fleuve de Laconie.
4. Pluton.

Le tribut (1) qu'à tous il demande,
   Par toy le doux enchantement
Sait arrêter soudainement
Le corps de l'homme qui dévie (a);
Par toy le médecin expert,
Ayant invoqué ton nom, pert
Le mal, larron de nostre vie.

   Fils de Latone, escoute-moy,
Vien, et apporte avecque toy
Le moly et la panacée,
Et l'herbe que Medée avoit
Quant reverdir elle devoit
D'Eson la jeunesse passée ;
[Et celle qui boutonne aussi
Sur le plus haut du froid sourcy
Du Caucase, étant enfantée
Du poumon toujours s'allongeant
Que l'aigle eternel va rongeant,
Cruel bourreau de Promethée ;]
   Et l'herbe forte qui changea
Glauque si tost qu'il la mangea,
Le faisant immortel d'un homme,
Qui, par la mer, entre les Dieux,
Ne craint que le temps odieux
Le nombre de ses ans consomme.

   Brise-les du bout de ton arc,
Puis, d'elles pressurant le marc,
Fais un breuvage et le luy baille,
Ou bien les applique à ses bras,
Et lors, ô Pean, tu rompras
Le mal qui deux ames travaille.

   Déja son beau coral s'esteint,

1. La vie.
a. Var. 1587 :
   Par ta puissance le charmeur
Arreste de l'homme qui meur
L'ame à demy déjà ravie.

Et ja la rose de son teint
Se fanit, pallement flestrie,
Et l'œil meurtrier où m'aguettoit
Ne sçai quel archer qui estoit
L'object de mon idolatrie.
 Las! tu peux, en la guarissant,
Me soulager, moy perissant
Au feu qui sa fiévre resemble;
Ainsi, ratifiant mes vœux,
De mesme cure, si tu veux,
Tu en guariras deux ensemble.
 Lors un temple j'edifiray,
Où ton image je feray
De longues tresses honorée,
A son doz pendray l'arc turquois,
La lyre, sœur de son carquois,
A son flanc la dague dorée.

A PIERRE PASCHAL (1).

ODE XXI.

Ne seroy-je pas encore
 Plus dur qu'un Scythe cruel,
Ou le flot continuel
Qui ronge le sablon more,
 Si je n'emplumoy la gloire
De toy, mon Paschal (2), afin
Qu'elle voltige sans fin
Dans le temple de Mémoire?

1. Il loue Pierre Paschal de parler bien latin et d'estre digne de l'immortalité de ses vers. (R.)
2. Il est toutefois accusé d'avoir abusé le public d'une promesse d'histoire dont il ne fit jamais voir qu'un je ne sçay quel dessein sous Henry II, qui luy valust beaucoup. Estienne Pasquier accuse fort ce Paschal dans ses Epistres. (R.)

La chaine qui entrelace
Ton esprit avec le mien,
Et mon nom semblable au tien (1),
Commande que je le face.

Ce m'est une douce peine
Chanter l'homme en qui les cieux
Ont renversé tout le mieux
De leur influence pleine.

Quand sa clarté merveilleuse
Maugré l'obscur se fait voir
Par les rayons du sçavoir
De sa langue mielleuse,

Certes telle gloire douce
Crie qu'elle est seule à toy,
Obéissant à la loy
De ma lyre et de mon pouce.

[Ne voy tu comme elle vole
Ça bas en dix mille lieux,
Ains comme elle vole aux cieux
Par le vent de ma parole ?]

Jà ton Languedoc se vante
D'honorer son nourrisson,
Fait immortel par le son
Du Vendomois qui le chante.

Quoy ! c'est toy qui m'eternise !
Et, si j'ay quelque renom,
Je ne l'ay, Paschal, sinon
Que par ta vois, qui me prise.

Car jamais le temps n'ameine,
Comme aux autres, des oublis,
Aux escrits qui sont polis
Par ta langue si romaine.

1. Le nom de Pierre.

A SA LYRE.

ODE XXII.

Lyre dorée où Phebus seulement
Et les neuf Sœurs ont part egalement,
Le seul confort qui mes tristesses tue,
Que la danse oit, et toute s'évertue
De t'obeyr et mesurer ses pas
Sous tes fredons mignardés par compas,
Lors qu'en bruyant tu marques la cadance
D'un avant-jeu le guide de la danse.

Le feu armé de Jupiter s'esteint
Sous ta chanson, si ta chanson l'atteint,
Et au caquet de tes cordes bien jointes
Son aigle dort sur la foudre à trois pointes,
Abaissant l'aile : adonc tu vas charmant
Ses yeux aigus, et luy, en les fermant,
Son dos herisse et ses plumes repousse,
Flatté du son de ta corde si douce.

Celuy ne vit le bien-aimé des Dieux
A qui desplaist ton chant melodieux.
Heureuse lyre! honneur de mon enfance!
Je te sonnay devant tous en la France
De peu à peu : car, quand premierement
Je te trouvay, tu sonnois durement;
Tu n'avois point de cordes qui valussent,
Ne qui respondre aux loix de mon doigt peussent.

Moisi du temps, ton fust ne sonnoit point;
Mais j'eu pitié de te voir mal en-point,
Toy qui jadis des grands roys les viandes
Faisois trouver plus douces et friandes.
Pour te monter de cordes et d'un fust,
Voire d'un son qui naturel te fust,

Je pillay Thebe (1) et saccageay la Pouille (2),
T'enrichissant de leur belle despouille.
  Et lors en France avec toy je chantay,
Et, jeune d'ans, sur le Loir inventay
De marier aux cordes les victoires
Et des grands roys les honneurs et leurs gloires.
[Puis, affectant un œuvre plus divin,
Je t'envoyai sous le pouce angevin
Qui depuis moi t'a si bien fredonnée,
Qu'à lui tout seul la gloire en soit donnée.]
  Certainement celuy que tes chansons
Paissent, ravy du plaisir de leurs sons,
Ne sera point haut estimé pour estre
Ou à l'escrime ou à la luitte adestre,
Ny de laurier couronné ne sera,
Car l'arme au poingt jamais n'abaissera
L'orgueil des rois ni la fureur des princes,
Portant vainqueur le feu dans leurs provinces.
  Mais ma Gastine (3), et le haut crin des bois
Qui vont bornant mon fleuve vendomois,
Le dieu bouquin qui la Neufaune entourne,
Et le saint chœur qui en Braye (4) sejourne,
Le feront tel que par tout l'univers
Il se verra renommé par ses vers,
Tant il aura de graces en son pouce
Et de fredons fils de sa lyre douce.
  Déja, mon Luth, ton loyer tu reçois,
Et ja déja la race des François
Me veut nombrer entre ceux qu'elle loue,
Et pour son chantre heureusement m'avoue.
O Calliope, ô Cleion, ô les Sœurs,
Qui de ma Muse animez les douceurs,

---

1. Pour faire ses odes pindariques.
2. Pour imiter Horace en ses odes communes : la Pouille est une province d'Italie. (R.)
3. Sa forest.
4. Neufaune et Braye, dépendances de sa demeure.

Je vous salue et resalue encore,
Par qui mon roi et ses princes j'honore !
  Par toy je plais, et par toy je suis leu ;
C'est toy qui fais que Ronsard soit esleu
Harpeur françois, et, quand on le rencontre,
Qu'avec le doigt par la rue on le monstre.
Si je plais donc, si je sçay contenter,
Si mon renom la France veut chanter,
Si de mon front les estoilles je passe,
Certes, mon Luth, cela vient de ta grace.

Fin du premier livre.

LE SECOND LIVRE
DES ODES

AU ROY HENRY II.

Ode I.

Je te veux bastir une ode,
La maçonnant à la mode
De tes palais honorez,
Qui volontiers ont l'entrée
De grands marbres accoustrée
Et de hauts piliers dorez,
  Afin que le front de l'œuvre
Du premier regard descœuvre
Tout le riche bâtiment ;
Ainsi, Prince, je veux mettre
Au premier front de mon metre
Tes vertus premierement.
  Sur deux termes de memoire
Je veux graver la victoire
Dont l'Anglois fut combattu (1),

---

1. Sous ce prince l'Anglois a cessé de plus rien avoir en France. (R.)

Et veux encore y pourtraire
Les guerres de feu ton pere,
Sousteñu de ta vertu,
Lors que ton jeune courage
S'opposa contre la rage
De l'empereur (1) despité,
Se vantant d'avoir la foudre
Dont il devoit mettre en poudre
Paris, ta grande cité.
Le conseil et la vaillance,
Par une égale balance,
Tousjours veillent à l'entour
Des affaires qui sont pleines
Et de périls et de peines,
S'entresuivans à leur tour;
Ce que la faveur celeste
Par toy nous rend manifeste,
Comme n'ayant desdaigné
Dés ta premiere jeunesse
De conseil et de prouesse
Tousjours estre accompagné.
Aussi, Prince, ta main forte
A fait voir en mainte sorte
L'impuissance d'eviter
Les efforts de ton armée,
Et ta colere enflammée
A qui la vient irriter.
Sur la roche thespienne,
Des Sœurs la plus ancienne,
Qui de tes faits a souci,
Me garde une melodie,
Afin qu'un jour je la die
Bien plus haut que celle-ci.
Par les campagnes estranges

---

1. En ce temps la France fut assaillie de toutes parts, mais en vain : car elle eut des princes vaillans qui la sceurent bien garder et defendre, à Mets, à Thionville et autres lieux. (R.)

Je sonneray tes louanges,
Lors que ton bras belliqueur
Aura foudroyé le monde,
Et que Tethys de son onde
Te confessera vainqueur
   [Et lorsque ta main non chiche
M'aura fait heureux et riche,
Me faisant sentir combien
La grand' majesté royale
D'Auguste fut libérale
Vers l'auteur Aemien].
   Les Muses ont à leur corde
Deux tons divers : l'un s'accorde
Avec les guerres des rois;
L'autre, plus bas, ne s'allie
Qu'avec le luth de Thalie,
Touché doucement des dois.
   De ce bas ton je te chante
Maintenant, et si me vante
De ne sonner jamais roy
Qui en bonté te ressemble,
Ne prince qui soit ensemble
Si preux et sçavant que toy.
   [Oy donc ma voix, qui s'efforce
D'exhorter par douce force
Que l'honneur qu'on voit écrit
Es oracles poëtiques
Celebrant les rois antiques
Est seul propre à ton esprit.]
   Sus donq, France, ouvre la bouche.
Au son du luth que je touche;
Dy que le ciel t'a donné
Un roy dispost à combatre
Et prompt par les loix d'abatre
Le peché desordonné.
   Et toy, vendomoise Lyre,
Mieux que devant faut eslire
Un vers pour te marier,

Afin que tu faces croire
Que veritable est la gloire
Qu'on t'a voulu dedier.

 Tu réjouis nostre prince,
Tu contentes sa province,
Et mille furent espris
De contrefaire ta grace,
Et, suivans ta mesme trace,
On voulu gaigner le prix.

 Mais, ô Phebus, authorise
Mon chant et le favorise,
Qui ose entonner le loz
De ce grand roy qui t'honore,
Et ses beaux blasons (¹) decore
De l'arc qui charge ton dos,

 Et fait tant que sa Hautesse
Daigne voir ma petitesse
Qui vient des rives du Loir,
Criant sa force et justice,
Afin que l'âge qui glisse
Ne les mette à nonchaloir,

 Et qui doit chanter la gloire
De sa future victoire,
S'elle avient : car, en tout lieu,
De la chose non tissue
L'heureuse fin et l'issue
Se cache en la main de Dieu.

---

1. Il est à remarquer que chacun de nos roys ordinairement a pris sa devise et des blasons : François Ier une salemandre dans le feu, avec sa devise : *Nutrisco et extinguor;* Henri II trois croissans, avec sa devise : *Donec totum impleat orbem ;* François II deux globes, avec sa devise : *Unus non sufficit orbis;* Charles IX deux colonnes, avec sa devise : *Pietate et justitia;* Henry III trois couronnes, avec sa devise : *Manet ultima cœlo;* Henry IV une espée entre deux sceptres, avec sa devise : *Duo protegit unus.* (R.)

A CALLIOPE.

Ode II.

Descen du ciel, Calliope, et repousse
Tous les ennuis de moy, ton nourrisson,
Soit de ton luth, ou soit de ta voix douce,
Et mes soucis charme de ta chanson.
   Par toy je respire,
   C'est toy qui ma lyre
   Doucement conduis;
   C'est toy, ma princesse,
   Qui me fais sans cesse
   Fol comme je suis.
 Certainement, avant que né je fusse,
Pour te chanter tu m'avois ordonné.
Le Ciel voulut que ceste gloire j'eusse
D'estre ton chantre avant que d'estre né.
   La bouche m'agrée
   Que ta voix sucrée
   De son miel a peu,
   Et qui sur Parnase
   De l'eau de Pegase
   Gloutement a beu.
 Heureux celuy que ta folie affole !
Heureux qui peut par tes traces errer !
Celuy-là doit, par sa douce parole,
Hors du tombeau tout vif se déterrer.
   Ton bien sans dessertes
   Tu m'as donné, certes,
   Qui n'eus jamais soin
   D'apprendre la lettre.
   Toutefois, mon mettre
   S'entend d'assez loin.
 Dieu est en nous, et par nous fait miracles.

Si qu'un poëte et ses vers furieux,
Ce sont des dieux les plus secrets oracles,
Que par sa bouche ils montrent à nos yeux (a).
   Si, dés mon enfance,
   Le premier de France
   J'ay pindarisé (1),
   De telle entreprise,
   Heureusement prise,
   Je me voy prisé.
Chacun n'a pas les Muses en partage,
Et leur fureur tout estomach ne poind.
A qui le Ciel a fait tel avantage,
Vainqueur des ans, son nom ne mourra point.
   Durable est sa gloire,
   Tousjours la memoire
   Sans mourir le suit;
   Comme vent, grand erre,
   Par mer et par terre
   S'escarte son bruit.
C'est toy qui fais que j'aime les fontaines,
Tout esloigné du vulgaire ignorant,
Tirant mes pas, sur les roches hautaines,
Après les tiens, que je vais adorant.

a. Var. :
   Pour t'avoir servie,
   Tu as de ma vie
   Honoré le train.
   Suivant ton escole,
   Ta douce parole
   M'eschauffa le sein.
Dieu est en nous, et par nous fait miracles,
D'accords meslez s'égaye l'univers.
Jadis en vers se rendoient les oracles,
Et des hauts dieux les hymnes sont en vers.

1. C'est-à-dire : le premier de tous les François, j'ay introduit la façon d'escrire de Pindare, l'*ode*. (R.) En effet, il inventa le mot et la chose.

Tu es ma liesse,
Tu es ma deesse,
Tu es mes souhais.
Si rien je compose,
Si rien je dispose,
En moy tu le fais.
Dedans quel antre, en quel desert sauvage,
Me guides-tu? et quel ruisseau sacré
A ta grandeur me sera doux breuvage
Pour mieux chanter ta loüange à mon gré?
[Nous savons bien comme
Roland, de sage homme,
Devint fol d'aimer,
Et comme Angélique,
Vierge mal pudique,
Repassa la mer.
Nous connoissons Mandricard à ses armes;
Du bon Roger l'histoire ne nous fuit,
Ni le vieillard qui, murmurant ses charmes,
Avoit d'airain le vain palais construit.]
Ça, page, ma lyre;
Un chant je veux dire
Sur ses cordes d'or.
La divine grace
Des beaux vers d'Horace
Me plaist bien encor;
Mais tout soudain, d'un haut style plus rare (a),
Je veux sonner le sang hectorean,
Changeant le son du Dircean Pindare
Au plus haut bruit du chantre Smyrnean (1).

1. Homere. (R.)

a. Var. (1550) :
Mais tout soudain je changerai mon style
Pour les vertus de Henri raconter ;
Lors, cultivant un terroir si fertile,
Jusques au ciel le fruit pourra monter.

CONSOLATION

A la royne de Navarre, sur la mort de Charles de Valois,
duc d'Orleans, son nepveu, troisiesme fils
du roy François I.

ODE III.

Vien à moy, mon Luth, que j'accorde
Une ode, pour la fredonner
Dessus la mieux parlante corde
Que Phebus t'ait voulu donner,
A celle fin de la sonner
Si doucement qu'elle contante
Et puisse le soin destourner
Qui mord une royale tante.
　　Doncques, ô Chimere inconstante (1)!
Tu as dessous les ombres mis
Le prince qui fut nostre attante
Et l'effroy de nos ennemis!
En vain donc il avoit promis
De donter la rondeur du monde
Et de voir sous Charles soumis
Ce que Tethys serre en son onde!
　　Une large pluye feconde,
Vous, Muses, puisez de vos yeux,
Lamentez la coulonne (2) ronde
Où s'appuyoit tout vostre mieux.
Pour ta vertu dessus les cieux,
O fils de roy! tu te reposes,
Et ce bas monde vicieux
Du ciel tu regis et composes,

---

1. La mort. (R.)
2. Ainsi s'appellent les enfans masles des maisons. (R.)

Et nouvelles loix luy imposes,
Nouveau citoyen de là haut,
Entre les immortelles choses
Et près du Bien, qui point ne faut.
Des royaumes plus ne te chaut,
Dont tu as fait icy la preuve :
Car rien de ce monde ne vaut
Un trait du nectar qui t'abreuve.
 Tu as laissé la terre veuve
Du vray honneur, au ciel montant,
Où ta facile aureille appreuve
Nos vœux, qu'elle va escoutant.
Appaise ton cœur lamentant,
Essuye ton œil, ma princesse :
Pour neant tu vas regrettant
Dequoy si tost ton neveu cesse
 Et a pris son heureu e addresse
Vers une autre habitation,
Changeant l'avril de sa jeunesse
Au bien de l'incorruption.
Aux dieux, sans intermission,
Son corps tu requiers par priere,
Qu'il n'eut à la condition
De voir par deux fois la lumiere.
 Quand ton oraison coustumiere
Sonneroit aussi doucement
Que la harpe tirant premiere (1)
Les bois en esbahissement,
Encore l'ame nullement
N'animeroit sa froide image,
Puis que la Parque durement
Luy a fait rendre son hommage.
 De Pluton l'avare heritage
Ton neveu n'ira jamais voir,
Que le ciel pour son avantage
Trop soudain a voulu ravoir;

---

1. La harpe d'Orphée. (R.)

Et, jaloux, t'a fait recevoir
(Pour s'enrichir de son enfance)
Un dueil, que le temps n'a pouvoir
D'arracher de ta souvenance.

CONTRE LES AVARICIEUX
ET CEUX QUI PRÈS DE LA MORT BASTISSENT.
ODE IV.

Quand tu tiendrois des Arabes heureux
Et des Indiens les tresors plantureux,
Voire et des rois d'Assyrie la pompe,
Tu n'es point riche, et ton argent te trompe.
  Je parle à toy qui erres
  Après l'or par les terres,
  Puis, d'elles t'ennuyant,
  La voile au grand mast guindes,
  Et voles jusqu'aux Indes,
  La pauvreté fuyant.
Le soin meurtrier pourtant ne laisse pas
D'accompagner tes miserables pas,
Bien que par toy mainte grand nef, chargée
De lingots d'or, fende la mer Egée.
  Le soin qui te tourmente
  Suit le bien qui s'augmente,
  Guidant deçà, delà,
  Parmi les eaux, ta vie,
  Qui moins est assouvie
  Quand plus de biens elle a.
Les larges ports de Venise et d'Anvers
De tous costez de tes biens sont couverts,
Cherchez par eau, par vent et par tempeste,
D'où le soleil hausse et baisse la teste.
  Ces perles, achetées
  Si cheres, soient jettées

Dedans ces eaux encor;
Qu'on remette en sa mine
Ceste esmeraude fine,
Ces rubis et cet or.
De peu de bien on vit honnestement;
L'homme qui peut trouver contentement
N'entrerompt point son sommeil par la crainte
Des blés menteurs ne par la vigne atteinte (a).
Ta fiévre est incurable,
Avare miserable :
Car le soin d'acquerir,
Qui sans repos t'enflame,
Engarde que ton ame
Ne se puisse guarir.
A juste droit tu es ainsi traité :
Car, pour vouloir banir la pauvreté,
Tu te banis de ta maison, et changes
Ton doux païs aux regions estranges.
Mais le soin et l'envie,
Vrais bourreaux de ta vie,
Ne t'abandonnent point;
Au dedans ils te nuisent,
Et sur ton cœur aiguisent
L'aiguillon qui te poind.
Et toy, vieillard du sepulchre oublieux,
Qui jusqu'au ciel esleves en maints lieux
Marbre sur marbre, et, ja presque mort, tasches
Fendre les rocs que tu bailles par tasches,
La terre n'est pas pleine
Seulement de ta peine,
Mais les poissons aussi
Sentent, sous tes ouvrages

---

a. Var. (1587) :

De peu de rente on vit honnestement;
Le vray thresor est le contentement,
Non les grands biens, lourde et fascheuse somme,
Biens, non pas biens, mais le malheur de l'homme.

      Assis sur les rivages,
      Leur sejour restrecy.
Bien que par toy un millier de maçons
Maints gros rochers animent de façons,
Si mourras-tu, et ta maison certaine
Est de Pluton la maison pale et vaine.
      Doncques, avare, cesse,
      Cesse, avare, et délaisse
      Tant de biens amasser :
      Le batelier qui garde
      Le port d'enfer n'a garde
      Pour l'or te repasser.
Là Rhadamant, le juge audacieux,
Va punissant les avaricieux,
Et le chetif que douce mort delivre
Aise à son rang là-bas il laisse vivre.
      Si donc la riche pierre,
      Tant soit d'estrange terre,
      Et l'or tant recherché,
      Foibles, n'ont la puissance
      D'oster la doleance
      De leur maistre fasché,
Pourquoy l'Egypte iray-je saccager,
Pourquoy iray-je aux Indes voyager,
Changeant mon aise aux richesses lointaines
De l'Orient, quises à si grands peines ?

A CASSANDRE.

ODE V.

La lune est coustumiere
Renaistre tous les mois ;
Mais, quand nostre lumiere
Sera morte une fois,
Longtemps sans réveiller
Nous faudra sommeiller.
      Tandis que vivons ores,

Un baiser donne-moy;
Donne-m'en mille encores :
Amour n'a point de loy ;
A sa grand' déité
Convient l'infinité.
   Ah! vous m'avez, maistresse,
De la dent entamé
La langue chanteresse
De vostre nom aimé.
Quoi ! est-ce là le prix
Du labeur qu'elle a pris,
   Elle qui vos louanges
Dessus le luth vantoit,
Et aux peuples estranges
Vos mérites chantoit,
Ne faisant l'air sinon
Bruire de vostre nom (*a*) ?
   De vos tetins d'yvoire
(Joyaux de l'Orient)
Elle chantoit la gloire,
Et de votre œil riant,
Pour la récompenser,
La faut-il offenser ?
   Las ! de petite chose

---

a. Var. (1587) :

*Elle par qui vous estes
Déesse entre les dieux,
Qui vos beautez parfaites
Célébroit jusqu'aux cieux,
Ne faisant l'air sinon
Bruire de vostre nom,
  De vostre belle face.
Le beau logis d'amour,
Où Venus et la Grace
Ont choisi leur sejour,
Et de vostre œil, qui fait
Le soleil moins parfait.*

Je me plains durement :
La playe en l'ame enclose
Me cuit bien autrement,
Que ton œil m'y laissa
Le jour qu'il me blessa.

PROPHETIE
DU DIEU DE LA CHARANTE
Aux mutins de Guyenne.

ODE VI.

Quand la Guyenne errante
S'arma contre son roy,
Le dieu de la Charante,
Fasché d'un tel desroy,
Arresta son flot coy,
Puis, d'une bouche ouverte,
A ce peuple sans loy
Prophetisa sa perte :
  Ja déja ta desserte
Te suit, peuple mutin,
Qui ma rive deserte
Saccages pour butin ;
Mais le cruel destin,
Que ton orgueil n'arreste,
Viendra quelque matin
Te foudroyer la teste.
  Oy de Mars la tempeste,
D'escailles revestu,
Et Henry, qui appreste
Contre toy sa vertu.
En vain espere-tu
Tenter son asseurance,
Qui dois estre abbatu
Par le soldat de France.

Et l'avare esperance
De ton vain appareil
Perira par l'outrance
D'un qui n'a son pareil.
Ton sang fera vermeil
Mon flot, ores esclave,
Et tout le verd esmail
De ces prez que je lave.

Voicy le seigneur brave,
De Guyse (a), qui te suit
Et ja son los engrave
Sus ton dos qui s'enfuit,
Prince sur tous instruit
Aux dangereux vacarmes,
Ou soit lors qu'il destruit
Les troupes de gendarmes,

Ou quand, par les allarmes,
De sa pique l'effort
Fait bien quitter les armes
Au pieton le plus fort.
Ne vois-tu le renfort
Que Bonnivet ameine,
Prompt à haster ta mort
D'une playe soudaine ?

Comme la nue pleine
D'un orage odieux
Perd du bouvier la peine,
Qui prie en vain les dieux,
Le soldat furieux
Qui ja déja t'enserre
Ton chef si glorieux
Perdra d'un grand tonnerre.

Le comte de Sanserre
Et le seigneur d'Iliers
Te porteront par terre,
Indomtez chevaliers.

a. Var. (1550) : Aumale.

Parmy tant de miliers,
Tu dois Jarnac cognoistre,
Que les dieux familiers
Sous bon astre ont fait naistre,
　Comme l'ayant fait estre
De son haineux vainqueur
Et de soy-mesme maistre (1),
Commandant à son cœur;
Lesquels, toy, sans vigueur,
Tu craindras de la sorte
Qu'un loup craint la rigueur
Du lion qui l'emporte.
　A la fin, la main forte
Du grand Montmorenci
Rendra ta gloire morte
Et ta malice aussi.
Le Ciel le veut ainsi,
Qui ma bouche a contrainte
Prophetiser ceci
Pour t'avancer la crainte.

A SA MAISTRESSE.

ODE VII.

Cassandre ne donne pas
Des baisers, mais des appas
Qui seuls nourrissent mon ame,
Les biens dont les dieux sont fous,
Du nectar, du sucre dous,
De la cannelle et du bâme,
　Du thym, du lis, de la rose
Parmy ses lévres desclose,

---

1. Parce qu'il ne le tua pas, le pouvant faire et en ayant suject. (R.)

Fleurante en toutes saisons,
Et du miel tel qu'en Hymette
La desrobe-fleur avette
Remplit ses douces maisons.

   O dieux! que j'ay de plaisir
Quand je sens mon col saisir
De ses bras en mainte sorte!
Sur moy se laissant courber,
Peu à peu la voy tomber
Dans mon sein à demi-morte;

   Puis, mettant la bouche sienne
Tout à plat dessus la mienne,
Me mord, et je la remors.
Je luy darde, elle me darde
Sa languette fretillarde;
Puis en ses bras je m'endors.

   D'un baiser doucement long
Ell' me suce l'ame adonc,
Puis en souflant la repousse,
La ressuce encore un coup,
La ressoufle tout à coup
Avec son haleine douce.

   Tout ainsi les colombelles,
Tremoussant un peu des ailes,
Havement se vont baisant,
Après que l'oiseuse glace
A quitté la froide place
Au printemps doux et plaisant.

   Helas! mais tempere un peu
Les biens dont je suis repeu,
Tempere un peu ma liesse :
Tu me ferois immortel.
Hé! je ne veux estre tel
Si tu n'es aussi déesse.

A UNE FILLE.

ODE VIII.

Ma petite nymphe Macée,
Plus blanche qu'yvoire taillé,
Que la neige à monts amassée,
Que sur le jonc le laict caillé,
Ton beau teint ressemble les liz
Avecque les roses cueillis.

Ton chef de soie et d'or descœuvre,
Où le Ciel, des beautés donneur,
Employa sa peine et son œuvre,
Curieux de luy faire honneur (a).
Descœuvre ton beau front aussi,
Heureux object de mon souci.

Plus belle que Vénus tu marches;
Plus que les siens tes yeux sont beaux,
Qui flambent sous deux noires arches
Comme deux celestes flambeaux,
D'où le brandon fut allumé
Qui tout le cœur m'a consumé.

Eh! n'est-ce pas ton œil, mignonne,
Qui dans son regard escarté
Les miens encores emprisonne,
Peu soucieux de liberté,
Et qui m'a dérobé le cœur
Et seul de moi s'est fait vainqueur?

a. Var. (1587):

Descouvre-moy ton beau chef-d'œuvre,
Tes cheveux où le Ciel, donneur
Des graces, richement descœuvre
Tous ses biens pour leur faire honneur.

[Ennuy, plaisir, joye, tristesse,
De tous costés naissent de toy.
Enlasse mon col, ma déesse!
Baise-moi et rebaise-moi;
Veuilles au moins d'un seul baiser
Le feu de mon cœur appaiser.]
Te voyant des belles la belle,
Tu me suces l'ame et le sang.
Monstre-moy ta rose nouvelle,
Je dy ton sein d'yvoire blanc,
Et tes deux rondelets tetons,
Qui s'enflent comme deux boutons.
Las! puis que ta beauté meurtrière
Ne me veut point faire merci,
Et que, de jour en jour plus fière,
Prends passetemps de mon souci,
Au moins un jour voi sur mon front
Combien de maux tes yeux me font.

A LA FONTAINE BELLERIE.

Ode IX.

O fontaine Bellerie!
Belle déesse cherie
De nos nymphes, quand ton eau
Les cache au fond de ta source,
Fuyantes le satyreau
Qui les pourchasse à la course
Jusqu'au bord de ton ruisseau,
Tu es la nymphe eternelle
De ma terre paternelle.
Pource, en ce pré verdelet,
Voy ton poëte qui t'orne
D'un petit chévreau de lait,

A qui l'une et l'autre corne
Sortent du front nouvelet.
　Toujours l'esté je repose
Près ton onde, où je compose,
Caché sous tes saules vers,
Je ne sçay quoy qui ta gloire
Envoira par l'univers,
Commandant à la memoire
Que tu vives par mes vers.
　L'ardeur de la canicule
Jamais tes rives ne brule,
Tellement qu'en toutes pars
Ton ombre est espaisse et drue
Aux pasteurs venans des parcs,
Aux bœufs las de la charrue
Et au bestial espars.
　Iô, tu seras sans cesse
Des fontaines la princesse,
Moy celebrant le conduit
Du rocher percé qui darde
Avec un enroué bruit
L'eau de ta source jazarde,
Qui trepillante se suit.

DU RETOUR DE MACLOU DE LA HAIE.

A SON PAGE.

ODE X.

Fay refraischir le vin de sorte
　Qu'il passe en froideur un glaçon,
Page, et que Marguerite apporte
Son luth pour dire une chanson :
Nous ballerons tous trois au son ;

Et dy à Jane qu'elle vienne
Les cheveux tors à la façon
D'une folastre Italienne.
 Ne sens-tu que le jour se passe?
Et tu ne te vas point hastant!
Qu'on verse du vin dans ma tasse!
A qui le boirai-je d'autant?
Pour ce jourd'hui je suis content
Qu'un autre plus fol ne se treuve
Revoyant mon Maclou, que tant
J'ai connu seur ami d'épreuve (a).

———————————

A JEAN D'AURAT,

Son precepteur (1).

ODE XI.

Si l'oiseau qu'on voit amener
Par son chant le temps qui ennuye (2),
Peut les hommes acertener

---

a. Var. :

Ne vois-tu que le jour se passe?
Je ne vy point au lendemain.
Page, reverse dans ma tasse,
Que ce grand verre soit tout plein.
Maudit soit qui languit en vain!
Ces vieux medecins je n'appreuve :
Mon cerveau n'est jamais bien sain
Si beaucoup de vin ne l'abreuve.

1. Cette pièce étoit primitivement dédiée à Abel de la Hurteloire.
2. La grue.

Du vrai augure de la pluye,
Demain le Troyen (1) de sa buye
Espandra l'eau, et si le jour
Sera long temps, sans qu'il s'essuye,
Voilé d'un tenebreux sejour.

 Donc, pour attendre que le tour
De ceste tempeste ennuyeuse
Se change par le beau retour
D'une autre saison plus joyeuse,
Evite la tourbe envieuse,
Et, seul en ta chambre à recoy,
Escri de main laborieuse
Des vers qui soient dignes de toy.

 Espris d'une ardeur, comme moy,
De te vouloir rendre admirable
Pour n'estre sujet à la loy
Du grand faucheur inexorable,
Pesle-mesle dessus la table
Tibulle, Ovide, soient ouvers
Auprès de ton luth delectable,
Fidele compagnon des vers.

 Dessus, par maints accords divers,
Chasse de toy le souci grave
Et le soin que ce dieu pervers
Dans un cœur amoureux engrave.
Après l'estude, il faut qu'on lave
Le cerveau, se réjouissant
D'un vin de reserve en la cave,
Par quatre ans au fust languissant.

 Pourquoy te vas-tu meurtrissant,
Et pourquoy gennes-tu ta vie
Tandis que tu es fleurissant?
Et pourquoy n'est-elle suivie
D'esbat et d'amoureuse envie?
Pauvre chétif, ne sçais-tu pas

---

1. Ganimède ou le Verseau.

Qu'il ne faut qu'une maladie
Pour te mener jouer là-bas (*a*)?

SUR LES MISERES DES HOMMES.

A Ambroise de Laporte, Parisien.

ODE XII.

Mon Dieu ! que malheureux nous sommes !
Mon Dieu ! que de maux en un temps
Offensent la race des hommes,
Semblable aux fueilles du printemps,
Qui vertes dedans l'arbre croissent;
Puis, dessous l'automne suivant,
Seiches, à terre, n'apparoissent
Qu'un jouet remoqué du vent.

Vrayment, l'Esperance est meschante :
D'un faux masque elle nous deçoit,
Et tousjours pipant elle enchante
Le pauvre sot qui la reçoit;
Mais le sage, qui ne se fie
Qu'en la plus seure verité,
Sçait que l'espoir de nostre vie
N'est rien que pure vanité.

Tandis que la crespe jouvence
La fleur des beaux ans nous produit,

---

a. Le dernier vers de l'ode a été remplacé par ceux-ci, qui se trouvent déjà dans l'éd. de 1584 :

Pour te faire ombre de là bas,
D'où jamais ne revient le pas ?
Quelque chose qu'icy l'on die,
Ce n'est qu'horreur que le trespas.

Jamais le jeune enfant ne pense
A la vieillesse qui le suit,
Ne jamais l'homme heureux n'espere
De se voir tomber en meschef,
Sinon alors que la misere
Déja luy pend dessus le chef.
  Homme chétif et miserable,
Pauvre abusé, ne sçais-tu pas
Que la jeunesse est peu durable,
Et que la Mort guide nos pas,
Et que nostre fangeuse masse
Si tost s'esvanouyt en rien
Qu'à grand'peine avons-nous l'espace
D'apprendre le mal et le bien?
  De tous côtés, la Parque noire,
Avant le temps sillant nos yeux,
Maugré nous nous envoye boire
Les flots du lac oblivieux;
Mesmes les roys, si craints en guerre,
Despouillez de veines et d'os,
Comme nous viendront sous la terre,
Devant le throne de Minos.
  C'est pitié que de nostre vie :
Par les eaux l'avare marchand
Se voit sa chere ame ravie,
Le soudart par le fer trenchant;
Cetuy d'une langueur se mine,
Et l'autre d'un soin nompareil,
Et cetui là par la famine
Perd la lumiere du soleil.
  Bref, on ne voit chose qui vive
Qui vive franche de douleur;
Mais sur tout la race chetive
Des hommes foisonne en malheur.
Malheur des hommes est la proye :
Aussi Phebus ne vouloit pas
Pour eux, à bon droit, devant Troye,
Se mettre au danger des combats.

Ah! que maudite soit l'asnesse (1)
Qui, las! pour sa soif étancher,
Au serpent donna la Jeunesse,
Que garder on devoit tant cher,
Jeunesse que le populaire
De Jupiter avoit receu
Pour loyer de n'avoir sceu taire
Le secret larrecin du feu!
 Dés ce jour devint enlaidie
Par luy la santé des humains
De vieillesse et de maladie,
Des hommes bourreaux inhumains,
Et dés ce jour il fit entendre
Le bruit de son foudre nouveau,
Et depuis n'a cessé d'espandre
Les dons de son mauvais tonneau.

A GUILLAUME DES AUTELS,

Poëte françois (2).

ODE XIII.

Des-Autels, qui redore
Le langage françois,
Oy ce vers qui honore
Mon terroir vendomois.

---

1. Nicandre dit que, Jupiter ayant donné aux hommes la Jeunesse, pour les récompenser de lui avoir révélé le larcin de Prométhée, ils la mirent sur une ânesse, qui la laissa au serpent pour avoir de l'eau.

2. En 1550, cette ode commençoit au 2e quatrain et étoit dédiée à Julien Peccate. La 1re strophe a été ajoutée dans l'éd. de 1584.

O terre fortunée,
Des Muses le sejour,
Qu'en tous ses mois l'année
Serene d'un beau jour!
 En toy le ciel non chiche,
Prodiguant le bon-heur,
A de la corne riche
Renversé tout l'honneur.
 Deux longs tertres te ceignent
Qui, de leur flanc hardi,
Les aquilons contraignent
Et les vents du midi.
 Sur l'un Gastine saincte,
Mere des demi-dieux,
Sa teste de verd peinte
Envoye jusqu'aux cieux ;
 Et sur l'autre prend vie
Maint beau cep dont le vin
Porte bien peu d'envie
Au vignoble angevin.
 Le Loir, tard à la fuite,
En soy s'esbanoyant,
D'eau lentement conduite
Tes champs va tournoyant,
 Et rend en prez fertile
Le pays traversé
Par l'humeur qui distile
De son limon versé.
 Bien qu'on n'y vienne querre,
Par flots injurieux,
De quelque estrange terre
L'or tant laborieux,
 Et la gemme, peschée
En l'Orient si cher,
Chez-toy ne soit cherchée
Par l'avare nocher,
 L'Inde pourtant ne pense
Te veincre ; car les dieux,

D'une autre recompense,
Te fortunent bien mieux.

La Justice, grand'erre
S'enfuyant d'icy bas,
Laissa dans notre terre
Le saint trac de ses pas,
Et, s'encore à ceste heure
De l'antique saison
Quelque vertu demeure,
Tu es bien sa maison. (a)

Bref, quelque part que j'erre,
Tant le ciel m'y soit dous,
Ce petit coin de terre
Me rira par-sur tous.

Là je veux que la Parque
Tranche mon fatal fil,
Et m'envoye en la barque
De perdurable exil;
Là te faudra respandre
Mille larmes parmy
Les ombres et la cendre
De RONSARD, ton amy.

a. Les trois strophes suivantes ne sont que dans l'éd. de 1550:

Les Muses honorées,
Les Muses mon soucy,
Et les Graces dorées,
Y habitent aussi,
Et les Nymphes natives
Citoyennes des bois,
Qui au caquet des rives
Font accorder leurs voix,
Chantant de bonne grâce
Les faits et les honneurs
De la celeste race
Des Bourbons, nos seigneurs:

CONTRE DENISE,

Sorciere.

ODE XIV.

L'inimitié que je te porte
Passe celle, tant elle est forte,
  Des agneaux et des loups,
Vieille sorciere des-hontée,
Que les bourreaux ont foüettée,
  Te découpant de coups.

Tirant après toy une presse
D'hommes et de femmes espesse,
  Tu monstrois nud le flanc,
Et monstrois nud parmy la rue
L'estomach et l'espaule nue,
  Rougissante de sang.

Mais la peine fut bien petite,
Si l'on balance ton merite :
  Le Ciel ne devoit pas
Pardonner à si lasche teste ;
Ains il devoit de sa tempeste
  L'accravanter à bas.

La Terre, mere encor' pleurante
Des geans la mort violante,
  Bruslez du feu des cieux
(Te laschant de son ventre à peine),
T'engendra vieille, pour la haine
  Qu'elle portoit aux dieux.

Tu sçais que vaut mixtionnée
La drogue qui nous est donnée
  Des païs chaleureux,

Et en quel mois, en quelles heures,
Les fleurs des femmes sont meilleures
   Au breuvage amoureux.

Nulle herbe, soit-elle aux montagnes,
Ou soit venimeuse aux campagnes,
   Tes yeux sorciers ne fuit,
Que tu as mille fois coupée
D'une serpe d'airain courbée,
   Béant contre la nuict.

Le soir, quand la Lune fouette
Ses chevaux par la nuict muette,
   Pleine de rage alors,
Voilant ta furieuse teste
De la peau d'une estrange beste,
   Tu t'eslances dehors.

Au seul souffler de ton haleine,
Les chiens, effroyez, par la plaine
   Aiguisent leurs abois ;
Les fleuves contremont reculent ;
Les loups effroyablement hullent
   Après toi par les bois.

Adonc, par les lieux solitaires
Et par l'horreur des cimetaires
   Où tu hantes le plus,
Au son des vers que tu murmures,
Les corps palles tu des-emmures
   De leurs tombeaux reclus.

Vestant de l'un l'image vaine,
Tu viens donner horreur et peine,
   Apparoissant ainsi
A la vefve qui se tourmente,
Ou à la mere qui lamente
   Sa fille morte aussi.

Tu fais que la lune enchantée
Marche par l'air toute argentée,
   Luy dardant d'icy bas

Telle couleur aux joues pallès
Que le son de mille cymballes
   Ne divertiroit pas.

Tu es la frayeur du village :
Chacun, craignant ton sorcelage,
   Te ferme sa maison,
Tremblant de peur que tu ne taches
Ses bœufs, ses moutons et ses vaches,
   Du jus de ta poison.

J'ay veu souvent ton œil senestre,
Trois fois regardant de loin paistre
   La guide du troupeau,
L'ensorceler de telle sorte
Que tost après je la vy morte
   Et les vers sur la peau.

Bien que Médée fut cruelle,
Tant comme toy ne le fut elle :
   Ses venins ont servy,
Reverdissant d'Eson l'escorce;
Au contraire, tu m'as par force
   Mon beau printemps ravy.

Dieux! si là haut pitié demeure,
Pour recompense, qu'elle meure,
   Et ses oz diffamez,
Privez d'honneur de sepulture,
Soient des corbeaux goulus pasture
   Et des chiens affamez.

A LA FOREST DE GASTINE.

ODE XV.

Couché sous tes ombrages vers,
   Gastine, je te chante

Autant que les Grecs, par leurs vers,
    La forest d'Erymanthe :
Car, malin, celer je ne puis
    A la race future
De combien obligé je suis
    A ta belle verdure.
Toy qui, sous l'abry de tes bois,
    Ravy d'esprit m'amuses ;
Toy qui fais qu'à toutes les fois
    Me respondent les Muses ;
Toy par qui de l'importun soin
    Tout franc je me delivre,
Lors qu'en toy je me pers bien loin,
    Parlant avec un livre,
Tes boccages soient tousjours pleins
    D'amoureuses brigades
De Satyres et de Sylvains,
    La crainte des Naiades !
En toy habite desormais
    Des Muses le college,
Et ton bois ne sente jamais
    La flame sacrilege !

A CASSANDRE.

ODE XVI.

Ma petite colombelle,
    Ma mignonne toute belle,
Mon petit œil, baisez-moy ;
D'une bouche toute pleine
De baisers chassez la peine
De mon amoureux esmoy.
    Quand je vous diray : Mignonne,
Approchez-vous, qu'on me donne

Neuf baisers tout à la fois;
Lors ne m'en baillez que trois,
  Tels que Diane guerriere
Les donne à Phebus son frere,
Et l'Aurore à son vieillard;
Puis reculez vostre bouche,
Et bien loin, toute farouche,
Fuyez d'un pied fretillard.
  Comme un taureau par la prée
Court après son amourée,
Ainsi, tout plein de courroux,
Je courray fol après vous,
  Et, prise d'une main forte,
Vous tiendray de telle sorte
Qu'un aigle l'oiseau tremblant.
Lors, faisant de la modeste,
De me redonner le reste
Des baisers ferez semblant.
  Mais en vain serez pendante
Toute à mon col, attendante
(Tenant un peu l'œil baissé)
Pardon de m'avoir laissé :
  Car, en lieu de six, adonques
J'en demanderay plus qu'onques
Tout le ciel d'estoiles n'eut,
Plus que d'arene poussée
Aux bords, quand l'eau courroussée
Contre les rives s'esmeut.

ODE XVII (1).

Pour boire, dessus l'herbe tendre
Je veux sous un laurier m'estendre,
Et veux qu'Amour, d'un petit brin

1. Imité d'Anacréon. (R.)

Ou de lin, ou de cheneviere,
Trousse au flanc sa robe legere,
Et my-nud me verse du vin.
 L'incertaine vie de l'homme
De jour en jour se roule comme
Aux rives se roulent les flots,
Et, après nostre heure derniere,
Rien de nous ne reste en la biere
Que je ne sçay quels petits os.
 Je ne veux, selon la coustume,
Que d'encens ma tombe on parfume,
Ny qu'on y verse des odeurs;
Mais, tandis que je suis en vie,
J'ay de me parfumer envie
Et de me couronner de fleurs.
 Corydon, va quérir ma mie.
Avant que la Parque blesmie
M'envoye aux éternelles nuits,
Je veux, avec la tasse pleine
Et avec elle, oster la peine
De mes misérables ennuis (*a*).

A SON LAQUAIS.

ODE XVIII.

J'ay l'esprit tout ennuyé
D'avoir trop estudié

a. Var. (1587) :

De moy-mesme je me veux faire
L'heritier pour me satisfaire :
Je ne veux vivre pour autruy.
Fol le pelican qui se blesse
Pour les siens, et fol qui se laisse
Pour les siens travailler d'ennuy.

Les Phenomenes d'Arate :
Il est temps que je m'esbate
Et que j'aille aux champs jouer.
Bons dieux ! qui voudroit louer
Ceux qui, collez sur un livre,
N'ont jamais soucy de vivre ?
 Que nous sert l'estudier,
Sinon de nous ennuyer
Et soing dessus soing accrestre,
A nous qui serons peut-estre,
Ou ce matin, ou ce soir,
Victime de l'orque noir,
De l'orque qui ne pardonne,
Tant il est fier, à personne ?
 Corydon, marche devant;
Sçache où le bon vin se vend.
Fais après à ma bouteille,
Des feuilles de quelque treille,
Un tapon pour la boucher (a).
Ne m'achete point de chair,
Car, tant soit-elle friande,
L'esté je hay la viande.
 Achete des abricôs,
Des pompons, des artichôs,
Des fraises et de la crême :
C'est en esté ce que j'aime,
Quand, sur le bord d'un ruisseau,
Je les mange au bruit de l'eau,
Estendu sur le rivage
Ou dans un antre sauvage.
 Ores que je suis dispos,
Je veux rire sans repos,

---

a. Var. (1587) :

Fay refreschir ma bouteille,
Cerche une fueilleuse treille
Et des fleurs pour me coucher.

De peur que la maladie
Un de ces jours ne me die,
Me happant à l'impourveu :
« Meurs, gallant : c'est assez beu (*a*). »

L'AMOUR MOUILLÉ (1).

Au sieur Robertet.

ODE XIX.

Du malheur de recevoir
Un estranger sans avoir
De luy quelque cognoissance
Tu as fait experiance,
Menelas, ayant receu
Pâris, dont tu fus deceu ;
Et moy je la viens de faire,
Las ! qui ay voulu retraire
Tout soudain un estranger
Dans ma chambre et le loger.

    Il estoit minuict, et l'ourse
De son char tournoit la course
Entre les mains du bouvier,
Quand le somme vint lier
D'une chaine sommeillere
Mes yeux clos sous la paupiere.

    Jà, je dormois en mon lit,
Lors que j'entr'ouy le bruit

a. Var. (1587) :
    Je t'ay maintenant veincu.
    Meurs, galland : c'est trop vescu.

1. Cette ode, d'abord dédiée à Revergat, est imitée d'Anacréon.

D'un qui frapoit à ma porte,
Et heurtoit de telle sorte
Que mon dormir s'en-alla.
Je demanday : « Qu'est-ce là
Qui fait à mon huis sa plainte ?
— Je suis enfant, n'aye crainte »,
Ce me dit-il. Et adonc
Je luy desserre le gond
De ma porte verrouillée.

« J'ay la chemise mouillée,
Qui me trempe jusqu'aux oz,
Ce disoit, car sur le doz
Toute nuict j'ay eu la pluie ;
Et pour ce je te supplie
De me conduire à ton feu
Pour m'aller seicher un peu. »

Lors je prins sa main humide,
Et par pitié je le guide
En ma chambre, et le fis seoir
Au feu qui restoit du soir ;
Puis, allumant des chandelles,
Je vy qu'il portoit des ailes,
Dans la main un arc turquois,
Et sous l'aisselle un carquois.
Adonc en mon cœur je pense
Qu'il avoit grande puissance,
Et qu'il falloit m'apprester
Pour le faire banqueter.

Ce-pendant il me regarde
D'un œil, de l'autre il prend garde
Si son arc estoit seché ;
Puis, me voyant empesché
A luy faire bonne chere,
Me tire une fleche amere
Droict en l'œil, et qui de là
Plus bas au cœur devala,
Et m'y fit telle ouverture
Qu'herbe, drogue ny murmure,

N'y serviroient plus de rien.
 Voila, Robertet, le bien
(Mon Robertet, qui embrasses
Les neuf Muses et les Graces),
Le bien qui m'est advenu
Pour loger un incognu.

ODE XX.

Si j'aime depuis naguiere
Une belle chambriere,
Je ne suis pas à blasmer
De si bassement aimer.
 Non, l'amour n'est point vilaine
Que maint brave capitaine,
Maint philosophe et maint roy,
A trouvé digne de soy.
 Hercule, dont l'honneur vole
Au ciel, aima bien Iole,
Qui, prisonniere, dontoit
Celuy qui son maistre estoit.
 Achille, l'effroy de Troye,
De Briseïs fut la proye,
Dont si bien il s'échaufa
Que, serve, elle en trionfa.
 Ajax eut pour sa maistresse
Sa prisonniere Tecmesse,
Bien qu'il secouast au bras
Un bouclier à sept rebras.
 Agamemnon se vit prendre
De sa captive Cassandre,
Qui sentit plus d'aise au cœur
D'estre veincu que veinqueur.
 Le petit Amour veut estre
Tousjours des plus grands le maistre,

Et jamais il n'a esté
Compagnon de majesté.
   A quoy diroy-je l'histoire
De Jupiter, qui fait gloire
De se vestir d'un oyseau,
D'un satyre et d'un taureau,
   Pour abuser nos femelles?
Et, bien que les immortelles
Soient à son commandement,
Il veut aimer bassement.
   Jamais on n'a que tristesses
A servir ces grand's déesses :
Qui veut avoir ses esbas,
Il faut aimer en lieu bas.
   Quant à moy, je laisse dire
Tous ceux qui veulent mesdire;
Je ne veux laisser pour eux
En bas lieu d'estre amoureux.

ODE XXI.

Ny la fleur qui porte le nom
   D'un mois et d'un dieu (1), ny la rose,
Qui dessus la cuisse d'Adon
D'une playe (2) se vit esclose;
   Ny les beaux œillets empourprés
Du teint de Bellone, ni celle
Fleurette qui, parmy les prés,
Du nom d'hyacinthe s'appelle;

1. La violette de mars. (R.)
2. De la playe que Venus se feit parmy des espines accourant à la blessure de son Adonis, mourant par la jalousie de Mars. (R.)

Ny celle qu'Ajax enfanta,
De son sang vermeil empourprée,
Lors que, furieux, il planta
En son cœur la troyenne espée ;
 Ny celle qui jaunit du teint
De la fille trop envieuse (1),
En voyant le Soleil atteint
D'une autre plus belle amoureuse (2);
 Ny celle qui, dessur le bord
D'une belle source azurée,
Nasquit sur l'herbe après la mort
De la face trop remirée (3);
 Ny les fleurons que diffama
Venus, alors que sa main blanche
Au milieu du lis renferma
D'un grand asne le roide manche (4);
 Ny la blanche fleur qui se fist
Des larmes d'Heleine la belle,
Ny celle que Junon blanchist
Du laict de sa tendre mammelle,
 Quand, faisant teter le dieu Mars
Du bout de sa fraize esgoutée,
Le laict qui s'escouloit espars
Fit au ciel la voye laictée,
 Ne me plaisent tant que la fleur
De la douce vigne sacrée,
Qui de sa nectareuse odeur
Le nez et le cœur me recrée.

---

1. Le soucy, qui est jaune et palle, representant la jalouse passion de Clytie, de laquelle il est issu, et suit tellement toute les conversions du Soleil, qu'il a son occident et son orient avecque luy. (R.)

2. De Leucothoé. Ovide 4. Metamorph. (R.)

3. Le Narcis. (R.)

4. Dans les Alexipharmaques, Nicandre dit que ce fleuron voulut un jour contester de beauté contre Venus, qui, par despit et en vengeance, enferma au milieu de ses fueilles la vergongne d'un asne. (R.)

Quand la Mort me voudra tuer,
A tout le moins, si je suis digne
Que les dieux me daignent muer,
Je le veux estre en fleur de vigne,
　Et m'esbahis qu'Anacreon,
Qui tant a chery la vendange,
Comme un poëte biberon,
N'en a chanté quelque loüange.

A REMY BELLEAU,

Poète.

ODE XXII.

Tu es un trop sec biberon (1)
　Pour un tourneur d'Anacreon,
Belleau. Et quoy! ceste comete
Qui naguiere au ciel reluisoit
Rien que la soif ne predisoit,
Ou je suis un mauvais prophete.
　Les plus chauds astres etherez
Ramenent les jours alterez
En ce mois pour nous faire boire.
Boy donques: après le trespas,
Ombre, tu ne boiras là bas
Que je ne sçay quelle onde noire.
　Mais non, ne boy point, mon Belleau,
Si tu veux monter au coupeau
Des Muses: dessus leur montaigne,
Il vaut trop mieux estudier,

---

1. Il se rit de Belleau, qui ne boit point et qui neantmoins se mesle de traduire le plus grand beuveur de poëte qui ait jamais esté. (R.)

Comme tu fais, que s'allier
De Bacchus et de sa compagne.
 Quand avecques Bacchus on joint
Venus sans mesure, on n'a point
Saine du cerveau la partie.
Donc, pour corriger son defaut,
Un vieil pedagogue il luy faut,
Un Silene qui le chastie,
 Ou les pucelles dont il fut
Nourry quand Jupin le receut
Tout vif de sa mere bruslée :
Ce furent les nymphes des eaux,
Car Bacchus gaste nos cerveaux
Si la nymphe n'y est meslée.

A JOACHIM DU BELLAY,

ODE XXIII (1).

Escoute, du Bellay, ou les Muses ont peur
De l'enfant de Venus, ou l'aiment de bon cœur,
Et tousjours pas à pas accompagnent sa trace;
Car, si quelqu'un ne veut les Amours desdaigner,
Toutes à qui mieux-mieux le viennent enseigner,
Et sa bouche mielleuse emplissent de leur grace.
 Mais au brave qui met les Amours à desdain,
Le desdaignant aussi, l'abandonnent soudain,
Et plus ne luy font part de leur gentille veine,
Ains Clion luy defend de ne se plus trouver
En leur danse, et jamais ne venir abreuver
Sa bouche non amante en leur belle fontaine.
 Certes, j'en suis tesmoin, car, quand je veux louer

1. Imité de Bion. (R.)

Quelque homme ou quelque dieu, soudain je sens nouer
La langue à mon palais, et ma gorge se bouche;
Mais, quand je veux d'Amour ou escrire ou parler,
Ma langue se desnoue, et lors je sens couler
Ma chanson d'elle-mesme aisément en la bouche.

Fin du second livre des Odes.

LE TROISIESME LIVRE
DES ODES

AU ROY HENRY II.

Ode I.

Comme on voit la navire attendre bien souvent
Au premier front du port la conduite du vent
Afin de voyager, haussant la voile enflée
Du costé que le vent sa poupe aura souflée,
Ainsi, Prince, je suis sans bouger, attendant
Que ta fureur royale aille un jour commandant
A ma nef d'entreprendre un chemin honorable
Du costé que ton vent luy sera favorable;
  Car, si tu es sa guide, elle courra sans peur
De trouver dessous l'eau quelque rocher trompeur,
Ou les bans perilleux des sablonneuses rades,
Ou l'aboyante Scylle, ou les deux Symplegades,
Mais, seurement voguant sans crainte d'abysmer,
Joyeuse, emportera les Muses par la mer,
Qui, pour l'honneur de toy, luy monstreront la voye
D'aller bien loin de France, aux rivages de Troye,
Et là, sous les monceaux de tant de murs veincus,
La premiere trouver le fils d'Hector Francus,

Et soudain l'amener, sous ta conduite, Sire,
Enterrer Andromache à la coste d'Epire,
Et de là, plus avant (échappés des dangers
Des Gregeois ennemis et des flots estrangers),
Gaigner la mer Euxine et l'emboucheure large
Où le cornu Danube en la mer se descharge ;
De là, contre ses eaux costoyant les Gelons,
Les Goths, les Tomiens, les Getes, les Polons,
Aborder en Hongrie, et là bastir la ville
De Sicambre au giron d'une plaine fertile.
　Là, quittant la navire à l'abandon des flots,
Je me mettrois à pied et chargerois mon dos
De mainte grosse pierre aux compas agencée
Pour aider à bastir sa ville commencée.
　Mais, quand desja les murs seroient parachevez,
Et qu'on verroit au ciel les palais eslevez,
Et quand plus les Troyens s'asseureroient à l'heure
D'avoir là pour jamais arresté leur demeure,
Las ! il faudroit quitter ce bastiment si cher
Et par destin ailleurs autres maisons chercher.
Cerés, vindicative, à grand tort courroussée
Contre eux d'avoir sans feu sa chapelle laissée,
Gasteroit la campagne, et d'un cœur despité
Une peste espandroit par toute la cité.
　Alors du père Hector la ressemblance pâle
(La nuict, par le congé de la royne infernale)
Prendroit à l'impourveu et la bouche, et les yeux,
Et la voix d'Amyntor, grand augure des dieux,
Et admonesteroit son enfant d'aller querre
Dessus les bords de Seine autre nouvelle terre,
Et que là, pour l'honneur de son oncle Pâris,
Bastiroit à jamais la ville de Paris,
Ville que ses neveux et sa troyenne race
Tiendroient de main en main pour leur royale place.
　Il me semble déja que j'oy de toutes pars
Déloger ton Francus, et la voix des soldars,
Et le hennissement des chevaux, et la tourbe
Des vieux perés laissez sur le rivage courbe,

Et le cry des enfans, et les pleurs soucieux
Des femmes, envoyer un bruit jusques aux cieux.

 Mais, pour cela, Francus ne cede à la fortune,
Ains de çà et de là son peuple il importune
De vestir le harnois, et, haut apparoissant
Entre tous ses soudards, comme un grand pin croissant
Sur les menus cyprés, saccage la campagne
Et deffie au combat les princes d'Allemagne.

 Les champs de Franconie en armes il passa,
Et son nom pour jamais à la terre il laissa,
Passa le Rhin gaulois, la Moselle et la Meuse,
Et vint planter son camp dessus la rive herbeuse
Et de Somme et de Marne, et de là, cotoyant
Plus bas le gauche flanc de Seine tournoyant,
Fonda dedans une isle, au milieu d'une plaine,
La ville de Paris, qui pour lors n'estoit pleine
Que de buissons et d'herbe, et ses grands palais d'or,
Comme ils sont aujourd'huy, n'y reluisoient encor.

 Tous les roys habitans en la gauloise terre,
Si tost qu'il arriva, luy manderent la guerre,
Et qu'ils seroient honteux qu'un étranger banny
Se remparast ainsi d'un tel païs garny
D'hommes et de chevaux qui, plustost que tempeste,
Un orage ferré verseroient sur sa teste.

 Mais luy, qui resembloit son pere courageux,
Ne pouvant endurer leurs propos outrageux,
Premier les assaillit et leur donna la fuite,
Ayant pris à Beauvais Bavo (1) pour sa conduite.

 Presques un an entier contre eux il batailla,
Et mille fois en proye à la mort se bailla,
Tant il y eut de peine, ains que Francus en France

---

1. Nom peut-estre du fondateur de la ville de Beauvais, par imitation de Virgile, qui, dans son Eneide, fait mention, à la traverse, du nom des fondateurs de quelques villes d'Italie, comme du nom de Capys, à cause de Capouë; de Privernum, de Salmon et autres, qu'il employe aux principales actions de son Enée. (R.)

Semast de tes ayeux la premiere naissance.
　De ce vaillant Francus les faits je chanterois,
Et près de ses vertus les vertus je mettrois
Des roys issus de luy, qui jusqu'aux Pyrenées
Et jusqu'aux bords du Rhin les Gaules ont bornées,
Et, braves, se sont faits, par l'effort de leurs mains,
De tributaires francs des empereurs romains.
　Après, de père en fils, par une mesme trace,
Je viendrois aux Valois, les tiges de ta race;
Mais quand, remply d'ardeur, je chanterois de toy,
Un esprit plus qu'humain me raviroit de moy,
Et rien, rien que Phebus et sa fureur divine,
Ne pourroit respirer ma bouillante poitrine;
Je m'irois abreuver és ruisseaux pegasins,
Et, m'endormant à part dans leurs antres voisins,
Je songerois comment les Françoises Charites,
Hautes, égaleroient mes vers à tes merites,
Et peut-estre qu'un jour je te dirois si bien
Que l'honneur d'un Achille auroit envie au tien.
En vain, certes, en vain les princes se travaillent,
En vain pour gloire avoir l'un à l'autre bataillent,
Si, après cinquante ans, fraudez de leur renom,
Le peuple ne sçait point s'ils ont vescu ou non.
　Ce n'est rien (mon grand roy) d'avoir Boulongne (1)
D'avoir jusques au Rhin l'Allemagne conquise [prise,
[D'avoir Metz, Danvillier, Yvoir, Parme, Sienne,
Et cette ile qui joint la mer sicilienne],
Si la Muse te fuit, et d'un vers solennel
Ne te fait d'âge en âge aux peuples eternel.
Les palais, les citez, l'or, l'argent et le cuivre
Ne font les puissans roys, sans les Muses, revivre;
Sans les Muses deux fois les roys ne vivent pas,
Ains despouillez d'honneur se lamentent là bas
Aux rives d'Acheron; seulement ceste gloire

---

1. Ville frontiere et maritime, tenue en fief de la Vierge Marie par nos roys depuis le roy Loys XI, occupée par l'Anglois et rendue par la paix de l'an 1550. (R.)

Est de Dieu concédée aux filles que Mémoire
Conceut de Jupiter, pour la donner à ceux
Qui attirent par dons les poëtes chez eux.
 Tout le riche butin, toute la belle proye
Que les deux freres Grecs avoient conquise à Troye,
Est perie aujourd'huy, et ne cognoistroit-on
Achille ny Patrocle, Ajax n'Agamemnon,
Ny Rhese, ny Glaucus, ny Hector, ny Troïle,
Et tant de gens vaillans perdus devant la ville
Seroient, comme de corps, de gloire devestus,
Si la muse d'Homere eust celé leurs vertus ;
Ainsi que vignerons qui ont és mains l'empoule
A force de bécher, seroient parmy la foule
Des esprits incogneus, et leur vertu qui luit
Seroit ensevelie en l'eternelle nuit.
 Donques, pour engarder que la Parque cruelle
Sans nom t'ensevelisse en la nuict eternelle,
Tousjours ne faut avoir à gage des maçons
Pour transformer par art une roche en maisons,
Et tousjours n'acheter, avecques la main pleine,
Ou la medalle morte ou la peinture vaine;
Mais il faut par bien-faits et par caresse d'yeux
Tirer en ta maison les ministres des dieux,
Les poëtes sacrez, qui, par leur escriture,
Te rendront plus vivant que maison ny peinture.
 Entre lesquels (mon Roy) de si peu que je puis,
Ton devot serviteur dés enfance je suis,
Comme le nourrisson de ta grandeur prospere,
Qui seule m'a nourry, mes freres et mon pere.
Pour toy (mon Roy) pour toy hardy j'entreprendrois
De faire en armes teste à la fureur des rois,
Et de ravir des poings à Jupiter la foudre;
Pour toy seul je mettrois dedans les yeux la poudre
A tous mes devanciers, s'il plaist à ta grandeur
(Si digne au-moins j'en suis) de me faire tant d'heur
Qu'un jour me commander, d'un seul clin, que je face
Ma Franciade tienne, où la troyenne race
De Francus ton ancestre, où les faicts glorieux

De tant de vaillans roys qui furent tes ayeux,
Où mesmes tes vertus y luiront evidantes
Comme luisent au ciel les estoiles ardantes,
Sortant de l'océan. Là donques, mon grand Roy,
En me la commandant, liberal, donne-moy
Ce que tu m'as promis, et pour la recompense
Je t'appreste un renom, et à toute la France,
Qui vif de siecle en siecle à jamais volera,
Tant qu'en France françois ton peuple parlera.

A LA ROYNE CATHERINE DE MEDICIS,

Mere du Roy.

ODE II.

Mere des dieux ancienne,
Berecynthe phrygienne,
A qui cent prestres ridez
Font, avecques cent Menades,
Au son du buis, des gambades,
Sur les hauts sommets Idés,
   Laisse, laisse ta couronne
Que mainte tour environne,
Et ton mystere orgien,
Et plus à ton char n'attache
Tes fiers lions, et te cache
Dans ton antre phrygien.
   Une autre mere nouvelle,
Une autre mere Cybelle,
Nous est transmise des cieux,
Qui, plus que toy bien-heureuse,
Se voit mere plantureuse
D'un plus grand nombre de dieux.

Junon en pompe si grande
Ne fend la celeste bande
Qui luy courbe les genoux,
Quand elle, grave matrone,
Se va seoir auprès du throne
De son frere, son espoux,

Comme toy, Junon de France,
Grave en royale apparance,
Fends la tourbe des François,
T'allant seoir à la main destre
De ton espoux, nostre maistre,
Le meilleur de tous les rois;

Duquel, après mainte année,
Tu conceus par destinée
Une abondance d'enfants
Qui diviseront le monde,
Et de sa grand masse ronde
Seront les rois triomphants (*a*).

[Mais d'autant que plus d'affaire
Et plus d'ans tu mis à faire
L'enfant que premier tu feis,
Pour le delay de ton estre,
D'autant plus grand il doibt estre
Que le reste de tels fils.]

Car, comme Alcide differe
De prouesses à son frere,
Conceu par trois nuicts de temps,
L'aisné prendra d'avantage
Que ses puisnez de courage,
Qui mit à naistre sept ans.

Tout aussi tost que Lucine
Eust fortuné ta gesine,

---

a. Var. (1587) :

(*Les cieux à tes vœux ouverts*)
Des fils heritiers du monde,
Qui d'une race feconde
Peupleront cet univers.

Et que l'enfant nouveau-né
De sa douce voix premiere
Eust salué la lumiere
Du jour à chacun donné,
  Tu n'as pas, comme fist Rhée,
A la pierre devorée
Le corps de ton fils changé,
De peur que ne le perdisses,
Et le perdant ne le visses
Par un Saturne mangé ;
  Et ne l'as porté secrette,
Dedans un antre de Crete,
Afin qu'il vesquit de miel,
Afin aussi que sa lévre
Suçast le laict de la chévre
Que depuis il mit au ciel,
  Et que les Cretois gendarmes
S'entrechoquans de leurs armes,
En dansant fissent un son
Parmy l'antre solitaire,
Pour engarder que le pere
N'entr'ouïst son enfançon.
  Mais tu l'as, Royne très-sage,
Porté dés son premier âge,
Non à Nede, non aussi
Aux campagnes dicteennes,
Non aux nymphes meliennes,
Pour en prendre le souci,
  Mais à Durfé, qui radresse
Les fautes de sa jeunesse
Par un art industrieux,
Et, comme en la cire tendre,
En cent façons luy fait prendre
Les vertus de ses ayeux.
  Ores une ombre il exerce
D'une bataille diverse,
Et, tenant le fer en main,
Les siens au combat il serre,

Et brave esmeut d'une guerre
La figure faite en vain;
Ores les chevaux il donte,
Et leur brutesse il surmonte
Par un doux commandement;
Ores dontez il les guide,
Et leur attache à la bride
Un humain entendement;
Ores sa voix il façonne,
Et de ses doigts le luth sonne,
Doigts qui tost doivent darder
Les armes de telle sorte,
Que l'Espagne, tant soit forte,
Ne les pourra retarder.
Mais cela ne le destourne
Qu'à son Durfé ne retourne
Ouyr ses mots fructueux :
Ainsi l'enfançon Achille
Escoutoit la voix utile
Du centaure vertueux,
Après que Thetis la belle
Eut bruslé la peau mortelle,
Et que, dedans son giron
L'enlevant de l'eau salée,
L'eut, sans le sceu de Pelée,
Mis en l'antre de Chiron.
Mais laissons ce Peleïde
Et sa mere Nereïde,
Chiron et l'antre Pholois,
Et ces histoires estranges,
Et redisons les louanges
Du divin sang de Valois.
Oy donque, Royne, et t'amuse
O l'oracle de ma muse
Qui va chanter tes honneurs;
Et de tes enfans nos princes,
Et de combien de provinces
Le Ciel les fera seigneurs.

AU ROY DAUPHIN FRANÇOIS II,

Depuis roy de France.

ODE III.

Que pourroy-je, moy François,
Mieux celebrer que la France,
Le pays à qui je dois
Le bon-heur de ma naissance?
Et comme oubliroy-je aussi,
En le celebrant, la race
De son Roy, qui tient icy
Après Dieu la plus grand place?
 Que me vaudroit de chanter
Ces vieilles fables passées
Qui ne servent qu'à tenter
L'esprit de vaines pensées?
Qui est celuy qui n'a sceu
De Pelops l'ardante flame,
Le traistre Œnomas deceu
Et les nopces d'Hippodame?
 Ores je veux esprouver
Autre fable plus nouvelle
Que ces vieilles, pour trouver
Une autre gloire plus belle
Qui déjà se donne à moy,
Si jusqu'aux pays estranges
Du fils aisné de mon Roy
Je veux pousser les louanges.
 Mais moy, qui suis coustumier
Brouiller mes vers à la mode
De Pindar', de qui premier
Commenceray-je mon Ode?

Commenceray-je à l'enfant,
Ou par les faicts de son pere,
Ou par le nom triomphant
De sa tante ou de sa mere ?
J'oy Jupiter qui defend
Ne commencer par le pere,
Par la tante ou par l'enfant,
Mais par le nom de sa mere.
Donc, puis qu'un Dieu me defend
De commencer par le pere,
Les vers qui sont à l'enfant
Commenceront par la mere ;
 Laquelle, dés quatorze ans,
Portoit au bois la sagette,
La robe et les arcs duisans
Aux pucelles de Taygette ;
Son poil au vent s'esbatoit
D'une ondoyante secousse,
Et sur le flanc luy battoit
Tousjours la trompe et la trousse.
 Tousjours dés l'aube du jour
Alloit aux forests en queste,
Ou de reths tout à l'entour
Cernoit le trac d'une beste ;
Ou prenoit les cerfs au cours,
Ou, par le pendant des roches,
Sans chiens assailloit les ours
Et les sangliers aux dents croches.
 Un jour, pour avoir chassé
Long temps un sanglier sauvage,
Reposa son corps lassé
Dessus les fleurs d'un rivage :
Elle pend son arc turquois,
Recoiffe sa tresse blonde,
Met pour chevet son carquois,
Puis s'endort au bruit de l'onde.
 Les souspirs qui repoussoient
Du sein la jumelle pomme,

Et ses yeux qui languissoient
En la paresse du somme,
Les Amours qui éventoient
La sommeillante poitrine,
De plus en plus augmentoient
Les graces de Catherine.

 Jupiter la vid des cieux
(Mais est-il rien qu'il ne voye?),
Puis d'un soin ambitieux
Souhaita si douce proye;
Car amour, qui s'écouloit
Venimeux en ses mouelles,
Ses os congneus luy bruloit
De mille flames nouvelles.

 Adonc luy, sentant là haut
Au cœur l'amoureuse playe,
C'est ores, dit-il, qu'il faut
Que pour me guarir j'essaye
D'aller voir celle là bas
Qui tient ma liberté prise;
Ma Junon ne sçaura pas
Pour ce coup mon entreprise.

 A grand' peine avoit-il dit,
Qu'ardant d'approcher s'amie,
De son throne descendit
Près de la nymphe endormie;
Et, comme un dieu qui sentoit
D'amour la poignante rage,
A la force s'apprestoit
De ravir son pucelage.

 Mais Arne (1), qui l'entre-vit,
Poussant l'eau de ses espaules,
Hors des flots la teste mit,
Ceinte de joncs et de saules;
Et, destournant ses cheveux
Qui flotoient devant sa bouche,

---

1. L'Arno, fleuve qui passe à Florence.

Defend au prince amoureux
Qu'à la pucelle il ne touche.
 « Si tu n'as desir de voir,
Dit le Fleuve, ta puissance
Serve dessous le pouvoir
Du fils qui prendroit naissance
De ceste nymphe et de toy,
Et si tousjours tu veux estre
Des dieux le pere et le roy,
Sans attendre un plus grand maistre,
 « Cesse, cesse de tenter
Faire ceste vierge mere,
Qui doit un jour enfanter
Uu fils plus grand que son pere,
Fils qui donnera ses loix,
Soit en paix ou soit en guerre,
Aux tourbes des autres rois,
Qui sous luy tiendront la terre.
 « Un prince en Gaule est nourry,
Né de semence royale,
Qui doit estre son mary,
Elle sa femme loyale;
D'elle et de luy sortira
Ce fils heritier de France
Qui ciel et terre emplira
Des prouesses de sa lance.
 « Les Parques au front ridé,
D'Erebe et de la Nuict nées,
Ont main à main devidé
L'arrest de ses destinées. »
A tant le Fleuve plongea
Au plus creux de l'eau sa teste,
Et l'amoureux deslogea,
Fraudé de sa douce queste.
 Après le terme parfait
Predit par la voix divine,
Le mariage fut fait
De ceste Nymphe divine.

Sept ans peurent s'absenter
Ains qu'elle fust accouchée
Du fils dont je vay chanter
La louange non touchée.
　Escoute un peu, fils aisné,
Honneur de France et d'Itale,
Le bien qui t'est destiné
Par ordonnance fatale :
Quand ja ton pere sera
Las de mener les gendarmes,
Que vieillard il cessera
D'effroyer le monde en armes,
　Adonc vaillant tu tiendras
Sous luy d'Europe la bride,
Et sous luy tu serviras
A ses gendarmes de guide,
Et, ensemble fort et fin
En mainte ruse guerriere,
Humble, tu mettras à fin
Les mandemens de ton pere ;
　Et, s'il reste quelque roy
Qu'il n'ait eu loisir de prendre,
Fait esclave dessous toy,
François tu le feras rendre.
Tu penseras en ton cœur
D'acquerir l'Europe encore,
Et de te faire vainqueur
Des Gades jusqu'au Bosphore.
　Ces grands peuples reculez
A l'escart de nostre monde,
Des flots de Tethys salez
Couronnez tout à la ronde,
Et ceux qu'on void habiter
Les Orcades escossoises,
N'auront cœur de resister
Contre tes armes françoises.
　Les grands cloistres Pyrenez,
Dévoyez en mille entorses,

De tes soudars obstinez
Ne pourront tromper les forces,
Ny les grands citez ton feu,
Que toy, pillant les campagnes
En armes ; tu ne sois veu
Le monarque des Espagnes.

 Ny les Alpes au grand front,
Ny l'Appenin, qui divise
L'Italie, ne pourront
Retarder ton entreprise,
Lors que, trainant avec toy
Tant de legions fidelles,
Tu ne te couronnes roy
Des Itales maternelles.

 De là tirant plus avant
Vers l'Allemagne terrible,
De la part où plus le vent
D'aquilon se montre horrible,
Tu donteras les Gelons
Et ceste froide partie
Que possedent les Polons,
Les Gots et ceux de Scythie.

 Poussant outre, tu prendras
La Thrace, et par ta prouesse
Tes bornes tu planteras
Jusqu'au destroit de la Grece ;
Puis en France retourné,
Dans Paris, ta grande ville,
Tu triompheras orné
De sa despouille servile.

 Ton pere, déjà chenu
D'avoir trop mis la cuirace,
D'un grand aise detenu,
Fera rajeunir sa face,
Et, dessus son throne assis,
Sentira mille liesses
D'estre pere d'un tel fils
Heritier de ses prouesses.

Ainsi qu'à Rome Cesar
Triomphant d'une victoire,
Haut t'assoiras dans un char
Dessus un siége d'yvoire;
Deux coursiers blancs henniront
D'une longue voix aigue,
Qui ton beau char traineront
En triomphe par la rue.
 Tes cheveux seront liez
De palme torse en couronne,
Et bas seront sous tes piez
Les ferremens de Bellonne;
Le ciel, qui s'esbahira
De voir pour toi si grand' choses,
Prodigue, te remplira
Le sein de liz et de roses.
 Là, francs de peur, tes soudars,
Marchans au son des trompettes,
Te ru'ront de toutes pars
Mille joyeuses sornettes,
Et, parez de lauriers verds,
Diront aux tourbes pressées
Les maux qu'ils auront soufferts
En tant de guerres passées.
 Tout le peuple Iô crira,
Rien qu'Iô par l'assemblée
Le peuple ne redira
D'une joye redoublée;
Le menestrier resonnant,
Des chantres la douce presse,
Autres mots n'iront sonnant
Que cette voix d'allegresse.
 En ordre les roys vaincus
Iront en diverse mine,
Trainez dessus leurs escus,
Devant ta pompe divine;
Les uns auront les yeux bas,
Les autres, levant les faces,

A leur mal ne songeant pas,
Remascheront des menaces.

Les uns au col secouront
Les liens d'une chaisne orde,
Les autres les bras auront
Serrez au dos d'une corde;
Aux autres, selon les faits
De leurs fautes desloyales,
Divers tourments seront faits
A leurs miseres royales.

Là seront peints les chasteaux,
Les ports et les villes prises,
Les grands forets et les eaux,
Et les montaignes conquises;
Le vieil Apennin sera
Portrait d'une face morne,
Le Rhin vaincu cachera
Parmy les roseaux sa corne.

Devant ton char bien-tournant
Marchera la Renommée,
Qui ton bruit ira cornant
De sa trompette animée;
Et moy, qui me planteray
Devant ses pieds pour escorte,
Comme elle je chanteray
Ta louange en telle sorte:

« Prince bien-aimé des dieux,
Antique race de Troye,
Sous qui la faveur des cieux
Toute Europe a mise en proye,
Triomphe, et voy ta cité
Qui devotieuse appreste
A ta jeune deité
Une solennelle feste.

« Bien que tes freres et toy
La terre ayez departie,
Et qu'aisné tu ne sois roy
Que de la moindre partie,

Le Ciel pourtant a voulu
Que sur toutes tu la prinsses,
Et la prenant t'a esleu
Le seigneur des autres princes.
 « Ils ont choisi pour leurs pars,
L'un les parfums d'Arabie,
L'autre les sablons épars
De la bouillante Libye;
Mais tu as, Roy plus heureux,
Choisi les terres fertiles,
Pleines d'hommes valeureux,
Pleines de ports et de villes.
 « Celuy qui peut raconter
Tes entreprises fameuses,
Celuy peut les flots conter
De nos rives escumeuses;
Car bien peu, bien peu s'en faut,
Que ta Majesté royale
De Jupiter de là haut
L'autre Majesté n'égale.
 « Jamais à chanter ton los
Je n'auray la bouche close,
Fussé-je là bas enclos
Aux lieux où la Mort repose;
Tousjours je diray ton nom,
Et mon ame vagabonde
Rien ne chantera sinon
Tes louanges par le monde.»
 Ainsi diray-je, et ta main
Jusqu'au palais honorable
Conduira tousjours le frain
De ton haut char venerable.
Là, t'assoyant au milieu
Sur des marches eslevées,
Tu rendras graces à Dieu
Pour tes guerres achevées.
 Puis, ayant de toutes pars
Fermé de cent chaisnes fortes

De l'ouvert temple de Mars
L'horrible acier de cent portes,
Tu feras égal aux Dieux
Ton regne, et par ta contrée
Fleurir la paix, et des cieux
Revenir la belle Astrée.

A Mgr CHARLES DUC D'ORLEANS,

Depuis roy de France.

ODE IV.

Prince, tu porte le nom
  De renom
Du prince qui fut mon maistre(1),
De Charles, en qui les Dieux
  Tout leur mieux
Pour chef-d'œuvre firent naistre.

Naguiere il fut comme toy
  Fils de roy,
Ton grand-pere fut son pere,
Et Henry le tres-chrestien,
  Pere tien,
L'avoit eu pour second frere.

A peine un poil blondelet (2),
  Nouvelet,

---

1. Il entend le fils puisné du roy Françoys I, auquel il fut baillé page, et demeura cinq ans avecque luy. (R.)
2. A l'âge de vingt et deux ans. (R.)

Autour de sa bouche tendre
A se frizer commençoit,
  Qu'il pensoit
De Cesar estre le gendre(1).

Ja, brave, se promettoit
  Qu'il estoit
Duc des lombardes campagnes,
Et qu'il verroit quelquefois
  Ses fils rois
De l'Itale et des Espagnes.

Mais la Mort, qui le tua (2),
  Luy mua
Son espouse en une pierre;
Et, pour tout l'heur qu'il conceut,
  Ne receut
Qu'à peine six pieds de terre.

Comme on void, au poinct du jour,
  Tout autour
Rougir la rose espanie,
Et puis on la void au soir
  Se déchoir
A terre toute fanie;

Ou comme un lis trop lavé,
  Aggravé
D'une pluyeuse tempeste,
Ou trop fort du chaud atteint,
  Perdre teint
Et languir à basse teste :

Ainsi ton oncle, en naissant,
  Perissant

---

1. Espouser la fille de l'empereur Charles V. Et la paix de l'an 1544 fut faite à ceste condition de mariage dans deux ans, et qu'il auroit la duché de Milan ou la comté de Flandres. (R.)

2. D'une fièvre, âgé de 33 ans, le 4 de septembre 1541. (R.)

Fut veu presque en mesme espace,
Et, comme fleur du printemps,
  En un temps
Perdit la vie et la grace.

Si, pour estre nay d'ayeux
  Demy-dieux,
Si, pour estre fort et juste,
Les princes ne mouroient pas,
  Le trespas
Devoit espargner Auguste.

[Jupiter et ce Romain,
  De leur main,
Départirent tout le monde ;
A l'un en part le ciel vint,
  L'autre print
Pour sa part la terre et l'onde.]

Si ne vainquit-il l'effort
  De la Mort,
Par qui tous vaincus nous sommes :
Car aussi bien elle prend
  Le plus grand
Que le plus petit des hommes.

[La Mort, frappant de son dard,
  N'a égard
A la majesté royale ;
Les empereurs aux bouviers,
  Aux leviers
Les grands sceptres elle égale.]

Et le Nocher importun
  Un chacun
Presse en sa nacelle courbe,
Et sans honneur à la fois,
  Met les rois
Pesle-mesle avec la tourbe.

Mais or' je reviens à toy,
  Fils de roy,

Petit neveu de mon maistre,
De Charles en qui les Dieux
  Tout leur mieux
Pour chef-d'œuvre firent naistre.

Comme un bel astre luisant,
  Conduisant
Au ciel sa voye cognue,
Se cache sous l'Ocean
  Demy an
Avec Tethys la chenue,

Puis, ayant lavé son chef,
  Derechef
Remonstre sa face claire ;
Et, plus beau qu'auparavant,
  S'eslevant
Sur nostre horison, esclaire,

Ainsi ton oncle, en mourant,
  Demourant
Sous la terre quelque année,
De rechef est retourné,
  Dans toy né,
Sous meilleure destinée.

Il s'est voilé de ton corps,
  Saillant hors
De la fosse tenebreuse,
Pour vivre en toy doublement
  Longuement
D'une vie plus heureuse :

Car le Destin, qui tout peut,
  Ne te veut
Comme à luy trancher la vie,
Ains que voir par tes vertus
  Abbatus
Sous toy les roys de l'Asie.

Dieu, qui void tout de là-haut
  Ce qu'il faut

Aux personnes journalieres,
A party ce monde espars
　　En trois parts,
Pour toy seul et pour tes freres.

Ton premier aisné François (1)
　　Sous ses loix
Regira l'Europe sienne;
D'Afriq' sera couronné
　　Ton puisné (2),
Toy de la terre asienne :

Car, quand l'âge homme parfaict
　　T'aura fait
(Comme Jason fit en Grece) (3)
Tu tri'ras les plus vaillans
　　Bataillans
De la françoise jeunesse;

Puis, mettant la voile au vent,
　　Ensuyvant
De Brenne l'antique trace (4),
Tu iras (couvrant les eaux
　　De vaisseaux)
En l'Asie prendre place.

Là, dés le premier abort,
　　Sur le port,
A cent roys tu feras teste,
Et, captifs dessous tes bras,
　　Tu prendras
Leurs terres pour ta conqueste.

1. Second, qui depuis fut roy. (R.)
2. Le duc d'Alençon, pour lequel est l'ode qui suit. (R.)
3. Quand il assembla des Argonautes pour l'entreprise de la Toison. (R.)
4. Parce que ce capitaine gaulois, avec une armée infinie que Callimache compare aux gresles et aux neiges de l'hyver, et que Pausanias, en ses Phociques, faict monter jusqu'à cent cinquante mille hommes de pied et vingt mille chevaux, passa en Asie et ruina le temple de Delphes. (R.)

Ceux qui sont sous le réveil
  Du soleil,
Ceux qui habitent Niphate,
Ceux qui vont, d'un bœuf suant,
  Remuant
Les gras rivages d'Euphrate;

Ceux qui boivent dans le sein
  Du Jourdain
De l'eau tant de fois courbée,
Et tout ce peuple odorant
  Demeurant
Aux sablons de la Sabée;

Ceux qui ont, en bataillant,
  L'arc vaillant,
Quand ils sont tournez derriere,
Et ceux qui, toutes saisons,
  Leurs maisons
Roulent sur une civiere;

Ceux qui, d'un acier mordant,
  Vont tondant
De Gange les doux rivages,
Et ceux qui hantent auprès
  Les forêts
Des vieux Arcades sauvages (a);

Ceux qui vont, en labourant,
  Déterrant
Tant d'os és champs de Sigée,
Et ceux qui plantez se sont
  Sur le front
D'Hellesponte et de l'Egée.

a. Var. (1587):

 La terre aux tigres nourrice,
 Et ceux dont les chesnes vers
   Sont couverts
 De soye sans artifice;

De ces peuples, bien que forts,
 Tes efforts
Rendront la force périe,
Et, vaincus, t'obéiront.
 Et seront
Vassaux de ta seigneurie.

A ce grand prince thebain
 (Dont la main
Print les Indes admirables)
Egal roy tu te feras,
 Et auras
Sans plus les mœurs dissemblables :

Car, si tost qu'il les défit,
 Il leur fit
Sentir sa vineuse rage,
Et de ses cris orgieux,
 Furieux,
Leur tempesta le courage.

De peaux il les entourna,
 Il orna
De pampre leur folle teste,
Et, trepignant au milieu,
 Ce fol dieu
Forsenoit après sa feste.

Mais toy, Prince mieux instruit,
 En qui luit
Des vertus l'antique reste,
Chrestien, leur feras sçavoir
 Le devoir
D'une autre loy plus celeste.

Brisant les idoles feints
 De tes mains,
De leurs dieux tu seras maistre,
Et, ruant leurs temples bas,
 Tu feras
La loy de Jesus renaistre,

Puis, estant de tout costé
  Redouté :
Par ta fortune prospere,
Iras au bout du levant,
  Eslevant
Cent colosses à ton pere.

A MONSEIGNEUR D'ANGOULESME (1).

ODE V.

Toy qui chantes l'honneur des rois,
 Polymnie, ma douce Muse,
Ce dernier labeur de mes dois
Ta lyre d'or ne me refuse.
 J'ay souvenance que tes mains,
Jeune garçon, me couronnerent
Quand j'eu masché les lauriers saints
Que tes compagnes me donnerent
 [Alors qu'amoureux de tes yeux
Tu me donnas ta douce lyre
Pour y chanter jusques aux cieux
D'Amour le bien et le martyre].
 Mais or', par le commandement
Du roy, ta lyre j'abandonne
Pour entonner plus hautement
La grand' trompette de Bellonne.
 Toutefois, ains que de tenter
L'instrument de telle guerriere,
Fais qu'encor je puisse chanter
Pour adieu ceste ode derniere,

---

1. Henry III, alors duc d'Angoulesme, depuis duc d'Alençon et roi de France et de Pologne.

Et que j'aille en tes bois penser
Aux honneurs du fils de mon maistre,
Pour ses louanges commencer
Dés le premier jour de son estre.

La nuict que ce prince nouveau
De nos dieux augmenta la trope,
On vid autour de son berceau
Se battre l'Afrique et l'Europe.

L'Afrique avoit le poil retors
A la moresque crespelée,
Les lévres grosses aux deux bords,
Les yeux noirs, la face halée.

Son habit sembloit s'allonger
Depuis les colonnes d'Espaigne
Jusqu'au bord du fleuve estranger,
Qui de ses eaux l'Egypte baigne.

En son habit estoient gravez
Maint serpent, maint lion sauvage,
Maint trac de sablons eslevez
Autour de son bouillant rivage.

L'Europe avoit les cheveux blonds,
Son teint sembloit aux fleurs décloses,
Les yeux verds, et deux vermeillons
Couronnoient ses lévres de roses.

Sur sa robe furent pourtraits
Maints ports, maints fleuves, maintes isles,
Et de ses plis sourdoient espais
Les murs d'un million de villes.

De tel vestement triomphant
Ces terres furent accoustrées,
La nuict qu'elles tiroient l'enfant
Par force devers leurs contrées.

L'Europe le vouloit avoir,
Disant qu'il estoit nay chez elle,
Et que sien estoit par devoir
Comme à sa mere naturelle.

L'Afrique en courroux respondoit
Qu'il estoit sien par destinée,

Et que jà du ciel l'attendoit
Pour son prince dès mainte année.
 Ainsi l'une à soy l'attiroit
Sur le berceau demy-couchée,
Et l'autre après le retiroit,
Contre sa compagne faschée.
 Mais la pauvre Europe à la fin,
Baissant le front melancholique,
Par force fit voye au destin,
Et quitta l'enfant à l'Afrique.
 L'Afrique adonc luy presenta
Le laict de sa noire tetine,
Et, pleine d'Apollon, chanta
Sur luy ceste chanson divine :
 Enfant heureusement bien-né,
(Race du Jupiter de France)
En qui tout le Ciel a donné
Toutes vertus en abondance,
 Crois, crois, et d'une majesté
Monstre-toy le fils de ton pere,
Et porte au front la chasteté
Qui reluit au front de ta mere.
 [Comme un pin planté sur les eaux,
Bien nourri de l'humeur prochaine,
Croist par sus tous les arbrisseaux
Et se fait l'honneur de la plaine,
 Ainsi, ô prince, tu croistras
Entre les princes de l'Europe,
Et plus vaillant apparoistras
L'ornement royal de leur trope.]
 Si tost que l'âge, produisant
Les fleurs de la jeunesse tendre,
T'aura fait l'esprit suffisant
Pour les douces lettres apprendre,
 Les trois Graces te meneront
Au bal des muses Pegasides,
Et toute nuict t'abreuveront
De leurs ondes aganippides.

[Pour toi les ruisseaux Pympléans
Seront ouverts, et les bocages
De Pinde, et les monts Cirrhéans,
Effroyables d'antres sauvages.]
 Mais quand l'ardeur t'eschaufera
Le sang boüillant dans les entrailles,
Et que la gloire te fera
Concevoir le soin des batailles,
 Nul plus que toy sera sçavant
A tourner les bandes en fuite,
Et nul soldat courra devant
Les pas ailez de ta poursuite,
 Soit que de prés il voye au poing
Ta large espée foudroyante,
Ou soit qu'il advise de loing
Les plis de ta picque ondoyante;
 Soit qu'il se vante d'opposer
Contre ta lance sa cuirasse,
Ou soit qu'il se fie d'oser
Attendre les coups de ta masse.
 Lors toy sur un cheval monté,
Régissant son esprit farouche,
Pour-fendras de chaque costé
Le plus espais de l'escarmouche,
 Soit que tu le pousses au cours,
Laschant la resne vagabonde,
Ou soit qu'en l'air de mille tours
Tu le voltes à bride ronde.
 Ainsi porté par le milieu
Des bandes d'horreur les plus pleines,
Tu sembleras à quelque Dieu
Qui prend soin des guerres humaines,
 Et, mariant à tes beaux faits
Fortune et vertu, ta compaigne,
Vainqueur, tu paveras espais
De corps morts toute la campagne.
 Comme on void l'orgueil d'un torrent
Bouillonnant d'une trace neuve

Parmy les plaines en courant
Ravager tout cela qu'il treuve,
  Ainsi ta main renversera
Sur la terre de sang trempée
Tout cela qui s'opposera
Devant le fil de ton espée.
  Le faucheur à grand tour de bras,
Du matin jusqu'à la serée,
De rang ne fait tomber à bas
Tant d'herbes cheutes sur la prée,
  Ne le scieur ne va taillant
Tant de moissons, lors que nous sommes
En esté, que toy bataillant
Tailleras de chevaux et d'hommes.
  Accablez sous tes coups trenchans,
Par monceaux seront en carnage
Ceux d'Erembe, et tous ceux des champs
Des Nomades (1) et de Carthage,
  Et ceux qui ne coupent le fruit
Des vignes meures devenues (2),
Et qui jamois n'oyent le bruit
Des bœufs qui trainent les charrues,
  Et ceux qui gardent le verger
Des Hesperides despouillées,
Et ceux qui du sang estranger
Habitent les rives souillées (3);
  Ceux qui tiennent le mont Atlas,
Et ma plaine maurusienne (4),
Et mon lac (5) qui nomma Pallas (6)
De son onde tritonienne.

1. De la Numidie. (R.)
2. Les Massyliens, voisins des Nomades, qui n'ont non plus qu'eux de demeure arrestée. (R.)
3. Les Nasamons, qui tuerent par trahison un capitaine romain envoyé chez eux. (R.)
4. Les deux Mauritanies. (R.)
5. *Palus vasta*, proche de la petite Syrte. (R.)
6. Lucain dit, comme nostre autheur, que ce lac luy donna

Et ce peuple thebain (¹) venu
Aux amycleannes cyrènes,
Et ceux où le belier cornu
Prophetise sur mes arénes (²).
 Bref, tous mes habitans seront
Vaincus ou morts dessous ta destre,
Et tremblans te confesseront
A coups de masse pour leur maistre.
 Battus, qui tant de mers passa (³)
Quand sa voix luy fut racoustrée (⁴),
Ne me pleut tant lors qu'il laissa
Pour moy sa native contrée,
 Ny Hannibal, de qui la main
Esbranlant ses haches guerrieres,
En-joncha du peuple romain
Tant de champs et tant de rivieres,
 Ne me fut point si cher que toy
(Bien qu'il fust mon fils de naissance),
Que toy adopté pour mon roy,
Du Ciel par fatale ordonnance.
 Ainsi disant, elle ferma
La parole aux futures choses,
Et de çà et de là sema
Sur le berceau dix mille roses.
 Puis comme une voix qui se plaint,

le nom de Tritonienne, et que ce fut le premier lieu où elle arriva après sa naissance. (R.)

1. Ceux qui habitent la Cyrenaïque, qui semblent estre venus des Thebains. (R.)

2. Car ç'a esté là anciennement un fameux oracle, où Jupiter estoit interrogé sous la forme d'un belier. (R.)

3. Et toutefois sa navigation n'est pas grande, de l'isle de Thera, d'où il estoit, près de Candie, jusqu'au bord d'Afrique, où il bastit la ville de Cyrene. Suidas. (R.)

4. Parce qu'auparavant qu'il passast en Afrique, il estoit muet; mais y estant venu par l'oracle d'Apollon, et sans y penser s'estant presenté à luy un lion effroyable, la peur qu'il en eut luy deslia la langue. (R.)

Au soir, dedans un antre ouie,
Ou de nuict comme un songe feint,
Parmy l'air s'est évanouie.

A MES DAMES, FILLES DU ROY HENRY II.

ODE VI.

Ma nourrice Calliope,
Qui du luth musicien,
Dessus la jumelle crope
D'Helicon, guides la trope
Du sainct chœur Parnassien ;

 Et vous, ses sœurs, qui, recreues
D'avoir trop mené le bal,
Toute nuict vous baignez nues
Dessous les rives herbues
De la fontaine au cheval ;

 Puis, tressans dans quelque prée
Vos cheveux delicieux,
Chantez d'une voix sacrée
Une chanson qui recrée
Et les hommes et les dieux !

 Laissez vos antres sauvages
(Doux sejour de vos esbas),
Vos forests et vos rivages,
Vos rochers et vos bocages,
Et venez suivre mes pas.

 Vous sçavez, pucelles cheres,
Que, libre onques je n'appris,
De vous faire mercenaires,
Ny chetives prisonnieres,
Vous vendant pour quelque pris ;

 Mais sans estre marchandées,
Vous sçavez que librement

Je vous ay tousjours guidées
Es maisons recommandées
Pour leurs vertus seulement.

Comme ores, nymphes très-belles,
Je vous meine avecques moy
En ces maisons immortelles,
Pour celebrer trois pucelles (1),
Comme vous filles de roy,

Qui dessous leur mere croissent
Ainsi que trois arbrisseaux,
Et ja grandes apparoissent
Comme trois beaux lis qui naissent
A la fraischeur des ruisseaux,

Quand quelque future espouse,
Aimant leur chef nouvelet,
Soir et matin les arrouse,
Et à ses nopces propousé
De s'en faire un chapelet.

Mais de quel vers plein de grace
Vous iray-je decorant?
Chanteray-je vostre race,
Ou l'honneur de vostre face
D'un teint brun se colorant?

Divin est vostre lignage,
Et le brun que vous voyez
Rougir en vostre visage
En rien ne vous endommage
Que trois graces ne soyez.

Les Charites sont brunettes,
Bruns les Muses ont les yeux,
Toutefois belles et nettes,
Reluisant comme planettes
Parmy la troupe des dieux.

Mais que sert d'estre les filles
D'un grand roy, si vous tenez

1. A sçavoir: Elisabet, qui fut mariée au roy d'Espagne;
Claude au duc de Lorraine, et Marguerite à Henry IV. (R.)

Les Muses comme inutiles,
Et leurs sciences gentiles
Dés le berceau n'apprenez?
 Ne craignez, pour mieux revivre,
D'assembler d'égal compas
Les aiguilles et le livre,
Et de doublement ensuivre
Les deux mestiers de Pallas.
 Peu de temps la beauté dure,
Et le sang qui des roys sort,
Si de l'esprit on n'a cure,
Autant vaut quelque peinture
Qui n'est vive qu'en son mort.
 Ces richesses orgueilleuses,
Ces gros diamans luisans,
Ces robes voluptueuses,
Ces dorures somptueuses,
Periront avec les ans.
 Mais le sçavoir de la Muse
Plus que la richesse est fort;
Car jamais rouillé ne s'use,
Et maugré les ans refuse
De donner place à la mort.
 Si tost que serez apprises
A la danse des neuf Sœurs,
Et que vous aurez comprises
Les doctrines plus exquises
A former vos jeunes mœurs,
 Tout aussi tost la déesse
Qui trompette les renoms
De sa bouche parleresse
Par tout espandra sans cesse
Les louanges de vos noms.
 Lors s'un roy, pour sa defence,
A vos freres repoussez
De sa terre avec sa lance,
Refroidissant la vaillance
De ses peuples courroucez,

Au bruit de la renommée,
Espris de vostre sçavoir,
Aura son âme enflammée,
Et, quittant là son armée,
Pour mary vous viendra voir.
 Voyla comment en deux sortes
Tous roys seront combatus,
Soit qu'ils sentent les mains fortes
De nos françoises cohortes,
Soit qu'ils aiment vos vertus.
 Là donq, Princesses divines,
Race ancienne des dieux,
Armez vos tendres poitrines
Des vertus et de doctrines;
C'est le vray chemin des cieux.
 Par tel chemin Polixene
D'un beau renom a jouy;
Par tel mestier la Romaine
De chasteté toute pleine
Vit encores aujourd'huy,
 Laquelle de son espée
Sa vie aux ombres jetta,
Et, par soy-mesme frappée,
Ayant la honte trompée,
Un beau renom s'acheta.

A LA ROYNE DE NAVARRE.

ODE VII.

Pallas est souvent d'Homere
 Dite fille d'un bon pere,
Et vous, la Pallas d'ici,
Par moy serez dite ainsi.
 Homere ainsi l'a nommée

Pour estre fille estimée
Du Dieu que les siecles vieux
Nommerent pere des Dieux ;
　Et moy je vous nomme telle,
Fille d'un Roy qu'on appelle
Icy bas en tous endrois
Le bon pere des François.
　Pallas et vous, ce me semble,
Avez vos mestiers ensemble.
Elle tousjours s'amusoit
Aux vers qu'elle composoit :
　Souvent vostre esprit s'amuse
Aux saints labeurs de la Muse,
Qui, en despit du tombeau,
Rendra vostre nom plus beau.
　Elle addonnoit son courage
A faire maint bel ouvrage
Dessur la toile, et encor
A joindre la soye à l'or :
　Vous, d'un pareil exercice,
Mariez par artifice
Dessur la toile, en maint trait,
L'or et la soye en pourtrait.
　Une seule difference
Vous separe : car la lance,
Les guerres et les combats
Estoient ses plus doux esbats ;
　Mais vous, aimant la concorde,
Chasserez toute discorde,
Et le plus beau de vos faits
Ce sera d'aimer la paix,
　Et, par nouveau mariage,
De Mars appaiser la rage,
S'il vouloit une autre fois
Pousser en armes nos rois.

A LA FONTAINE BELLERIE.

ODE VIII.

Escoute un peu, fontaine vive,
En qui j'ay rebeu si souvent,
Couché tout plat dessus ta rive,
Oisif à la fraischeur du vent,
   Quand l'esté mesnager moissonne
Le sein de Cerés dévestu,
Et l'aire par compas ressonne
Dessous l'épi du blé batu.
   Ainsi tousjours puisses-tu estre
En dévote religion
Au bœuf et au bouvier champestre
De ta voisine région ;
   Ainsi tousjours la lune claire
Voye à mi-nuict, au fond d'un val,
Les nymphes près de ton repaire
A mille bonds mener le bal,
   Comme je desire, fontaine,
De plus ne songer boire en toy
L'esté, lors que la fiévre ameine
La mort despite contre moy.

A DENYS LAMBIN,

Lecteur du Roy.

ODE IX.

Que les formes de toutes choses
Soient, comme dit Platon, encloses
En nostre ame, et que le sçavoir

N'est sinon se ramentevoir;
Je ne le croy, bien que sa gloire
Me persuade de le croire;
   Car, de jour et de nuict depuis
Que studieux du grec je suis,
Homere devenu je fusse,
Si souvenir icy me peusse
D'avoir ses beaux vers entendu
Ains que mon esprit descendu
Et mon corps fussent joints ensemble.
Mais c'est abus : l'esprit ressemble
Au tableau tout neuf où nul trait
N'est par le peintre encor pourtrait,
Et qui retient ce qu'il y note,
Lambin, qui sur Seine d'Eurote,
Par le doux miel de tes douceurs,
As ramené les saintes Sœurs....

EPIPALINODIE (1).

ODE X.

O terre, ô mer, ô ciel espars,
Je suis en feu de toutes pars;
Dedans et dehors mes entrailles
Une ardante chaleur me poind
Plus fort qu'un mareschal ne joint
Le fer tout rouge en ses tenailles.
   La chemise qui escorcha
Hercul' si tost qu'il la toucha
N'égale point la flame mienne,
Ny de Vesuve tout le chaud,

---

1. Imitation d'une ode d'Horace. (R.)

Ny tout le feu que rote en haut
La fournaise sicilienne.

Le jour les soucis presidans
Condamnent ma coulpe au dedans
Et la genne après on me donne ;
La peur sans intermission,
Sergent de leur commission,
Me poind, me pique et m'aiguillonne.

La nuict les fantômes volans,
Claquetant leurs becs violants
Et sifflant, mon ame espouvantent ;
Et les Furies, qui ont soing
Venger le mal, tiennent au poing
Les couleuvres qui me tourmentent.

Il me semble que je te voy
Murmurer des charmes sur moy,
Tant que d'effroy le poil me dresse ;
Puis mon chef tu vas relavant
D'une eau puisée bien avant
Dedans le fleuve de tristesse.

Que veux-tu plus ? di, que veux-tu ?
Ne m'as-tu pas assez batu ?
Veux-tu qu'en cest âge je meure ?
Me veux-tu brusler, foudroyer,
Et tellement me poudroyer
Qu'un seul osset ne me demeure ?

Je suis appresté, si tu veux,
De te sacrifier cent bœufs,
Afin de des-enfler ton ire ;
Ou, si tu veux, avec les dieux
Je t'envoiray là haut aux cieux
Par le son menteur de ma lyre.

Les freres d'Helene, faschez
Pour les ïambes delaschez
Contre leur sœur par Stesichore,
A la fin luy ont pardonné,
Et, pleins de pitié, redonné
L'usage de la veue encore.

Tu peux, helas! Denise, aussi
Rompre la teste à mon souci,
Te flechissant par ma priere;
Rechante tes vers (1), et les traits
De ma face en cire pourtraits (2)
Jette au vent (3) trois fois par derriere.

 L'ardeur du courroux que l'on sent
Au premier âge adolescent
Me fit trop nicement t'escrire;
Maintenant, humble et repentant,
D'œil non feint je vay lamentant
La juste fureur de ton ire.

1. C'est-à-dire défais les charmes que tu as faits contre moy. (R.)

2. C'estoit une meschanceté de la magie, tellement efficace et puissante que, les sorcieres perçans et penetrans à coups d'aiguilles et de canivets ces images de cire, le sentiment et le mal en passoit aux personnes contre lesquelles elles estoient faites. Voire que, si quelquefois seulement elles pouvoient avoir ou recouvrer la coque d'une noix ou d'un œuf que celuy qu'elles devouoient eust mangé, elles s'en servoient à mesme effet; et c'est pourquoy les anciens, s'en donnans garde, rompoient les coquilles des œufs qu'ils mangeoient, pour prevenir le charme. Nostre histoire fait mention d'une image de cire de Louys Hutin qui fut trouvée entre les mains d'une sorciere, laquelle, selon qu'elle le fondoit au feu, affoiblissoit et diminuoit d'autant les forces du corps de ce prince. (R.)

3. Ou dans l'eau, par une superstition magique. (R.)

SUR LA NAISSANCE DE FRANÇOIS II,

Dauphin de France, fils du roy Henry II.

A Calliope.

ODE XI (1).

En quel bois le plus separé
Du populaire et en quel antre
Prens-tu plaisir de me guider,
O Muse, ma douce folie,
Afin qu'ardant de ta fureur,
Et du tout hors de moy, je chante
L'honneur de ce royal enfant
Qui doit commander à la France ?
   Je cri'ray de vers non sonnez
Du grec ny du latin poëte,
Plus hautement que sur le mont
Le prestre thracien n'entonne
Le cor à Bacchus dedié,
Ayant la poitrine remplie
D'une trop vineuse fureur.
   Il me semble desja que j'erre
Seul par les antres, et qu'au fond
D'une solitaire vallée
Je chante les divins honneurs
Du grand-pere et du pere ensemble.
Tandis, Muse, sur son berceau
Seme le lis, seme la rose,
Seme la palme et le laurier,
L'honneur des veinqueurs és batailles.
   Je prevoy qu'il vous aimera,
Et employra la mesme dextre

---

1. Les vers de cette ode ne sont pas rimés.

Dont guerrier il aura veincu
L'Espagnol et l'Anglois superbe
A polir des vers qui feront
Voler son nom par-sus la terre
Imitateur du grand Cesar,
Vaillant et sçavant tout ensemble,
Qui le jour vestoit le harnois,
Et la nuit escrivoit ses gestes.

A JEANNE IMPITOYABLE.

ODE XII.

O grand' beauté, mais trop outrecuidée
 Des presens de Venus,
Quand tu voirras ta face estre ridée
 Et tes flocons chenus,
Contre le temps et contre toy rebelle,
 Diras en te tançant :
Que ne pensois-je alors que j'estois belle
 Ce que je vay pensant ?
Ou bien pourquoy à mon desir pareille
 Ne suis-je maintenant ?
La beauté semble à la rose vermeille,
 Qui meurt incontinent.
Voila les vers tragiques et la plainte
 Qu'au ciel tu envoyras,
Incontinent que ta face dépainte
 Par le temps tu voirras.
Tu sçais combien ardamment je t'adore,
 Indocile à pitié,
Et tu me fuis, et tu ne veux encore
 Te joindre à ta moitié.
O de Paphos et de Cypre regente,
 Deesse aux noirs soucis,

Plustost encor que le temps sois vengeante
  Mes desdaignez soucis !
Et, du brandon dont les cœurs tu enflames
  Des jumens tout autour,
Brusle-la moy, afin que de ses flames
  Je me rie à mon tour.

A JOACHIM DU BELLAY.

ODE XIII.

Nous avons, du Bellay, grand' faute
Soit de biens, soit de faveur haute,
Selon que le temps nous conduit ;
Mais tousjours, tandis que nous sommes
Ou morts ou mis au rang des hommes,
Nous avons besoin de bon bruit.
 Car la louange emmiellée,
Au sucre des Muses meslée,
Nous perce l'aureille en riant ;
Je dis louange qui ne cede
A l'or que Pactole possede,
Ny aux perles de l'Orient.
 La vertu qui n'a cognoissance
Combien la Muse a de puissance
Languit en tenebreux sejour,
Et en vain elle est souspirante
Que sa clarté n'est apparante
Pour se monstrer aux rais du jour.
 Mais ma plume, qui conjecture
Par son vol sa gloire future,
Se vante de n'endurer pas
Que la tienne en l'obscur demeure,
Où comme orpheline elle meure,
Errante sans honneur là bas.
 [Nous avons bien, moi et mon mètre,

Cette audace de te promettre
Que tes labeurs seront appris
De nous, de nos suivantes races,
S'il est vrai que j'aye des Graces
Cueilli les fleurs dans leurs pourpris.]
 Je banderay mon arc, qui jette
Contre ta maison sa sagette,
Pour viser tout droit en ce lieu
Qui se réjouit de ta gloire,
Et où le grand fleuve de Loire
Se mesle avec un plus grand Dieu.
 Car, bien que ta Muse soit telle
Que de soy se rende immortelle,
Desdaigner pourtant tu ne dois
L'honneur que la mienne te donne
Ny ceste lyre qui te sonne
Ce que luy commandent mes doi
 Jadis Pindare sur la sienne
Accorda la gloire ancienne
Des princes vainqueurs et des rois;
Et je sonnerai ta louange,
Et l'envoirai de Loire à Gange,
Si tant loin peut aller ma vois.
 Car il semble que nostre lyre
Ta race seule vueille eslire
Pour la chanter jusques aux cieux :
Macrin (1) a sacré la memoire
De l'oncle, et j'honore la gloire
Du nepveu, qui s'honore mieux.
 France sous Henry fleurit, comme
Sous Auguste fleurissoit Romme;
Elle n'est pleine seulement
D'hommes qui animent le cuivre,
Ny de peintres qui en font vivre
Deux ensemble (2) éternellement;

1. Poëte assez bon de son temps. (R.)
2. La personne peinte et son tableau. (R.)

Mais, grosse de sçavoir, enfante
Des fils dont elle est trionfante,
Qui son nom rendent honoré :
L'un chantre d'Amour la decore,
L'autre de Mars, et l'autre encore
De Phœbus au beau crin doré;
 Entre lesquels le Ciel ordonne
Que le premier lieu l'on te donne,
Du Bellay, qui monstres tes vers
Entez dans le tronc d'une Olive (1),
Olive dont la fueille vive
Se rend égale aux lauriers vers (2).

DE LA CONVALESCENCE

DE JOACHIM DU BELLAY.

A Louys Megret.

ODE XIV.

Mon ame, il est temps que tu rendes
Aux bons dieux les justes offrandes
Dont tu as obligez tes vœux ;
Qu'on nous dresse un autel de terre,
Avec toy payer je le veux,
Et qu'on le pare de lierre
Et de vervéne aux froids cheveux.
 Les dieux n'ont remis en arriere
L'humble souspir de ma priere,
Et Pluton, qui n'avoit appris

---

1. Sur les merites de sa maistresse, appellée Olive, de laquelle il a composé les amours qui se lisent entre ses œuvres. (R.)

2. Aux amours de Petrarque. (R.)

Se flechir pour dueil qu'homme meine,
N'a pas mis le mien à mespris,
Rappelant la Parque inhumaine
Qui ja du Bellay tenoit pris.
 Mortes sont les fiévres cruelles
Qui rongeoient ses cheres mouelles ;
Son œil est maintenant pareil
Aux fleurs que trop les pluyes baignent,
Envieuses de leur vermeil,
Et qui plus vives se repeignent
Aux rayons du nouveau soleil.
 Sus, Megret, qu'on chante, qu'on sonne
C'est heur que la santé luy donne,
Qu'on chasse ennuis, soucis et pleurs,
Qu'on seme la place de roses,
D'œillets, de lis, de toutes fleurs
En ce beau mois de juin écloses,
Où le ciel mire ses couleurs,
 Lequel s'égaye et se recrée
De te voir sain, et luy agrée
Le jour que tu fais dessous luy ;
Son cours, qui sembloit apparoistre
Malade contre toy d'ennuy,
Tous deux sains, avez fait cognoistre
Vos belles clartez aujourd'hui.
 Mais quoy ? si faut-il bien qu'on meure ;
Rien çà bas ferme ne demeure :
Le roy François vid bien la nuit.
Donc, tandis qu'on ne te menace,
Et la Mort boiteuse te fuit,
Il faut que ta docte main face
Un œuvre digne de ton bruit.

A FRANÇOIS DE LA BROSSE
Charrolois.

ODE XV (1).

Puis que d'ordre à son rang l'orage est revenu,
Si que le ciel voilé tout triste et devenu,
Et la veufve forest bransle son chef tout nu
    Sous le vent qui l'estonne,
C'est bien pour ce jourd'huy (ce me semble) raison,
Qui ne veut offenser la loi de la saison,
Prendre à gré les plaisirs que l'amie maison
    En temps pluvieux donne.

Mais, si j'augure bien, quand je voy pendre en bas
Les nuaux avallez, mardy ne sera pas
Si mouillé qu'aujourd'huy; nous prendrons le repas
    Tel jour nous deux ensemble.
Tandis chasse de toy tout le mordant souci,
Et l'Amour, si tu l'as, chasse le moy aussi :
Ce garçon insensé au plus sage d'ici
    Mille douleurs assemble.

Du soin de l'advenir ton cœur ne soit espoint,
Ains, content du present, dis lui qu'en un seul point
N'admire des faveurs qui ne dureront point
    Sans culbuter à terre.
Plustost que les buissons les pins audacieux,
Et le front des rochers qui menace les cieux
Plustost que les cailloux abbaissez à nos yeux,
    Sont punis du tonnerre.

Vien saoul, car tu n'auras le festin ancien
Que, prodigue, donna l'orgueil egyptien

---

1. Cette ode étoit primitivement dédiée à Maclou de Lahaye.

Au Romain qui vouloit tout l'empire estre sien :
    Je hay tant de viandes.
Tu ne boiras aussi de ce nectar divin
Qui rend Anjou fameux, car volontiers le vin
Qui a senty l'humeur du terroir angevin
    Suit les bouches friandes.

A CUPIDON,

Pour punir Jane cruelle.

ODE XVI.

Le jour pousse la nuit,
    Et la nuit sombre
Pousse le jour qui luit
    D'une obscure ombre.

L'automne suit l'esté,
    Et l'aspre rage
Des vents n'a point esté
    Après l'orage.

Mais la fiévre d'amours
    Qui me tourmente
Demeure en moy tousjours
    Et ne s'alente.

Ce n'estoit pas moy, Dieu,
    Qu'il falloit poindre ;
Ta fleche en autre lieu
    Se devoit joindre.

Poursuy les paresseux
    Et les amuse,
Et non pas moy, ne ceux
    Qu'aime la Muse.

Helas! delivre-moy
    De ceste dure,
Qui rit quand plus d'esmoy
    Void que j'endure.

Redonne la clarté
    A mes tenebres,
Remets en liberté
    Mes jours funebres.

Amour, sois le support
    De ma pensée,
Et guide à meilleur port
    Ma nef cassée.

Tant plus je suis criant,
    Plus me reboute;
Plus je la suis priant,
    Moins ell' m'escoute.

Ne ma palle couleur,
    D'amour blesmie,
N'a esmeu à douleur
    Mon ennemie;

Ne sonner à son huis
    De ma guitterre,
Ny pour elle les nuis
    Dormir à terre.

Plus cruel n'est l'effort
    De l'eau mutine
Qu'elle, lors que plus fort
    Le vent s'obstine.

Ell' s'arme en sa beauté,
    Et si ne pense
Voir de sa cruauté
    La recompense.

Monstre-toy le vainqueur,
    Et d'elle enflamme,

Pour exemple, le cœur,
    De telle flame

Qui Biblys alluma,
    Trop indiscrete,
Et d'ardeur consuma
    La royne en Crete.

COMPLAINTE DE GLAUQUE A SCYLLE,

Nymphe.

ODE XVII.

Les douces fleurs d'Hymette aux abeilles agréent,
Et les eaux de l'esté les alterez recréent;
    Mais ma peine obstinée
Se soulage en chantant sur ce bord foiblement
Les maux ausquels Amour a miserablement
    Soumis ma destinée.

Hé! Scylle! Scylle! las! ceste dolente rive,
Voire son flot piteux, qui grommelant arrive
    Des salées campagnes,
Me plaint et me lamente, et ces rochers, oyans
Mon dueil continuel, de moy sont larmoyans;
    Seule tu me desdaignes.

Ce jour fut mon malheur, quand les dieux marins euren
Envie sur mon aise et lors qu'ils me cognurent
    De leur grande mer digne.
Las! heureux si jamais je n'eusse desdaigné
L'art premier où j'estois par mon pere enseigné,
    Ny mes rets, ny ma ligne!

Car le feu qui mon cœur ronge, poinçonne et lime,
Me vint ardre au milieu (qui l'eust creu?) de l'abîme
    De leur mer fluctueuse,

Et bien en autre forme adonc je me changeay
Que je ne fus mué alors que je mangeay
  L'herbe tant vertueuse.

Pourtant, si j'ay le chef de longs cheveux difforme
Et le corps monstrueux d'une nouvelle forme
  Bien peu connue aux ondes,
Tel honneur de nature en moy n'est à blasmer :
La mere Tethys m'aime, et m'aiment de la mer
  Les nymphes vagabondes.

Circé tant seulement ne m'aime, mais encore
Ardantement me suit et ardente m'adore,
  En vain de moy éprise.
Ainsi, le bien que cent désirent, une l'a,
Une seule en jouist, et, en lieu de cela,
  Me hait et me déprise.

Bien que nymphe tu sois, ah! cruelle, si est-ce
Qu'indigne je ne suis de toy : demy-déesse,
  Un dieu te fait requeste.
Tethys, pour effacer cela que j'eu d'humain
Et d'homme au temps sujet, m'a versé de sa main
  Cent fleuves sur la teste.

Mais, las! dequoy me sert ceste faveur que d'estre
Immortel, et d'aller, compagnon, à la destre
  Du grand prince Neptune,
Quand Scylle me desdaigne, estant franc du trespas,
Et celui qui, par mort, permis ne luy est pas
  De changer sa fortune ?

A CHARLES DE PISSELEU,

Evesque de Condom.

ODE XVIII (1).

D'où vient cela (Pisseleu) que les hommes
De leur nature aiment le changement,
Et qu'on ne void en ce monde où nous sommes
Un seul qui n'ait un divers jugement ?
   L'un, esloigné des foudres de la guerre,
Veut par les champs son âge consumer
A bien poitrir les mottes de sa terre
Pour de Cerés les presens y semer ;
   L'autre, au contraire, ardant, aime les armes,
Et ne sauroit en un lieu sejourner
Sans bravement attaquer les allarmes,
Bien que jamais ne pense retourner (*a*).
   Qui le palais de langue mise en vente
Fait esclater devant un president,
Et qui, piqué d'avarice suivante,
Franchit la mer de l'Inde à l'occident.
   L'un de l'amour adore l'inconstance ;
L'autre, plus sain, ne met l'esprit sinon
Au bien public, aux choses d'importance,
Cherchant par peine un perdurable nom.
   L'un suit la cour et les faveurs ensemble,
Si que sa teste au ciel semble toucher ;

---

a. Var. (1584) :

Marchant hardi, ores pour estonner
Le camp anglois de menassans alarmes
Et pour l'assaut à Boulogne donner.

1. Imité d'Horace : *Qui fit Mæcenas*, etc.

L'autre les fuit et est mort, ce luy semble,
S'il void le roy de son toict approcher.

 Le pelerin à l'ombre se delasse,
Ou d'un sommeil le travail adoucit,
Ou, réveillé, avec la pleine tasse
Des jours d'esté la longueur accourcit.

 Qui devant l'aube accourt triste à la porte
Du conseiller, et là, faisant maint tour,
Le sac au poing, attend que Monsieur sorte
Pour luy donner humblement le bon-jour.

 Icy cestuy de la sage nature
Les faits divers remasche en y pensant,
Et cestuy-là, par la lineature
Des mains, predit le malheur menaçant.

 L'un, allumant ses vains fourneaux, se fonde
Dessus la pierre incertaine, et, combien
Que l'invoqué Mercure ne responde,
Soufle en deux mois le meilleur de son bien.

 L'un grave en bronze, et dans le marbre à force
Veut le labeur de nature imiter.
Des corps errans l'astrologue s'efforce
Oser par art le chemin limiter.

 Mais tels estats, inconstants de la vie,
Ne m'ont point pleu, et me suis tellement
Esloigné d'eux que je n'eus onc envie
D'abaisser l'œil pour les voir seulement.

 L'honneur sans plus du verd laurier m'agrée;
Par luy je hay le vulgaire odieux.
Voilà pourquoy Euterpe la sacrée
M'a de mortel fait compagnon des dieux.

 La belle m'aime et par ses bois m'amuse,
Me tient, m'embrasse, et, quand je veux sonner,
De m'accorder ses flutes ne refuse,
Ne de m'apprendre à bien les entonner.

 Car elle m'a de l'eau de ses fonteines
Pour prestre bien baptisé de sa main,
Me faisant part du haut honneur d'Athenes
Et du sçavoir de l'antique Romain.

A ANTHOINE CHASTEIGNER,

Abbé de Nantueil.

ODE XIX.

Ne s'effroyer de chose qui arrive,
    Ne s'en facher aussi,
Rend l'homme heureux, et fait encor qu'il vive
    Sans peur ne sans souci.

Comme le temps vont les choses mondaines,
    Suivans son mouvement ;
Il est soudain et les saisons soudaines
    Font leur cours brèvement.

Dessus le Nil jadis fut la science,
    Puis en Grece elle alla.
Rome depuis en eut l'experience,
    Paris maintenant l'a.

Villes et forts et royaumes perissent
    Par le temps tout exprès,
Et donnent lieu aux nouveaux qui fleurissent,
    Pour remourir après.

[Comme un printemps les jeunes enfants croissent,
    Puis viennent en esté ;
L'hiver les prend, et plus ils n'apparoissent
    Cela qu'ils ont esté.]

Naguere estoient dessus la seche arene
    Les poissons à l'envers,
Puis tout soudain l'orgueilleux cours de Sène
    Les a de flots couverts.

La mer n'est plus où elle souloit estre,
    Et aux lieux vuides d'eaux

(Miracle estrange!) on la void soudain naistre
    Hospital de bateaux.

Telles loix fit dame Nature guide,
    Lors que par sur le dos
Pyrrhe sema dedans le monde vuide
    De sa mere les os,

A celle fin que nul homme n'espere
    S'oser dire immortel,
Voyant le temps qui est son propre pere,
    N'avoir rien moins de tel.

Arme-toy donc de la philosophie
    Contre tant d'accidens,
Et, courageux, d'elle te fortifie
    L'estomach au dedans,

N'ayant effroy de chose qui survienne
    Au devant de tes yeux,
Soit que le ciel les abysmes devienne,
    Et l'abysme les cieux.

DE LA DEFLORATION DE LEDE.

A Cassandre.

Divisée par trois pauses.

ODE XX.

Premiere pause.

Le cruel Amour, vainqueur
    De ma vie sa sujette,

M'a si bien écrit au cœur
Votre nom de sa sagette,
Que le temps, qui peut casser
Le fer et la pierre dure,
Ne le sauroit effacer
Qu'en moi vivant il ne dure (a).

   Mon luth, qui des bois oyans
Souloit alléger les peines,
Las! de mes yeux larmoyans
Ne tarit point les fontaines;
Et le soleil ne peut voir,
Soit quand le jour il apporte,
Ou quand il se couche au soir,
Une autre douleur plus forte.

   Mais vostre cœur obstiné,
Et moins pitoyable encore
Que l'Ocean mutiné
Qui baigne la rive more,
Ne prend mon service à gré,
Ains a d'immoler envie
Le mien, à luy consacré
Des premiers ans de ma vie.

   Jupiter, espoinçonné
De telle amoureuse rage,
A jadis abandonné
Et son trône et son orage;

---

a. Var. (1587) :

   Amour, dont le traict vainqueur
Fait en mon sang sa retraite,
M'a si bien escrit au cœur
Le nom de ma Cassandrette,
Que le tombeau mange-chair,
Logis de la pourriture,
Ne pourra point arracher
De mon cœur sa pourtraiture.

Car l'œil qui son cœur estraint,
Comme estraints ores nous sommes
Ce grand seigneur a contraint
De tenter l'amour des hommes.
  Impatient du desir
Naissant de sa flame esprise,
Se laissa d'amour saisir,
Comme une despouille prise.
Puis il a, bras, teste et flanc,
Et sa poitrine cachée
Sous un plumage plus blanc
Que le laict sur la jonchée.
  En son col mit un carcan
Avec une chaîne où l'œuvre
Du laborieux Vulcan
Admirable se descœuvre.
D'or en estoient les cerceaux,
Piolez d'émail ensemble.
A l'arc qui note les eaux
Ce bel ouvrage ressemble.
  L'or sur la plume reluit
D'une semblable lumiere
Que le clair œil de la nuit
Dessus la neige premiere.
Il fend le chemin des cieux
Par un voguer de ses ailes,
Et d'un branle spatieux
Tire ses rames nouvelles.
  Comme l'aigle fond d'en haut,
Ouvrant l'espais de la nue,
Sur l'aspic qui leche au chaud
Sa jeunesse revenue,
Ainsi le cygne voloit
Contre-bas, tant qu'il arrive
Dessus l'estang où souloit
Jouer Lede sur la rive.
  Quand le ciel eut allumé
Le beau jour par les campagnes,

Elle au bord accoustumé
Mena jouer ses compagnes ;
Et, studieuse des fleurs,
En sa main un pannier porte
Peint de diverses couleurs,
Et peint de diverse sorte.

Seconde pause.

 D'un bout du pannier s'ouvroit,
Entre cent nues dorées,
Une aurore qui couvroit
Le ciel de fleurs colorées ;
Ses cheveux vaguoient errans,
Souflez du vent des narines
Des prochains chevaux tirans
Le soleil des eaux marines.
 Comme au ciel il fait son tour
Par sa voye courbe et torte,
Il tourne tout à l'entour
De l'anse en semblable sorte.
Les nerfs s'enflent aux chevaux,
Et leur puissance indontée
Se lasse sous les travaux
De la penible montée.
 La mer est peinte plus bas,
L'eau ride si bien sur elle,
Qu'un pescheur ne nieroit pas
Qu'elle ne fust naturelle.
Ce soleil tombant au soir
Dedans l'onde voisine entre,
A chef bas se laissant cheoir
Jusqu'au fond de ce grand ventre.
 Sur le sourci d'un rocher
Un pasteur le loup regarde,
Qui se haste d'approcher
Du couard peuple qu'il garde ;

Mais de cela ne luy chaut,
Tant un limas luy agrée,
Qui lentement monte au haut
D'un lis au bas de la prée.

Un satyre tout follet,
Larron, en folastrant tire
La panetiere et le laict
D'un autre follet satyre.
L'un court après tout ireux,
L'autre defend sa despouille,
Le laict se verse sur eux,
Qui sein et menton leur souille.

Deux beliers qui se heurtoient
Le haut de leurs testes dures
Pourtraits aux deux bords estoient
Pour la fin de ses peintures.
Tel pannier en ses mains mist
Lede, qui sa troupe excelle,
Le jour qu'un oiseau la fist
Femme en lieu d'une pucelle.

L'une arrache d'un doigt blanc
Du beau Narcisse les larmes,
Et la lettre teinte au sang
Du Grec marry pour les armes.
De crainte l'œillet vermeil
Pallist entre ces pillardes,
Et la fleur que toy, Soleil,
Des cieux encor tu regardes.

A l'envi sont jà cueillis
Les verds tresors de la plaine,
Les bassinets et les lis,
La rose et la marjolaine,
Quand la vierge dit ainsi,
De son destin ignorante :
« De tant de fleurs que voicy
Laissons la proye odorante.

« Allons, troupeau bien-heureux,
Que j'aime d'amour naïve,

Ouyr l'oiseau douloureux
Qui se plaint sur nostre rive. »
Et elle, en hastant le pas,
Fuit par l'herbe d'un pied vite;
Sa troupe ne la suit pas,
Tant sa carriere est subite;
 Du bord luy tendit la main,
Et l'oiseau, qui tressaut d'aise,
S'en approche tout humain,
Et le blanc yvoire baise.
Ores l'adultere oiseau,
Au bord par les fleurs se joue,
Et ores au haut de l'eau
Tout mignard près d'elle noue.
 Puis, d'une gaye façon,
Courbe au dos l'une et l'autre aile,
Et au bruit de sa chanson
Il apprivoise la belle.
La nicette en son giron
Reçoit les flammes secrettes,
Faisant tout à l'environ
Du cygne un lict de fleurettes.
 Luy, qui fut si gracieux,
Voyant son heure opportune,
Devint plus audacieux,
Prenant au poil la fortune;
De son col comme ondes long
Le sein de la vierge touche,
Et son bec luy mit adonc
Dedans sa vermeille bouche.
 Il va ses ergots dressant
Sur les bras d'elle qu'il serre,
Et de son ventre pressant
Contraint la rebelle à terre.
Sous l'oiseau se debat fort,
Le pince et le mord, si est-ce
Qu'au milieu de tel effort
Ell' sent ravir sa jeunesse.

Le cinabre çà et là
Couloura la vergongneuse.
A la fin elle parla
D'une bouche desdaigneuse :
« D'où es-tu, trompeur volant ?
D'où viens-tu, qui as l'audace
D'aller ainsi violant
Les filles de noble race ?
    « Je cuidois ton cœur, helas !
Semblable à l'habit qu'il porte,
Mais (hé pauvrette !) tu l'as,
A mon dam, d'une autre sorte.
O ciel ! qui mes cris entens,
Morte puissé-je estre enclose
Là bas, puis que mon printemps
Est despouillé de sa rose !
    « Plustost vien pour me manger,
O veufve tigre affamée,
Que d'un oiseau estranger
Je sois la femme nommée. »
Ses membres tombent peu forts,
Et dedans la mort voisine
Ses yeux jà nouoient, alors
Que luy respondit le cygne :

Troisiesme pause.

    « Vierge, dit-il, je ne suis
Ce qu'à me voir il te semble ;
Plus grande chose je puis
Qu'un cygne à qui je ressemble :
Je suis le maistre des cieux,
Je suis celuy qui desserre
Le tonnerre audacieux
Sur les durs flancs de la terre.
    « La contraignante douleur
Du tien, plus chaud, qui m'allume,
M'a fait prendre la couleur

De ceste non mienne plume.
Ne te va donc obstinant
Contre l'heur de ta fortune :
Tu seras incontinant
La belle-sœur de Neptune,
 « Et si tu pondras deux œufs
De ma semence feconde,
Ainçois deux triomphes neufs,
Futurs ornemens du monde.
L'un deux jumeaux esclorra :
Pollux, vaillant à l'escrime,
Et son frere, qu'on loûra
Pour des chevaliers le prime;
 « Dedans l'autre germera
La beauté, au ciel choisie,
Pour qui un jour s'armera
L'Europe contre l'Asie. »
A ces mots, elle consent,
Recevant telle avanture,
Et jà de peu à peu sent
Haute eslever sa ceinture.

A GASPAR D'AUVERGNE.

Ode XXI.

Gaspar, qui, loin de Pegase,
As les filles de Parnase
Conduites en ta maison,
Ne sçais-tu que moy, poëte,
De mon Phœbus je souhéte
Quand je fais une oraison ?
 Les moissons je ne quiers pas
Que la faux arrange à bas
Sur la Beauce fructueuse;

Ny tous les cornus troupeaux
Qui sautent sur les coupeaux
De l'Auvergne montueuse (1);
   Ny l'or sans forme qu'ameine
La mine pour nostre peine;
Ny celuy qui est formé
Portant d'un roy la figure
Ou la fiere pourtraiture
De quelque empereur armé;
   Ny l'ivoire marqueté
En l'Orient acheté
Pour parade d'une sale;
Ny les cousteux diamans
Magnifiques ornemens
D'une majesté royale;
   Ny tous les champs (2) que le fleuve
Du Loir lentement abreuve;
Ny tous les prez emmurez
Des plis de Braye argentine;
Ny tous les bois dont Gastine
Void ses bras en-verdurez;
   Ny le riche accoustrement
D'une laine qui dément
Sa teinture naturelle
Ez chaudrons du Gobelin (3),
S'yvrant d'un rouge venin (4)
Pour se desguiser plus belle.
   Que celuy dans une coupe
Toute d'or boive à la troupe
De son vin de Prepatour (5),

---

1. De la haute Auvergne. (R.)
2. De son Vendomois. (R.)
3. Autrefois le plus fameux et riche teinturier de Paris. (R.)
4. Noyée longuement dans l'escarlate. (R.)
5. Vin excellent, et dont la vigne appartient au roy, et est de son domaine en Vendomois. (R.)

A qui la vigne succede,
Et près Vendôme en possede
Deux cents arpens en un tour.
  Que celuy qui aime Mars
S'enrolle entre les soldars,
Et face sa peau vermeille
D'un beau sang pour son devoir,
Et que la trompette, au soir,
D'un son luy raze l'aureille.
  Le marchant hardiment vire
Par la mer de sa navire
La proue et la poupe encor;
Ce n'est moy, bruslé d'envie,
A tels despens de ma vie,
Rapporter des lingots d'or.
  Tous ces biens je ne quiers point,
Et mon courage n'est poingt
De telle gloire excessive.
Manger o (1) mon compagnon
Ou la figue d'Avignon,
Ou la provençale olive,
  L'artichôt et la salade,
L'asperge et la pastenade,
Et les pompons tourangeaux,
Me sont herbes plus friandes
Que les royales viandes
Qui se servent à monceaux.
  Puis qu'il faut si tost mourir,
Que me vaudroit d'acquerir
Un bien qui ne dure guere,
Qu'un heritier qui viendroit
Après mon trespas vendroit
Et en feroit bonne chere ?
  Tant seulement je desire
Une santé qui n'empire;
Je desire un beau sejour,

1. Avec. (R.

Une raison saine et bonne
Et une lyre qui sonne
Tousjours le vin et l'amour.

ODE XXII.

Celuy qui est mort aujourd'huy
Est aussi bien mort que celuy
Qui mourut au jour du deluge.
Autant vaut aller le premier
Que de sejourner le dernier
Devant le parquet du grand juge.
   Incontinent que l'homme est mort,
Pour jamais ou long temps il dort
Au creux d'une tombe enfouie,
Sans plus parler, ouïr ne voir ;
Hé, quel bien sçauroit-on avoir
En perdant les yeux et l'ouïe ?
   Or, l'ame selon le bien-fait
Qu'hostesse du corps elle a fait,
Monte au ciel, sa maison natale ;
Mais le corps, nourriture à vers,
Dissoult de veines et de nerfs,
N'est plus qu'une ombre sepulcrale.
   Il n'a plus esprit ny raison,
Emboiture ne liaison,
Artere, poux, ny veine tendre,
Cheveul en teste ne luy tient,
Et, qui plus est, ne luy souvient
D'avoir jadis aimé Cassandre.
   Le mort ne desire plus rien ;
Donc, cependant que j'ay le bien
De desirer, vif, je demande
Estre tousjours sain et dispos ;

Puis, quand je n'auray que les os,
Le reste à Dieu je recommande.

   Homere est mort, Anacreon,
Pindare, Hesiode et Bion,
Et plus n'ont souci de s'enquerre
Du bien et du mal qu'on dit d'eux;
Ainsi, après un siècle ou deux,
Plus ne sentiray rien sous terre.

   Mais dequoy sert le desirer
Sinon pour l'homme martirer?
Le desir n'est rien que martire;
Content ne vit le desireux,
Et l'homme mort est bien-heureux.
Heureux qui plus rien ne desire!

ODE XXIII.

Quand je dors je ne sens rien,
   Je ne sens ne mal ne bien,
Plus je ne me puis cognoistre,
Je ne sçay ce que je suis,
Ce que je fus, et ne puis
Sçavoir ce que je dois estre.

   J'ay perdu le souvenir
Du passé, de l'advenir;
Je ne suis que vaine masse
De bronze en homme gravé,
Ou quelque terme eslevé
Pour parade en une place.

   Toutesfois je suis vivant,
Repoussant mes flancs de vent,
Et si pers toute memoire;
Voyez donc que je seray

Quand mort je reposeray
Au fonds de la tombe noire !
  [L'âme, volant d'un plein saut,
A Dieu s'en ira là haut
Avecque luy se ressoudre,
Mais ce mien corps enterré,
Sillé d'un somme ferré,
Ne sera plus rien que poudre.]

A ODET DE COLLIGNY

Cardinal de Chastillon (1).

ODE XXIV.

Mais d'où vient cela, mon Odet?
Si de fortune par la rue
Quelque courtisan je salue
Ou de la voix, ou du bonnet,
  Ou d'un clin d'œil tant seulement,
De la teste, ou d'un autre geste,
Soudain par serment il proteste
Qu'il est à mon commandement.
  Soit qu'il me treuve chez le roy,
Soit qu'il en sorte ou qu'il y vienne,
Il met sa main dedans la mienne,
Et jure qu'il est tout à moy.
  [Il me promet montagnes d'or,
La terre d'or et toute l'onde,
Et toutes les bourdes du monde
Sans rougir me promet encor.]
  Mais quand un affaire de soin
Me presse à luy faire requeste,

---

1. Lequel a favorisé tousjours, durant sa vie, les hommes de sçavoir, et particulierement nostre autheur. (R.)

Tout soudain il tourne la teste,
Et me délaisse à mon besoin ;
 Et si je veux ou l'aborder,
Ou l'accoster en quelque sorte,
Mon courtisan passe une porte,
Et ne daigne me regarder ;
 Et plus je ne luy suis cognu,
Ny mes vers ny ma poësie,
Non plus qu'un estranger d'Asie,
Ou quelqu'un d'Afrique venu.
 Mais vous, mon support gracieux,
Mon appuy, mon prélat que j'aime
Mille fois plus ny que moy-mesme,
Ny que mon cœur, ny que mes yeux,
 Vous ne me faictes pas ainsi :
Car si quelque affaire me presse,
Librement à vous je m'addresse,
Qui de mon fait avez souci.
 Vous avez soin de mon honneur,
Et voulez que mon bien prospère,
M'aimant tout ainsi qu'un doux père,
Et non comme un rude seigneur,
 Sans me promettre ces grands monts
Ni ces grand' mers d'or ondoyantes ;
Car telles bourdes impudantes
Sont indignes des Chastillons.
 La raison (Prelat), je l'entens,
C'est que vous estes veritable,
Et non courtisan variable
Qui sert aux faveurs et au temps.

Fin du troisiesme livre.

LE QUATRIESME LIVRE
DES ODES

AU ROY HENRY II.

ODE I.

Escoute, grand roy des François,
Jamais je ne confesserois
Que l'on peust surmonter ta France,
Tant que ton grand Montmorency
Et ton grand Chastillon aussi
Te serviront de leur vaillance;
  Et tant que vivant je seray,
Jamais je ne confesseray
Qu'en France la Muse perisse,
Tant qu'elle aura pour bastillon
Un cardinal de Chastillon (*a*)

---

a. Var. (1584) :
   Tant qu'elle aura pour souverain
   Un Charles cardinal lorrain

Dans les éditions postérieures à la Saint-Barthélemy, le nom de Chastillon a été remplacé par celui du duc de Guise.

Qui la defende et la cherisse.
Sus donq, filles de Jupiter,
C'est à ce coup qu'il faut chanter
Ou jamais, d'une haute véne;
Je veux, enyvré de vos eaux,
Chanter deux Achilles nouveaux
Et un autre nouveau Mecéne (1).
   Le fort oncle et le fort neveu
Ont mes vers d'un sujet pourveu
Plus beau qu'Achil n'est dans Homère,
Et mon cardinal, qui me fait
De sa faveur poete parfait
Pour chanter son oncle et son frère (a).

EPITHALAME

De très illustre prince Antoine de Bourbon et de Jeanne royne de Navarre (2).

ODE II.

Quand mon prince (3) espousa
Jeanne (4), divine race,

a. Var. (1584) :

   Les forts Guysians, que j'ay veu
Vaillans comme Mars, m'ont pourveu
D'un argument digne d'Homere,
Et mon Odet, lequel me fait
De sa faveur poete parfait
Pour chanter l'honneur de son frere.

1. Le cardinal de Lorraine, support des hommes doctes de son temps. (R.)

2. Imité de l'Epithalame d'Hélène par Théocrite. (R.) — Cette pièce a été imprimée en 1549, à Paris, chez Vascosan, 4 ff. in-8. C'est probablement la première publication de Ronsard. (P. B.)

3. Second duc de Vendosme. (R.)

4. Fille de Henry d'Albret, roy de Navarre, et mere de Henry IV, roy de France et de Navarre. (R.)

Que le Ciel composa
Plus belle qu'une Grace,
Les princesses de France,
Ceintes de lauriers vers,
Toutes d'une cadance
Luy chanterent ces vers(a):
O hymen, hymenée!
Hymen, ô hymenée!

 Prince plein de bon-heur,
L'arrest du Ciel commande
Qu'on te donne l'honneur
De nostre belle bande;
D'autant qu'une déesse
La passe en majesté,
D'autant elle, princesse,
Nous surpasse en beauté (b).
O hymen, hymenée!
Hymen, ô hymenée!

 Plus qu'à nulle autre aussi
Parfaite est son attente,
Jointe à ce prince icy
Qui nostre âge contente.
Comme l'anneau decore
Le diamant de chois,
Ainsi sa gloire honore

---

a. Var. (1550):

> Douze vierges venues
> Ces beaux vers luy ont dit,
> En chantant toutes nues
> A l'entour de son lit.

b. Var. (1550):

> Telle qu'est une rose
> Née au mois le plus doux
> Sur toute fleur déclose,
> Telle elle est entre nous.

Les princes et les rois.
O hymen, hymenée!
Hymen, ô hymenée!
  Il n'eust pas mieux trouvé
Que toy, vierge excellente,
Voire eust-il esprouvé
La course d'Atalante,
Ne la Grecque amoureuse
N'eust pas voulu changer
Telle alliance heureuse
Au pasteur estranger (a).
O hymen, hymenée!
Hymen, ô hymenée!
  Le Ciel fera beaucoup
Pour tout le monde ensemble,
Si tu conçois un coup
Un fils qui te resemble,
Où l'honneur de ta face
Soit peint, et de tes yeux,
Et ta celeste grace,
Qui tenteroit les Dieux (b).
O hymen, hymenée!
Hymen, ô hymenée!
  Cessez, flambeaux, là haut,
Vos clartez coustumieres;
Ce soir, mais ce jour, vaut
Cinq cens de vos lumieres;
Car les amours qui dardent

---

a. *Var.* (1550):

> *Ny ta jeunesse heureuse*
> *Ne voudroit pas changer*
> *A la grecque amoureuse*
> *Qui suivit l'estranger.*

b. *Var.* (1550):

> *Divin present des cieux.*

Icy leur feu qui luit,
Plus que les astres ardent
L'espesseur de la nuit.
O hymen, hymenée!
Hymen, ô hymenée!

 Maint soir jadis fut bien
Du lict des Dieux coulpable,
Mais nul d'un si grand bien
Ne fut oncques capable;
Et si tu peux bien croire,
Heureux soir, desormais,
Que tu seras la gloire
Des soirs pour tout jamais.
O hymen, hymenée!
Hymen, ô hymenée!

 Nymphes, de vos couleurs
Ornez leur couche sainte
Des plus gentilles fleurs
Dont la terre soit peinte.
Que menu l'on y jette
Cet excellent butin
Que le marchant achette
Bien loing sous le matin.
O hymen, hymenée!
Hymen, ô hymenée!

 Et vous, divin troupeau
Qui les eaux de Pegase
Tenez, et le coupeau
Du chevelu Parnase,
Venez, divine race,
Offrir vos lauriers vers,
Et, prenant nostre place,
Chantez vos meilleurs vers.
O hymen! hymenée,
Hymen, ô hymenée!

 Car l'ardeur qui nous tient
Nous guide par les plaines
Que le Loir entretient

De verdeur toujours pleines.
Là, nous ne verrons prée
Sans leur faire un autel,
N'eau qui ne soit sacrée
A leur nom immortel.
O hymen, hymenée!
Hymen, ô hymenée!
   Cependant consommez
Vos nopces ordonnées,
Et les feux allumez
De vos amours bien-nées.
La chaste Cyprienne (1),
Ayant son ceste ceint,
Avec les Graces vienne
Compagne à l'œuvre saint.
O hymen, hymenée!
Hymen, ô hymenée!
   Afin que le nœud blanc
De foy loyale assemble
De Navarre le sang
Et de Bourbon ensemble,
Plus estroit que ne serre
La vigne les ormeaux,
Ou l'importun lierre
Les appuyans rameaux.
O hymen, hymenée!
Hymen, ô hymenée!
   Adieu, Prince, adieu soir,
Adieu, Pucelle encore,
Nous te reviendrons voir
Demain avec l'Aurore,
Pour prier Hymenée
De vouloir prendre à gré

---

1. Car il y a deux sortes de Venus, comme deux sortes d'amours; or, ceste chaste Venus est en representation de parfaicte obeïssance conjugale, qui suit tousjours la pudicité des femmes. (R.)

Nostre chanson sonnée
Sur vostre lict sacré (a).
O hymen, hymenée!
Hymen, ô hymenée!

AU PAYS DE VENDOMOIS.
ODE III.

L'ardeur qui Pythagore
En Egypte a conduit,
Me venant ardre encore
Comme lui, m'a séduit.
A celle fin que j'erre
Par le païs enclos
De deux mers (1), et qui serre
De Saturne les os.

Terre, adieu, qui premiere
En tes bras m'a receu,
Quand la belle lumiere
Du monde j'apperçeu!
Et toy, Braye, qui roules
En tes eaux fortement,
Et toy, mon Loir, qui coules
Un peu plus lentement!

Adieu, fameux rivages
De bel esmail couvers,
Et vous, antres sauvages,
Delices de mes vers.

a. Var. (1550):
Pour prier ta hautesse
Ne mettre en nonchaloir
De nostre petitesse
Ce bien humble vouloir.

1. Par l'Italie. (R.)

Et vous, riches campagnes,
Où presque enfant je vy
Les neuf Muses compagnes
M'enseigner à l'envy !
   Je verray le grand Mince (1),
Le Mince tant cognu,
Et des fleuves le prince,
Eridan le cornu (2).
Et les roches hautaines
Que donta l'African (3)
Par les forces soudaines
Du soulfre et du Vulcan.
   De la Serene antique
Je verray le tombeau (4),
Et la course erratique
D'Arethuse (5), dont l'eau,
Fuyant les bras d'Alphée,
Se desrobe à nos yeux,
Et Etna, le trophée
Des victoires des Dieux.
   Je verray ceste ville
Dont jadis le grand heur
Rendit à soy servile
Du monde la grandeur ;
Et celle qui entr'ouve
Les flots à l'environ (6),

---

1. Fleuve qui passe à Mantoue et est fameux à cause de Virgile. (R.)

2. Le Po, grand fleuve de la Lombardie. (R.)

3. Les Alpes, à travers lesquelles Hannibal se fit un passage prodigieux. (R.)

4. La ville de Naples, où est enterrée Parthenope, l'une des Serenes. (R.)

5. La Sicile, où est ceste fameuse fontaine d'Arethuse, qui fut une belle chasseresse, laquelle, fuyant l'amour d'Alphée, fut changée en fontaine. (R.)

1. Venise. Au surplus est élégant et ancien de representer ainsi quelque lieu par ses proprietez particulieres. (R.)

Et riche se descouvre
Dans l'humide giron.
   Plus les beaux vers d'Horace
Ne me seront plaisans,
Ne la thebaine grace,
Nourrice de mes ans;
Car ains que tu reviennes,
Petite lyre, il faut
Que trompe tu deviennes
Pour resonner plus haut.
   Soit que tu te hazardes
D'oser chanter l'honneur
Des victoires picardes
Que gaigna mon seigneur;
Ou soit qu'à la memoire,
Par un vers assez bon,
Tu consacres la gloire
Des princes de Bourbon.
   Heureux celuy je nomme
Qui, de savoir pourveu,
A les mœurs de maint homme
En mainte terre veu,
Et dont la sage addresse
Et le conseil exquis
Du fin soudart de Grece (1)
Le nom luy ont acquis.
   Celuy la grand' peinture
Du ciel n'ignore pas,
Ne tout ce que nature
Fait en haut et çà bas.
De Mars la fière face
Ne luy fit oncq effroy,
Ne l'horrible menace
D'un senat ou d'un roy.
   Son asseuré courage,

---

1. D'Ulysse, que Sophocle, à cause de cela, appelle renard d'Ithaque, en son Ajax. (R.)

Basty sur la vertu,
Par nul humain orage
Ne fut onc abattu :
Car d'une aîle non molle
Fuit ce monde odieux
Et indompté s'envole
Jusqu'au siège des Dieux (a).

DE L'ELECTION DE SON SEPULCHRE.

ODE IV.

Antres, et vous fontaines,
De ces roches hautaines
Qui tombez contre-bas
    D'un glissant pas;

Et vous forests, et ondes
Par ces prez vagabondes,
Et vous rives et bois,
    Oyez ma vois.

Quand le ciel et mon heure
Jugeront que je meure,
Ravi du beau sejour
    Du commun jour,

Je defens qu'on ne rompe
Le marbre pour la pompe
De vouloir mon tombeau
    Bastir plus beau.

---

a. Var. (1587) :
    Son teint n'est jamais blesme
    D'un peché dissolu;
    Tout seigneur de soy-mesme,
    Tout sien, et resolu.

[Je veuil, j'enten, j'ordonne
Qu'un sepulchre on me donne,
Non près des rois levé
  Ny d'or gravé,

Mais en cette isle verte
Où la course entrouverte
Du Loir autour coulant
  Est accollant,

Là où Braye s'amie
D'une eau non endormie
Murmure à l'environ
  De son giron (1).]

Mais bien je veux qu'un arbre
M'ombrage en lieu d'un marbre,
Arbre qui soit couvert
  Tousjours de verd.

De moy puisse la terre
Engendrer un lierre
M'embrassant en maint tour
  Tout à l'entour ;

Et la vigne tortisse
Mon sepulchre embellisse,
Faisant de toutes pars
  Un ombre espars.

Là viendront chaque année
A ma feste ordonnée,
Avecques leurs troupeaux,
  Les pastoureaux ;

Puis, ayans fait l'office
De leur beau sacrifice,
Parlans à l'isle ainsi,
  Diront ceci :

---

1. Ces trois stances ne se trouvent que dans les odes de 1550.

« Que tu es renommée
D'estre tombeau nommée
D'un de qui l'univers
 Chante les vers,

« Et qui oncque en sa vie
Ne fut brulé d'envie,
Mendiant les honneurs
 Des grands seigneurs,

« Ny n'enseigna l'usage
De l'amoureux breuvage,
Ny l'art des anciens
 Magiciens,

« Mais bien à nos campagnes
Fit voir les Sœurs compagnes
Foulantes l'herbe aux sons
 De ses chansons,

« Car il fit à sa lyre
Si bons accords eslire
Qu'il orna de ses chants
 Nous et nos champs !

« La douce manne tombe
A jamais sur sa tombe,
Et l'humeur que produit
 En may la nuit !

« Tout à l'entour l'emmure
L'herbe et l'eau qui murmure,
L'un tousjours verdoyant,
 L'autre ondoyant !

« Et nous, ayans memoire
Du renom de sa gloire,
Luy ferons, comme à Pan,
 Honneur chaque an. »

Ainsi dira la troupe,
Versant de mainte coupe

Le sang d'un agnelet,
 Avec du lait,

Dessus moy, qui à l'heure
Seray par la demeure
Où les heureux esprits
 Ont leur pourpris.

La gresle ne la nége
N'ont tels lieux pour leur siege,
Ne la foudre oncques là
 Ne devala.

Mais bien constante y dure
L'immortelle verdure,
Et constant en tout temps
 Le beau printemps.

[Et Zephire y alaine
Les myrtes et la plaine
Qui porte les couleurs
 De mille fleurs.]

Le soin qui sollicite
Les rois ne les incite
Le monde ruiner,
 Pour dominer,

Ains comme freres vivent,
Et, morts, encore suivent
Les mestiers qu'ils avoient
 Quand ils vivoient.

Là, là j'oirray d'Alcée
La lyre courroucée,
Et Sapphon, qui sur tous
 Sonne plus dous.

Combien ceux qui entendent
Les odes qu'ils respendent
Se doivent réjouir
 De les ouir!

Quand la peine receue
Du rocher est deceue,
Et quand saisit la faim
    Tantale en vain.

La seule lyre douce
L'ennuy des cœurs repousse,
Et va l'esprit flatant
    De l'escoutant.

A GUY PACATE, PRIEUR DE SOUGÉ (1).

ODE V.

Guy, nos meilleurs ans coulent
Comme les eaux qui roulent
D'un cours sempiternel;
La mort pour sa sequelle
Nous ameine avec elle
Un exil éternel.
    Nulle humaine priere
Ne repousse en arriere
Le bateau de Charon,
Quand l'ame nue arrive
Vagabonde en la rive
De Styx et d'Acheron.
    Toutes choses mondaines
Qui vestent nerfs et veines
La mort égale prend,
Soient pauvres ou soient princes;
Car sur toutes provinces
Sa main large s'estend.
    La puissance tant forte
Du grand Achille est morte,

---

1. Cette ode, dans les éditions posthumes, est adressée à Jean Daurat, son précepteur.

Et Thersite, odieux
Aux Grecs, est mort encores;
Et Minos qui est ores
Le conseiller des dieux.

 Jupiter ne demande
Que des bœufs pour offrande;
Mais son frere Pluton
Nous demande, nous hommes,
Qui la victime sommes
De son enfer glouton.

 Celuy dont le Pau baigne
Le tombeau nous enseigne
N'esperer rien de haut,
Et celuy que Pegase
(Qui fit sourcer Parnase)
Culbuta d'un grand saut.

 Las! on ne peut cognaistre
Le destin qui doit naistre,
Et l'homme en vain poursuit
Conjecturer la chose
Que Dieu sage tient close
Sous une obscure nuit.

 Je pensois que la trope
Que guide Calliope,
Troupe mon seul confort,
Soustiendroit ma querelle,
Et qu'indonté par elle
Je donterois la mort.

 Mais une fiévre grosse
Creuse déja ma fosse
Pour me banir là bas,
Et sa flame cruelle
Se paist de ma mouelle,
Miserable repas.

 Que peu s'en faut, ma vie,
Que tu ne m'es ravie
Close sous le tombeau,
Et que mort je ne voye

Où Mercure convoye
Le debile troupeau!
 [Et ce Grec qui les peines
Dont les guerres sont pleines
Va là bas racontant,
Poëte qu'une presse
Des épaules espaisse
Admire en l'écoutant.]
 A bon droit Prométhée
Pour sa fraude inventée
Endure un tourment tel,
Qu'un aigle sur la roche
Luy ronge d'un bec croche
Son poumon immortel.
 Depuis qu'il eut robée
La flame prohibée,
Pour les dieux despiter,
Les bandes incogneues
Des fiévres sont venues
Parmi nous habiter.
 Et la mort despiteuse,
Auparavant boiteuse,
Fut légère d'aller;
D'ailes mal-ordonnées
Aux hommes non données
Dedale coupa l'air.
 L'exécrable Pandore
Fut forgée, et encore
Astrée s'en-vola,
Et la boîte féconde
Peupla le pauvre monde
De tant de maux qu'il a.
 Ah! le meschant courage
Des hommes de nostre âge
N'endure pas ses faits;
Que Jupiter estuye
Sa foudre, qui s'ennuye,
Venger tant de mesfaits!

VŒU A LUCINE.

Aux couches d'Anne Tiercelin.

ODE VI.

O deesse puissante
De pouvoir secourir
La vierge languissante
Déja preste à mourir,
Quand la douleur amere
D'un enfant la rend mere !
   Si, douce et secourable,
Heureusement tu veux
D'aureille favorable
Ouir mes humbles vœux,
J'esleveray d'yvoire
Une image à ta gloire ;
   Et moy, la teste ornée
De beaux lis fleurissans,
Iray trois fois l'année
La parfumer d'encens,
Accordant sur ma lyre
L'honneur de ton Osire.
   [Descens, déesse humaine,
Du ciel, et, te hâtant,
La santé douce ameine
A celle qui l'attend,
Et d'une main maistresse
Repousse sa détresse.]
   Ainsi tousjours t'honore
Le Nil impetueux,
Qui Neptune colore
Par sept huis fluctueux ;
Ainsi tousjours ta pompe
Danse au bruit de la trompe.

Toy, déesse Lucine,
Requise par trois fois,
De la vierge en gesine
Tu escoutes la vois,
Et desserres la porte
Au doux fruict qu'elle porte.
 Tu as de la nature
La clef dedans tes mains;
Tu donnes l'ouverture
De la vie aux humains,
Et des siècles avares
Les fautes tu repares.

VŒU AU SOMME.

ODE IV.

Somme, le repos du monde,
Si d'un pavot plein de l'onde
Du grand fleuve oblivieux
Tu veux arrouser mes yeux,
Tellement que je reçoive
Ton doux present qui deçoive
Le long sejour de la nuit,
Qui trop lente pour moy fuit,
 Je te voue une peinture
Où l'effet de ta nature
Sera pourtrait à l'entour,
S'entresuivant d'un long tour
Tous les songes et les formes
Où la nuict tu te transformes
Pour nos esprits contenter,
Ou pour les espouvanter.
 A grand tort Homere nomme
Frere de la mort le somme,

Qui charme tous nos ennuis
Et la paresse des nuits,
Voire que nature estime
Comme son fils legitime.
 Le soin qui les rois espoint
L'esprit ne me ronge point;
Toutefois la tarde aurore
Me void au matin encore
Parmy le lict travailler,
Et depuis le soir veiller.
 Vien donques, somme, et distile
En mes yeux ton onde utile,
Et tu auras en pur don
Un beau tableau pour guerdon.

ODE VIII.

Mais que me vaut d'entretenir
Si cherement un souvenir
Qui, hoste de mon cœur, le ronge,
Et tousjours me fait devenir
Rêveur comme un homme qui songe?
 Ce n'est pas moy, c'est toy, mon cœur,
Qui, pour allonger ma langueur,
Desloyal envers moy te portes,
Et, pour faire un penser vainqueur,
De nuict tu luy ouvres mes portes.
 Tu ne te sçaurois excuser
Que tu ne viennes m'abuser,
Et qu'à tort ne me sois contraire,
Qui veux mon party refuser
Pour soustenir mon adversaire.
 Mais en qui me dois-je fier,
Quand, chetif, je me voy lier

De mes gens qui me viennent prendre,
Pour estre fait le prisonnier
De ceux qui me devroient defendre ?
 Ce penser n'eust logé chez moy
S'il n'eust eu traficq avec toy;
Sors, cœur, de ta place ancienne;
Puis que tu m'as rompu ta foy,
Je te veux rompre aussi la mienne.
 Sors doncq, si tu ne veux perir
De telle mort qu'on fait mourir
Le soudart qui rompt sa foy vaine,
Pour aller, traistre, secourir
L'ennemy de son capitaine.

A CASSANDRE.

ODE IX.

Quand je suis vingt ou trente mois
 Sans retourner en Vendomois,
Plein de pensées vagabondes,
Plein d'un remors et d'un souci,
Aux rochers je me plains ainsi,
Aux bois, aux antres, et aux ondes :
 Rochers, bien que soyez âgez
De trois mil ans, vous ne changez
Jamais ny d'estat ny de forme;
Mais tousjours ma jeunesse fuit,
Et la vieillesse qui me suit
De jeune en vieillard me transforme.
 Bois, bien que perdiez tous les ans
En hyver vos cheveux mouvans,
L'an d'après qui se renouvelle
Renouvelle aussi vostre chef;

Mais le mien ne peut de rechef
Ravoir sa perruque nouvelle.

   Antres, je me suis veu chez vous
Avoir jadis verds les genous,
Le corps habile et la main bonne;
Mais ores j'ay le corps plus dur,
Et les genous, que n'est le mur
Qui froidement vous environne.

   Ondes, sans fin vous promenez,
Et vous menez et ramenez
Vos flots d'un cours qui ne sejourne;
Et moy, sans faire long sejour,
Je m'en vais de nuict et de jour,
Au lieu d'où plus on ne retourne.

   Si est-ce que je ne voudrois
Avoir esté ni roc ni bois,
Antre ni onde, pour defendre
Mon corps contre l'âge emplumé:
Car, ainsi dur, je n'eusse aimé
Toy qui m'as fait vieillir, Cassandre.

LE RAVISSEMENT DE CEPHALE

Divisé en trois pauses.

ODE X.

Premiere pause.

L'hyver, lors que la nuict lente
  Fait au ciel si long sejour,
Une vierge vigilante
S'éveilla devant le jour;
Puis, par les antres humides
Où les Dieux dormoient enclos,

Hucha les sœurs Nereïdes
Qui ronfloient au bruit des flots :
« Sus, réveillez-vous, pucelles !
Le sommeil n'a jamais pris
Les yeux curieux de celles
Qui ont un œuvre entrepris. »
Ceste parolle mordante
Leur front si honteux a fait,
Que jà chacune est ardante
Que l'ouvrage soit parfait.

 D'une soye non commune,
Et d'un or en Cypre esleu,
Elles brodoient à Neptune
Le tissu d'un manteau bleu,
Pour mener Thétis la belle
Où les Dieux sont jà venus,
Et où son mary l'appelle,
Aux doux presens de Venus.

 Au vif traite y fut la terre
En boule arrondie au tour,
Avec la mer qui la serre
De ses bras tout à l'entour.
Au milieu d'elle une orage
Mouvoit ses flots d'ire pleins.
Palles du futur naufrage
Les mariniers estoient peints.

 Desarmée est leur navire
Du haut jusqu'au fondement,
Çà et là le vent la vire,
Serve à son commandement.
Le ciel foudroye, et les flames
Tombent d'un vol escarté,
Et les longs esclats des rames
Vont lechant de leur clarté.

 [La mer pleine d'inconstance
Bruit d'une bouillonnante eau,
Et, toute dépite, tance
Les flancs du vaincu bateau.

D'une soie et noire et perse
Cent nues entrelaçoient
Qui d'une longue traverse
Tout le serein effaçoient.
  Si que la pluie et la gresle,
Le vent et les tourbillons,
Se menacent pèle mèle
Sur les humides sillons.
Les bords, en voix effroyantes,
Crient d'être trop lavés
Des tempestes aboyantes
Autour de leurs pieds cavés.]
  Neptune y fut peint luy-mesme
Brodé d'or, qui, du danger
Tirant le marinier blesme,
L'eau en l'eau faisoit ranger.
Les troupes de la mer grande
Sont leur prince environnans,
Palemon, Glauque, et la bande
Des Tritons bien résonnants.
  Luy, les brides abandonne
A son char, si qu'en glissant
Sur la mer, ses loix il donne
Au flot luy obéissant;
Et, se joüant dessus l'onde,
Se monstre seul gouverneur
Et roy de l'humide monde
Qui s'encline à son honneur.
  Elles cessoient de pourtraire
De verd, de rouge et vermeil,
L'arc qui s'enflame au contraire
Des sagettes du soleil,
Quand Naïs de sa parolle
Feit ainsi resonner l'air;
De sa voix doucette et molle
Le sucre sembloit couler.

Seconde pause.

Réveillez-vous, belle Aurore.
Lente au lict vous sommeillez,
Et avecques vous encore
Le beau matin réveillez.
Ainsi le dolent Cephale
Vous soit amiable et dous,
Et, laissant sa femme pasle,
Daigne aller avecque vous.

Le fils de Venus, compagnes,
Ce cruel archer qui peut
L'air, la mer et les campagnes
Gesner d'amour, quand il veut,
D'une ruse deceptive
Nostre Aurore en-amoura,
Si bien que d'elle captive
Ses trophées honora.

Elle, qui a de coustume
D'allumer le jour, voulant
L'allumer, elle s'allume
D'un brandon plus violant.
Passant les portes décloses
Du ciel, elle alloit devant,
Çà et là versant des roses
Au sein du soleil levant.

Son teint de nacre et d'yvoire
Le matin embellissoit,
Et du comble de sa gloire
L'orient se remplissoit;
Mais Amour, en son courage,
N'endura qu'un si beau teint
Ne sentist un peu la rage
Dont les amants il atteint.

Contre la belle il s'efforce,
Et, luy tenant les yeux bas,
Luy fit voir d'en haut, par force,

Ce que voir ne devoit pas :
Elle vid dans un bocage
Cephale, parmy les fleurs,
Faire un large marescage
De la pluye de ses pleurs.
 « O ciel! disoit-il, ô Parque!
Avancez mon jour dernier,
Et m'envoyez en la barque
De l'avare nautonnier!
Je hay de vivre l'envie,
Ce monde m'est odieux.
Puis que j'ay tué ma vie,
A quoy me gardent les dieux?
 « O javelot execrable!
Tu m'es tesmoin aujourd'huy
Qu'on ne void rien de durable
En ce monde que l'ennuy! »
Ainsi disant, il se pâme
Sur le corps qui trespassoit,
Et les reliques de l'ame
De ses lévres amassoit.
 L'Aurore, au dueil de sa plainte,
Malade, perd sa couleur,
Et toute se sent estrainte
Des lacs de mesme douleur.
Par une nouvelle porte,
En elle le dard vainqueur
Entra d'une telle sorte
Qu'il se fit roy de son cœur.
 Ses mouelles sont ja pleines
D'un appetit desreiglé,
Et nourrit au fond des veines
Un feu d'amour aveuglé;
Ja le ciel elle desprise,
Et plus d'aimer n'a souci
De Tithon la barbe grise,
L'Orient, ny elle aussi.
 Cephale, qui luy retourne

En l'ame pour l'offenser,
Au plus haut sommet sejourne
De son malade penser,
Et dedans l'ame blessée
La fiévre luy entretient
Ores chaude, ores glacée,
Selon que l'accez la tient.
  En vain elle dissimule
Ne sentir le mal qui croist,
Car la flame qui la brusle
Claire au visage apparoist;
Au pourpre que honte allume
Par rayons dedans son teint,
On void qu'outre sa coustume
Son cœur est pris et atteint.
  Si tost par la nuict venue
Les cieux ne sont obscurcis,
Qu'elle couche à terre nue
Sans abaisser les sourcis;
Car l'amour qui l'éguillonne
Ne souffre que le dormir
En proye à ses yeux se donne;
Elle ne fait que gemir,
  Et, bien que de loin absente
De l'absent Cephale soit,
Comme s'elle estoit presente,
En son esprit l'apperçoit;
Ores prompte en ceci pense,
Et ores pense en cela;
Sa trop constante inconstance
Ondoye deçà et là.
  Mais quand le paresseux voile
De la nuict quitte les cieux,
Et que nulle et nulle estoile
Plus ne se monstre à nos yeux,
Elle fuit eschevelée
Portant bas le front et l'œil,
Et par bois et par valée

Lasche la bride à son dueil.

[D'herbes l'ignorante essaie
De dompter le mal enclos,
Mais pour néant, car la plaie
Est jà compagne de l'os.
Aux augures ell' prend garde,
Aux charmeurs et à leurs vers,
Ou bien, béante, regarde
Le fond des gesiers ouverts,

Pour voir si en quelque sorte
Pourra tromper sa douleur ;
Mais nulle herbe, tant soit forte,
N'a diverti son malheur :
Car le mal qui plus s'encherne
Et moins veut estre dompté
Les vagues brides gouverne
Du cœur par lui surmonté.]

Amour, qui causa la peine
De telle ardante amitié,
La voyant d'ennuy si pleine,
En eut luy-mesme pitié,
Et, guidant la foible Aurore,
La meine où Cephale estoit,
Qui sa femme morte encore
A longs souspirs regrettoit.

L'eshontée maladie
La vierge tant pressa là,
Qu'à la fin toute hardie
A Cephale ainsi parla :
« Pourquoy pers-tu de ton âge
Le printemps à lamenter
Une froide et morte image
Qui ne te peut contenter ?

Elle à la mort fut sujette,
Non pas moy, le sang des dieux ;
Non pas moy, nymphe qui jette
Les premiers rayons aux cieux ;
Reçoy-moy donques, Cephale,

Et ta basse qualité
D'un estroit lien égale
A mon immortalité. »
   Luy, desdaignant sa priere,
Fuit la suppliante vois,
Et tout despit en arriere
S'escarta dedans les bois :
Elle, comme amour la porte,
Vole aprés et çà et là,
Le presse et ja sa main forte
Dedans ses cheveux elle a ;
   Puis comme un aigle qui serre
Un liévre en ses pieds donté,
En luy faisant perdre terre,
Par force au ciel l'a monté,
Où avecques luy encores
Est maintenant à sejour,
Et bien peu se soucie ores
De nous allumer le jour.

Troisiesme pause.

   Ainsi l'une de la bande
Mettoit fin à son parler,
Quand le Dieu marin demande
Sa robe pour s'en-aller ;
D'elle richement s'habille,
S'agençant de mains et d'yeux,
Pour mener en-poinct sa fille
A l'assemblée des dieux,
   Où Themis, la grand' prestresse,
Pleine d'un esprit ardant,
La tirant hors de la presse
Luy dit en la regardant :
« Bien qu'Inon soit ta compagne,
Reçoy pourtant doucement
Ton mary, et ne desdagne
Son mortel embrassement.

Ains que soit la lune entiere
Dix fois, tu dois enfanter
Un qui donnera matiere
Aux poëtes de chanter.
Le monde pour un tel homme
N'est pas assez spacieux;
Ses vertus reluiront comme
Les estoiles par les cieux.
 Il passera de vistesse
Les lyons, et nul soudart
Ne trompera la rudesse
De son homicide dard,
Prompt à suivre comme foudre;
Sa main au sang souillera
De Telephe, et sur la poudre
Mille roys despouillera;
 Et si fera voir encore,
Tant ses coups seront pesans,
Au noir enfant de l'Aurore
Les enfers devant ses ans;
Et après avoir de Troye
Le fort rampart abatu,
Ilion sera la proye
Des Grecs et de sa vertu. »

ODE XI.

Ma douce jouvence est passée,
Ma premiere force est cassée,
J'ay la dent noire et le chef blanc;
Mes nerfs sont dissous, et mes veines,
Tant j'ay le corps froid, ne sont pleines
Que d'une eau rousse en lieu de sang.
 Adieu, ma lyre; adieu, fillettes,
Jadis mes douces amourettes,

Adieu, je sens venir ma fin ;
Nul passetemps de ma jeunesse
Ne m'accompagne en la vieillesse,
Que le feu, le lict et le vin.
 J'ay la teste toute estourdie
De trop d'ans et de maladie ;
De tous costez le soin me mord,
Et, soit que j'aille ou que je tarde,
Tousjours après moy je regarde
Si je verray venir la mort,
 Qui doit, ce me semble, à toute heure
Me mener là bas, où demeure
Je ne sçay quel Pluton, qui tient
Ouvert à tous venans un antre,
Où bien facilement on entre,
Mais d'où jamais on ne revient.

Ode XII.

Pourquoy, chetif laboureur,
 Trembles tu d'un empereur
Qui doit bien tost, legere ombre,
Des morts accroistre le nombre ?
Ne sçais-tu qu'à tout chacun
Le port d'enfer est commun,
Et qu'une ame imperiale
Aussi tost là bas devale
Dans le bateau de Charon
Que l'âme d'un bucheron ?
 Courage, coupeur de terre !
Ces grands foudres de la guerre
Non plus que toy n'iront pas
Armez d'un plastron là bas
Comme ils alloient aux batailles :
Autant leur vaudront leurs mailles,

Leurs lances et leur estoc,
Comme à toy vaudra ton soc.
  Car le juge Rhadamante,
Asseuré, ne s'espouvante
Non plus de voir un harnois
Là bas qu'un levier de bois,
Ou voir une souquenie
Qu'une cape bien garnie,
Ou qu'un riche accoustrement
D'un roy mort pompeusement.

ODE XIII.

Les espics sont à Cerès,
  Aux Chèvre-pieds les forèts,
A Chlore l'herbe nouvelle,
A Phebus le verd laurier,
A Minerve l'olivier,
Et le beau pin à Cybelle;
  Aux Zephyres le doux bruit,
A Pomone le doux fruit,
L'onde aux Nymphes est sacrée,
A Flore les belles fleurs;
Mais les soucis et les pleurs
Sont sacrez à Cytherée.

ODE XIV (1).

Le petit enfant Amour
  Cueilloit des fleurs à l'entour
D'une ruche, où les avettes
Font leurs petites logettes.
  Comme il les alloit cueillant,

---
1. Imitée d'Anacréon.

Une avette sommeillant
Dans le fond d'une fleurette,
Luy piqua la main tendrette.
  Si tost que piqué se vit,
Ah! je suis perdu, ce dit;
Et, s'en-courant vers sa mere,
Luy monstra sa playe amere :
  Ma mere, voyez ma main,
Ce disoit Amour tout plein
De pleurs, voyez quelle enflure
M'a fait une esgratignure !
  Alors Venus se sou-rit,
Et en le baisant le prit,
Puis sa main luy a souflée
Pour guarir sa plaie enflée.
  Qui t'a, dy-moy, faux garçon,
Blessé de telle façon ?
Sont-ce mes Graces riantes,
De leurs aiguilles poignantes ?
  Nenny, c'est un serpenteau,
Qui vole au printemps nouveau
Avecques deux ailerettes
Çà et là sur les fleurettes.
  Ah! vrayment je le cognois,
Dit Venus ; les villageois
De la montagne d'Hymette
Le surnomment une avette (*a*).
  Si donques un animal
Si petit fait tant de mal,
Quand son halesne espoinçonne
La main de quelque personne,
  Combien fais-tu de douleurs
Au prix de luy, dans les cœurs
De ceux contre qui tu jettes
Tes homicides sagettes ?

a. Var. 1584 :
  Le surnomment Mélissette.

Ode XV.

Chaste troupe pierienne,
Qui de l'onde hippocrenienne
Tenez les rives, et le mont
D'Heme, et les verdoyans bocages
De Pinde, et les antres sauvages
Du sainct Parnasse au double front !

   Vous de l'eau poissonneuse fille,
Qui dans le creux d'une coquille
Vinstes à Cypre, et qui Gnidon
Gouvernez, et Paphe et Cythere,
Venus, la fiere-douce, mère
De ce bon enfant Cupidon !

   Vous, Graces, d'une escharpe ceintes,
Qui dessus les montaignes saintes
De Colche, ou dans le fond du val
Soit d'Amathonte, ou soit d'Erie,
Toute nuict sur l'herbe fleurie
En un rond demenez le bal !

   Et vous Dryades, et vous Fées,
Qui de joncs simplement coifées
Nagez par le cristal des eaux,
Et vous qui les prenez à force,
Faunes, qui vivez sous l'écorce
Et dans le tronc des arbrisseaux (a),

   Ornez ce livre de lierre,
Ou de myrthe, et loin de la terre
S'il vous plaist enlevez ma vois ;

---

a. Var. 1587 :
Fendant des fleuves les entorses,
Et qui naissez sous les escorces,
Ames vertes des arbrisseaux.

Et faites que tousjours ma lyre
D'âge en âge s'entende bruire
Du More jusques à l'Anglois.

ODE XVI (1).

Nagueres chanter je voulois
Comme Francus au bord gaulois.
Avec sa troupe vint descendre;
Mais mon luth pincé de mon doy
Ne vouloit en despit de moy
Que chanter amour et Cassandre.

 Je pensois (d'autant que tousjours
J'avois dit sur luy mes amours)
Que ses cordes par long usage
Chantoient d'amour, et qu'il falloit
En mettre d'autres s'on vouloit
Luy apprendre un autre langage.

 Et pour ce faire il n'y eut fust,
Archet ne corde qui ne fust
Echangée en d'autres nouvelles;
Mais après qu'il fut remonté,
Plus fort que devant a chanté
De Venus les flammes cruelles.

 Or, adieu donc, pauvre Francus,
Ta gloire sous tes murs vaincus
Se cachera tousjours pressée,
Si à ton neveu nostre Roy
Tu ne dis qu'en l'honneur de toy
Il face ma lyre crossée.

1. Imitation de la premiere d'Anacreon. (R.)

ODE XVII.

De neuf à dix syllabes.

Chere Vesper, lumiere dorée
De la belle Vénus Cytherée,
Vesper, dont la belle clarté luit
Autant sur les astres de la nuit
Que reluit par dessus toy la lune ;
O claire image de la nuict brune,
En lieu du beau croissant tout ce soir
Donne lumiere, et te laisse choir
Bien tard dedans la marine source.
  Je ne veux, larron, oster la bourse
A quelque amant, ou comme un meschant,
Voleur, dévaliser un marchant ;
Je veux aller outre la riviere
Voir m'amie ; mais sans ta lumiere
Je ne puis mon voyage achever.
Sors doncques de l'eau pour te lever,
Et de ta belle nuitale flame
Esclaire au feu d'amour qui m'enflame.

ODE XVIII.

Dieu vous gard, messagers fidelles
Du printemps, gentes aróndelles,
Huppes, cocus, rossignolets,
Tourtres, et vous oiseaux sauvages,
Qui de cent sortes de ramages
Animez les bois verdelets.
  Dieu vous gard, belles paquerettes,
Belles roses, belles fleurettes,

De Mars, et vous boutons cognus
Du sang d'Ajax et de Narcisse ;
Et vous, thym, anis et melisse,
Vous soyez les bien revenus.

 Dieu vous gard, troupe diaprée
De papillons, qui par la prée
Les douces herbes suçotez ;
Et vous, nouvel essain d'abeilles,
Qui les fleurs jaunes et vermeilles
Indifferemment baisotez.

 Cent mille fois je resalue
Vostre belle et douce venue ;
O que j'aime ceste saison
Et ce doux caquet des rivages,
Au prix des vents et des orages
Qui m'enfermoient en la maison !

 [Sus, page, à cheval ! que l'on bride !
Ayant ce beau printemps pour guide,
Je veux ma dame aller trouver
Pour voir, en ces beaux mois, si elle
Autant vers moi sera cruelle
Comme elle fut durant l'hyver.]

Ode XXI.

Bel aubespin verdissant,
  Fleurissant,
Le long de ce beau rivage,
Tu es vestu jusqu'au bas
  Des longs bras
D'une lambrunche sauvage.

Deux camps drillants de fourmis
  Se sont mis
En garnison sous ta souche ;

Et dans ton tronc mi-mangé
Arrangé
Les avettes ont leur couche.

Le gentil rossignolet,
Nouvelet,
Avecques sa bien-aimée,
Pour ses amours alleger
Vient loger
Tous les ans en ta ramée.

Sur ta cyme il fait son ny,
Bien garny
De laine et de fine soye,
Où ses petits esclorront,
Qui seront
De mes mains la douce proye.

Or vy, gentil aupespin,
Vy sans fin,
Vy sans que jamais tonnerre,
Ou la coignée, ou les vents,
Ou les temps,
Te puissent ruer par terre.

A REMY BELLEAU.

ODE XX (1).

Du grand Turc je n'ay souci,
Ny du grand soldan aussi;
L'or ne maistrise ma vie,
Aux roys je ne porte envie;
J'ay souci tant seulement
De parfumer cointement

1. Imitation de deux odes d'Anacréon. (R.)

Ma barbe, et qu'une couronne
De fleurs le chef m'environne.
Le soin de ce jour me point,
Du demain je n'en ai point.
Qui, bons Dieux! sçauroit cognoistre
Si un lendemain doit estre.
　Vulcan, en faveur de moy,
Je te pri', despeche-toy
De me tourner une tasse,
Qui de profondeur surpasse
Celle du vieillard Nestor;
Je ne veux qu'elle soit d'or,
Sans plus fay-la-moy de chesne,
Ou de lierre, ou de fresne.
　Et ne m'engrave dedans
Ces grands panaches pendans,
Plastrons, morions, ny armes:
Qu'ai-je soucy des allarmes,
Des assauts ni des combas?
Aussi ne m'y grave pas
Ny le soleil ny la lune,
Ny le jour ny la nuict brune,
Ny les astres radieux:
Eh! quel soin ai-je des cieux,
De leurs Ours, de leur Charrette,
D'Orion, ny de Boëte?
　Mais pein-moy, je te suppli,
D'une treille le repli
Non encore vendangée;
Peins une vigne chargée
De grapes et de raisins,
Peins-y des fouleurs de vins.
[Peins-y Vénus et Cassandre,
Laisse de Bacchus espandre
Le lierre tout autour;
Peins-y la Grâce et l'Amour.]
Le nez et la rouge trongne
D'un Silene ou d'un yvrongne.

A MELIN DE SAINT-GELAIS.

Ode XXI (1).

Tousjours ne tempeste enragée
Contre ses bords la mer Égée,
Et tousjours l'orage cruel
Des vents comme un foudre ne gronde
Elochant la voute du monde
D'un souflement continel.

Tousjours l'hyver de neiges blanches
Des pins n'enfarine les branches,
Et du haut Apennin tousjours
La gresle le dos ne martelle,
Et tousjours la glace eternelle
Des fleuves ne bride le cours.

[Tousjours ne durent orgueilleuses
Les pyramides sourcilleuses
Contre la faux du temps vainqueur,
Aussi ne doit l'ire félonne
Qui de son fiel nous empoisonne,
Durer toujours dedans un cœur.]

Rien sous le ciel ferme ne dure :
Telles loix la sage Nature
Arresta dans ce monde alors
Que Pyrrhe espandoit sur la terre
Nos ayeux, conceus d'une pierre
S'amollissante en nouveaux corps.

Maintenant une triste pluye
D'un air larmoyant nous ennuye;
Maintenant les astres jumeaux
D'émail en-fleurissent les plaines;

1. Imitation d'Horace, ode 9 du livre 2.

Maintenant l'esté boit les veines
D'Ide, gazouillante en ruisseaux.
 Nous aussi, Melin, qui ne sommes
Immortels, mais fragiles hommes,
Suivant cet ordre, il ne faut pas
Que nostre ire soit immortelle,
Balançant sagement contre elle
La raison par juste compas.
 N'as-tu point leu dedans Homere,
Lors que plus l'ardante colere
Achille enfloit contre son roy,
Que Pallas, la sage guerriere,
Luy happant les cheveux derriere,
Tout gromelant l'arresta coy ?
 Ja sa dague il avoit tirée
Pour tuer l'heritier d'Atrée,
Tant le courroux l'aiguillonnoit,
Sans elle, qui en son navire
L'envoya digerer son ire,
Dont tout le fiel luy bouillonnoit.
 Combien de fois ce Peleïde
Refusa les presens d'Atride
Pour appointer ! Combien encor
De prisonnieres lesbiennes,
Et de citez myceniennes !
Et combien de chevaux et d'or !
 Tandis Hector armoit la rage,
L'horreur et le troyen orage,
Contre les Grecs, et, d'une part,
D'un grand caillou froissa leur porte,
Et, d'autre part, du feu qu'il porte
Darda le foudre en leur rampart.
 De quelque costé qu'il se tourne,
Bellone autour de luy sejourne,
Faisant couler Xanthe tout roux
Du sang des Grecs, qui par la plaine
Enduroient, innocens, la peine
De ce dommageable courroux.

O monde heureux! si Promethée
D'argile en ses doigts retâtée
Le cœur ne nous avoit formé,
Le trempant en l'eau stygienne
Et en la rage libyenne
D'un cruel lyon affamé!

Certainement la vierge Astrée
N'eust point quitté nostre contrée,
Et les foudres tombez du ciel
N'eussent accablé les montaignes;
Tousjours fussent par les campagnes
Glissez les doux ruisseaux de miel.

Le cheval au milieu des guerres
N'eust point ronflé, ny les tonnerres
Des canons n'eussent point tonné,
Ny, sur les bornes des provinces,
Le camp armé de deux grands princes
N'eust point le pasteur estonné.

On n'eust point émmuré les villes
Pour crainte des guerres civiles
Ny des estranges legions,
Ny le coutre de Pharsalie
N'eust hurté tant d'os d'Italie
Ny tant de vuides morions.

[L'ire, cause que les batailles
Jusqu'au fond rasent les murailles
De maint palais audacieux,
Et que les buissons et les herbes
S'égayent sur les tours superbes
Qui souloient voisiner les cieux;]

L'ire, cause des tragédies,
Fait les voix en plaintes hardies
Des rois tremblant sous le danger,
Et fait les exécrables mères
Présenter les fils à leurs pères
Sur la table pour les manger;

[L'ire, qui trouble le courage,
Ne diffère point de la rage

Des vieux Curètes forcenés,
Ni des chastrés de Dyndimène,
Quand, en hurlant, elle les mène
Au son du buis espoinçonnés;
   L'ire, qui les hommes manie,
Changeant la raison en manie,
Rien qu'un remords ne fait sentir,
Et pour tout fruit ne nous apporte,
Après que son ardeur est morte,
Si non un triste repentir.]
   Las! ce monstre, ce monstre d'Ire,
Contre toy me força d'escrire
Et m'eslança tout irrité,
Quand, d'un vers enfiellé d'iambes,
Je vomissois les aigres flambes
De mon courage despité,
   Pource qu'à tort on me fit croire
Qu'en fraudant le prix de ma gloire
Tu avois mal parlé de moy,
Et que d'une longue risée
Mon œuvre, par toy mesprisée,
Ne servit que de farce au roy.
   Mais ores, Mellin, que tu nies
En tant d'honnestes compagnies
N'avoir mesdit de mon labeur,
Et que ta bouche le confesse
Devant moi-même, je delaisse
Ce despit qui m'ardoit le cœur.
   Chatouillé vrayment d'un grand aise
De voir morte du tout la braise
Qui me consumoit, et de voir
Crever ceux qui, par une envie,
Troublant le repos de ma vie,
Souloient ma simplesse esmouvoir.
   Dressant à nostre amitié neuve
Un autel, j'atteste le fleuve
Qui des parjures n'a pitié
Que ny l'oubly, ny le temps mesme,

Ny la rancœur, ny la Mort blesme,
Ne desnou'ront nostre amitié :
  Car d'une amour dissimulée
Ma foy ne sera point voilée
(De faux visages artizan),
Croyant seurement que tu n'uses
Vers tes amis des doubles ruses
Dont se desguise un courtisan.

  Ne pense donc que le temps brise
L'accord de nostre foy promise,
Bien qu'un courroux l'aye parfait.
Souvent une mauvaise cause,
Contraire à sa nature, cause
Secrettement un bon effait.

  Les lis naissent d'herbes puantes,
Les roses d'espineuses plantes,
Et neantmoins la France peint
De l'un son blason, et encore
De l'autre la vermeille Aurore
Emprunte le fard de son teint.

  Bien que l'un des fils d'Iocaste
La nuict, sous le portail d'Adraste,
Et Tydée, enflez de courrous,
D'une main horriblement dure,
Pour un petit de couverture,
Se fussent martelez de coups,

  Toutesfois, après ces allarmes,
Amis jurez, prindrent les armes,
Et l'un pour l'autre s'employa,
Quand, devant Thebes, le prophete (1),
Vif englouti dans sa charrette,
Tout armé Pluton effroya.

1. Amphiaraüs, l'un des sept chefs qui combattirent devant Thèbes, fut englouti tout armé avec son char.

ODE XXII.

J'avois les yeux et le cœur
Malades d'une langueur
L'une à l'autre differente ;
Tousjours une fiévre ardante
Le pauvre cœur me brusloit,
Et tousjours l'œil distilloit
Une pluye catarreuse
Qui, s'escoulant dangereuse,
Tout le cerveau m'espuisoit.
Lors mon cœur aux yeux disoit :

LE CŒUR.

C'est bien raison que sans cesse
Une pluye vangeresse
Lave le mal qu'avez fait ;
Car par vous entra le trait
Qui m'a la fiévre causée.
Lors mes yeux pleins de rosée,
En distillant mon souci,
Au cœur respondoient ainsi :

LES YEUX.

Mais c'est vous qui fustes cause
Du premier mal qui nous cause
A vous l'ardante chaleur
Et à nous l'humide pleur.
Il est bien vray que nous fusmes
Auteurs du mal, qui receusmes
Le trait qui nous a blessé ;
Mais il fut si tost passé,
Qu'à peine tiré le vismes,
Que jà dans nous le sentismes.

Vous deviez, comme plus fort,
Contre son premier effort
Faire un peu de resistance;
Mais vous pristes accointance
Tout soudain avecques luy,
Pour nous donner tout l'ennuy.
 O la belle emprise vaine,
Puis que vous souffrez la peine,
Aussi bien que nous, d'avoir
Voulu seuls nous decevoir.
 La chose est bien raisonnable
Que le trompeur miserable
Reçoive le mal sur luy
Qu'il machinoit contre autruy,
Et que pour sa fraude il meure.
 Ainsi mes yeux à toute heure,
Et mon cœur contre mes yeux,
Querelloient seditieux,
Quand vous, ma douce maistresse,
Ayant soin de ma destresse
Et de mon tourment nouveau,
Me fistes present d'une eau
Qui la lumière perdue
De mes deux yeux m'a rendue.
 Reste plus à secourir
Le cœur qui s'en va mourir,
S'il ne vous plaist qu'on luy face
Comme aux yeux un peu de grace.
 Or pour esteindre le chaud
Qui le consomme, il ne faut
Sinon qu'une fois je touche
De la mienne vostre bouche,
Afin que le doux baiser
Aille du tout appaiser
Par le vent de son haleine
La flame trop inhumaine,
Que de ses ailes Amour
M'évente tout à l'entour,

Depuis l'heure que la fleche
De vos yeux luy fit la breche
Si avant, qu'il ne pourroit
En guarir s'il ne mouroit,
Ou si vostre douce haleine
Ne le tiroit hors de peine.

ODE XXIII (1).

Les Muses lierent un jour
De chaisnes de roses Amour,
Et, pour le garder, le donnerent
Aux Graces et à la Beauté,
Qui, voyant sa desloyauté,
Sur Parnasse l'emprisonnerent.
   Si tost que Venus l'entendit,
Son beau ceston elle vendit
A Vulcan pour la delivrance
De son enfant, et tout soudain,
Ayant l'argent dedans la main,
Fit aux Muses la reverence :
   « Muses, deesses des chansons,
Quand il faudroit quatre rançons
Pour mon enfant, je les apporte;
Delivrez mon fils prisonnier. »
Mais les Muses l'ont fait lier
D'une autre chaisne bien plus forte.
   Courage donques, amoureux,
Vous ne serez plus langoureux :
Amour est au bout de ses ruses;
Plus n'oseroit ce faux garçon
Vous refuser quelque chanson,
Puis qu'il est prisonnier des Muses.

1. Imité d'Anacréon. (R.)

Ode XXIV (1).

Pourtant si j'ay le chef plus blanc
Que n'est d'un lys la fleur esclose,
Et toy le visage plus franc
Que n'est le bouton d'une rose;
 Pour cela, cruelle, il ne faut
Fuir ainsi ma teste blanche,
Si j'ai la tête blanche en haut,
J'ay en bas la queue bien franche ! (a)
 Ne sçais-tu pas, toy qui me fuis,
Que pour bien faire une couronne
Ou quelque beau bouquet, d'un lis
Tousjours la rose on environne ?

Ode XXV (2).

La terre les eaux va boivant,
L'arbre la boit par sa racine
La mer éparse boit le vent,
Et le soleil boit la marine;
 Le soleil est beu de la lune;
Tout boit, soit en haut ou en bas :

---

a. Var. 1587 :

> *Pour cela moquer il ne faut*
> *Ma teste de neige couverte;*
> *Si j'ay la teste blanche en haut,*
> *L'autre partie est assez verte.*

1. Imité d'Anacréon. (R.)
2. Encore imité d'une ode d'Anacréon. (R.)

Suivant ceste reigle commune,
Pourquoy donc ne boirons-nous pas?

ODE XXVI (1).

Plusieurs, de leurs corps desnuez,
 Se sont veus en diverse terre
Miraculeusement muez,
L'un en serpent et l'autre en pierre,
 L'un en fleur, l'autre en arbrisseau,
L'un en loup, l'autre en colombelle;
L'un se vid changer en ruisseau,
Et l'autre devint arondelle.
 Mais je voudrois estre miroir
Afin que tousjours tu me visses;
Chemise je voudrois me voir,
Afin que tousjours tu me prisses.
 Volontiers eau je deviendrois,
Afin que ton corps je lavasse;
Estre du parfum je voudrois,
Afin que je te parfumasse.
 Je voudrois estre le riban
Qui serre ta belle poitrine;
Je voudrois estre le carquan
Qui orne ta gorge yvoirine.
 Je voudrois estre tout autour
Le coral qui tes lévres touche,
Afin de baiser nuict et jour
Tes belles lévres et ta bouche.

1. Derechef imité d'Anacréon. (R.)

ODE XXVII (1)

Pourquoy, comme une jeune poutre,
De travers guignes-tu vers moy?
Pourquoy, farouche, fuis-tu outre
Quand je veux approcher de toy?
   Tu ne veux souffrir qu'on te touche;
Mais si je t'avois sous ma main
Asseure toi que dans ta bouche,
Bientost je t'aurois mis le frein.
   Puis te voltant à toute bride,
Soudain je t'aurois fait au cours,
Et te piquant serois ton guide
Dans la carriere des amours.
   Mais par l'herbe tu ne fais ores
Que suivre des prez la fraicheur,
Pource que tu n'as point encores
Trouvé quelque bon chevaucheur.

A AMADIS JAMYN.

ODE XXVIII (1).

Ha! si l'or pouvoit allonger
D'un quart d'heure la vie aux hommes,
De soin on devroit se ronger
Pour l'entasser à grandes sommes,
   Afin qu'il peust servir de prix

---

1. Imité d'Anacreon. (R.)
2. Traduit d'Anacreon. (R.)

Et de rançon à nostre vie,
Et que la Mort, en l'ayant pris,
De nous tuer n'eut plus envie.

Mais puis qu'on ne la peut tarder
Pour don ny pour or qu'on luy offre,
Que me serviroit de garder
Un tresor moisi dans mon coffre?

Il vaut mieux, Jamyn, s'addonner
A fueilleter tousjours un livre,
Qui plustost que l'or peut donner
Maugré la mort un second vivre.

A ESTIENNE PASQUIER.

ODE XXIX (1).

Tu me fais mourir de me dire
Qu'il ne faut sinon qu'une lyre
Pour m'amuser, et que tousjours
Je ne veux chanter que d'amours.

Tu dis vray, je te le confesse;
Mais il ne plaist à la déesse
Qui mesle un plaisir d'un souci
Que je vive autrement qu'ainsi.

Car quand Amour un coup enflame
De son feu quelque gentille ame,
Impossible est de l'oublier,
Ny de ses rets se deslier.

Mais toy, Pasquier (2), en qui Minerve

1. Imité d'Horace. (R.)
2. Advocat general de la Chambre des Comptes, à Paris, auquel on ne peut rendre plus de tesmoignage que lui en rendent ses propres œuvres, et nostre poëte en cet endroit, qui a vrayement touché son naturel. (R.)

A tant mis de biens en reserve,
Qui as l'esprit ardent et vif,
Et nay pour n'estre point oisif;
 Eleve au ciel par ton histoire
De nos rois les faits et la gloire,
Et pren sous ta diserte voix
La charge des honneurs françois;
 Et desormais vivre me laisse
Sans gloire au sein de ma maistresse,
Et parmy ses ris et ses jeux
Laisse grisonner mes cheveux.

ODE XXX (3).

Celuy qui n'ayme est malheureux,
 Et malheureux est l'amoureux;
Mais la misere la plus grande,
C'est quand l'amant (après avoir
En bien servant fait son devoir)
Ne peut avoir ce qu'il demande.
 La race en amours ne sert rien,
Ne beauté, grace ne maintien;
Sans honneur la Muse gist morte;
Les amoureuses du jourd'huy
En se vendant ayment celuy
Qui le plus d'argent leur apporte.
 Puisse mourir meschantement
Qui l'or ayma premierement!
Par luy le frere n'est pas frere,
Par luy le pere n'est pas seur,
Par luy la sœur n'est pas la sœur,
Et la mere n'est pas la mere.
 Par luy la guerre et le discord,

---

5. Imité d'une ode d'Anacreon. (R.)

Par luy les glaives et la mort,
Par luy viennent mille tristesses,
Et, qui pis est, nous recevons
La mort par luy, nous qui vivons
Amoureux d'avares maistresses.

ODELETTE XXXI (1).

Janne, en te baisant tu me dis
Que j'ay le chef à demy gris,
Et tousjours me baisant tu veux
De l'ongle oster mes blancs cheveux,
Comme s'un cheveu blanc ou noir
Sur le baiser avoit pouvoir.
   Mais, Janne, tu te trompes fort :
Un cheveu blanc est assez fort
Au seul baiser, pourveu que point
Tu ne vueilles de l'autre poinct.

ODE XXXII.

Verson ces roses en ce vin,
  En ce bon vin verson ces roses,
Et boivon l'un à l'autre, afin
Qu'au cœur nos tristesses encloses
Prennent en boivant quelque fin.
   La belle rose du printemps,

---

1. Cette petite ode est quasi d'invention semblable à cet épigramme de Martial :

    Quid me, Thaï, senem subinde dicis?
    Nemo est, Thaï, senex ad irrumandum.

Aubert, admoneste les hommes
Passer joyeusement le temps,
Et pendant que jeunes nous sommes
Esbatre la fleur de nos ans.
  Car ainsi qu'elle défleurit
A bas en une matinée,
Ainsi nostre âge se flestrit,
Las! et en moins d'une journée
Le printemps d'un homme perit.
  Ne veis-tu pas hier Brinon
Parlant et faisant bonne chere,
Lequel aujourd'huy n'est sinon
Qu'un peu de poudre en une biere,
Qui de luy n'a rien que le nom?
  Nul ne desrobe son trespas,
Caron serre tout en sa nasse,
Roys et pauvres tombent là bas;
Mais ce-pendant le temps se passe,
Rose, et je ne te chante pas.
  La rose est l'honneur d'un pourpris(1),
La rose est des fleurs la plus belle,
Et dessus toutes a le pris:
C'est pour cela que je l'appelle
La violette de Cypris.
  Le rose est le bouquet d'amour,
La rose est le jeu des Charites,
La rose blanchit tout autour
Au matin de perles petites,
Qu'elle emprunte du poinct du jour.
  La rose est le parfum des dieux,
La rose est l'honneur des pucelles,
Qui leur sein beaucoup aiment mieux
Enrichir de roses nouvelles
Que d'un or tant soit precieux.
  Est-il rien sans elle de beau?
La rose embellit toutes choses,

1. Imité d'Anacréon, à partir de ce vers.

Venus de roses a la peau,
Et l'Aurore a les doigts de roses,
Et le front le Soleil nouveau.
   Les nymphes de rose ont le sein,
Les coudes, les flancs et les hanches;
Hebé de roses a la main,
Et les Charites, tant soient blanches,
Ont le front de roses tout plein.
   Que le mien en soit couronné,
Ce m'est un laurier de victoire·
Sus, appelon le deux-fois-né,
Le bon pere, et le faisons boire,
De cent roses environné.
   Bacchus, espris de la beauté
Des roses aux fueilles vermeilles,
Sans elles n'a jamais esté,
Quand en chemise sous les treilles
Il boit au plus chaud de l'esté.

A REMY BELLEAU.

ODE XXXIII (1).

Belleau, s'il est loisible aux hommes d'inventer
Cela que les plus vieux n'ont pas osé chanter,
Je dirois hardiment que l'Amour n'a point d'ailes;
Las! car s'il en avoit, s'esbranlant dessus elles
De mon cœur quelquefois se pourroit absenter.
   Il n'a point d'arc aussi, et le feint-on ruer
Des fleches à grand tort : il a voulu muer
Son arc en harquebuze, on le sent à l'espreuve;
Car pour le coup d'un trait si grand feu ne se treuve

1. Imité de Properce. (R.)

Autour du cœur blessé, qu'il le puisse tuer.
　　Donques ou je me trompe, ou l'Amour n'est archer,
Il est harquebuzier ; et qui voudra chercher
Comme il tire, aille veoir les beaux yeux de Cassandre :
Tout soudain de cent pas il luy fera comprendre
Si d'un plomb ou d'un trait les cœurs il vient toucher.
　　Il fait de ses beaux yeux son plombet enflamé,
Sa poudre de sa grace, et en ce point armé
Se jette à la conqueste à l'entour de sa bouche ;
Dans ses cheveux frisez il dresse l'escarmouche,
Et du sein d'elle il fait son rampart enfermé.

Fin du quatriesme livre des Odes.

LE CINQUIESME LIVRE
DES ODES.

AU ROY HENRY II,

Sur ses ordonnances faites l'an M. D. L.

ODE I,

Hé! quelles louanges égales
A ton merite souverain
Rendroient tes Gaules loyales,
Fust par memorables annales,
Ou par vives lettres d'airain,
O Prince, le plus redoutable
De tous les princes ordonnez
Pour regir les sceptres donnez
A nostre partie habitable?
　N'est-ce pas toy qui nous rapportes
La paix, et qui de toutes pars
As verroullé de tes mains fortes
Le temple béant par cent portes
Où forcenoit l'horrible Mars?
Par toy, jusqu'aux Indes se rue
La navire franche de peur,

Par toy d'un paisible labeur
Le bœuf fume sous la charrue.
　　Par toy, l'abondance, ayant pleine
Sa riche corne jusqu'aux bords,
A couvert la françoise plaine;
Par toy la plus légère peine
Suit les péchés de pied non tors;
Par toy, par l'exploict de ta destre,
La France voit ses estendars,
Jadis trahis par nos soudars,
Toy n'estant point encor leur maistre.
　　Mais ores que tu l'es, qui est-ce
Qui pallira craignant l'Anglois,
Ou l'espagnole hardiesse,
La Flandre, ou la blonde jeunesse
Du Rhin indocile à nos lois?
Et puis que ta police sainte,
Qui droittement nous veut guider,
Par la justice a sceu brider
Les tiens d'une juste contrainte?
　　Tes pietons, ta gendarmerie,
Qui violoient auparavant
Les saints droits de l'hostelerie,
Riblant (¹) les biens par pillerie
Comme un blé moissonné du vent;
Si bien que tes terres sujettes
N'enduroient moins d'affliction,
Que la rebelle nation
Où les feux ennemis tu jettes.
　　Ore ta loy, mais un tonnerre,
Les effroye plus estonnez
Que lors qu'un camp anglois les serre
Ou quand par le jeu de la guerre
Cesar (²) les presse environnez;
Si qu'humble tu fais apparoistre

---

1. Dissipant avec un ravage desesperé. (R.)
2. Charles le Quint. (R.)

Une si grande légion,
Comme gens de religion
Qui vont muets dedans un cloistre.
  Le velours, trop commun en France,
Sous toy reprend son vieil honneur,
Tellement que ta remonstrance
Nous a fait voir la differance
Du valet et de son seigneur,
Et du muguet chargé de soye
Qui à tes princes s'égaloit,
Et riche en cramoisy alloit,
Faisant flamber toute la voye.
  Les tusques mains (1) ingenieuses
Ja de trop velouter s'usoient
Pour nos femmes delicieuses,
Qui sous robes trop precieuses
Du rang des nobles abusoient;
Mais or' la laine desprisée
Reprend son premier ornement,
Tant vaut le grave enseignement
De ta parole authorisée (2).
  Ceux qui, par un avare outrage,
Espoincts d'une meschanceté,
Te pinçoient ore le visage,
Ore le nez, ore l'image
De ta commune Majesté (3),
Maintenant, oyant ta defense,
Tiennent leurs mains sans plus congner,
Et ton argent sans le rongner,
Tremblans de t'avoir fait offense;
    Non espris d'une peur si grande

---

1. Les ouvriers de Florence. (R.)
2. De ton edit verifié par la cour, sans laquelle il n'auroit point d'effect ny d'execution. (R.) Ici Richelet se trompe évidemment. *Autorisée* est employé dans le sens d'imposante, ayant de l'autorité.
3. Les faux-monnoyeurs.

De sentir tous nuds un fer chaud,
D'estre bouillis (1), ou d'une amande,
Que de ta loy, qui leur commande
De recognoistre leur defaut.
O Prince, les sainctes polices
Et les grands faits que tu conçois
Te feront nommer des François
L'Hercule qui purge les vices!

 Ton œil vigilant, qui contemple
Tes vassaux en divers costez,
A contemplé de Dieu le temple,
Que nos banquiers par faux exemple
Combloient de larrons eshontez,
Et doctes en chiquaneries,
N'enduroient en un seul quartier
Qu'un benefice fust entier,
Troublé de mille tromperies.

 Mais or' bulles et signatures,
Et dattes levez par avant (2),
Mandats, faux titres, escritures,
Depravez par leurs impostures,
Seront certains doresnavant;
Si bien que le moine et le prestre,
Possedans en paix leurs maisons,
Feront pour toy leurs oraisons,
Et pour les loix que tu fais naistre,

 Lesquelles l'odieuse Espagne
Ne pourra corrompre, ny ceux
Que la Tamise angloise bagne,
Ny les nourrissons d'Allemagne,
A la guerre non paresseux,
Ny l'Italie conjurée
A briser leur divinité,

1. Supplice prattiqué seulement en France. (R.)
2. Antidates: voyez ce qu'en escrivoit en ce temps-là maistre Charles du Moulin, tres-excellent jurisconsulte parisien. (R.)

Tant aura ton auctorité
Plus que leurs armes de durée.
   Et nous, ayans de toy memoire,
Comme les Grecs de leur Castor
Ou d'Hercule, ferons ta gloire
Par nos vers plus claire et notoire
Que la leur ne s'apparoist or'.
Au jour de feste, au jour ouvrable,
Suans à l'œuvre ou reposez,
Nous serons tousjours disposez
A chanter ton nom vénérable.
   Avec la lyre dependue
Nous t'avourons pour immortel
Dessus sa corde bien tendue,
Et d'une liqueur respandue
Sacrifi'rons à ton autel ;
Eternisant d'un vœu prospere
Nous, nos femmes, et nos enfants,
Quatre nouveaux Dieux triomphans,
Toy, ton fils, ton frere et ton pere.

A MADAME MARGUERITE,

Qui depuis a esté duchesse de Savoye.

ODE II.

Vierge, dont la vertu redore
   Cet heureux siecle qui t'adore,
Non pour estre fille de roy,
Pour estre duchesse, ou pour estre
Si proche en sang du roy mon maistre,
Qu'il n'a point d'autre sœur que toy,
   Mais bien pour estre seule en France
Et la colonne et l'esperance

Des Muses, la race des Dieux,
Que ta saincte grandeur embrasse,
Suivant le naïf de ta race,
Qui d'astres a peuplé les cieux.
 Les Muses, d'une sage envie
Tu suis pour guides de ta vie,
Et non leurs vers tant seulement ;
Mais bien tu joins à leur science
Et l'innocente conscience,
Et leurs beaux dons également.
 Que sert à la princesse d'estre
A toutes sciences adestre
Et mille fois Platon revoir,
Si par l'estude tout sur l'heure
Sa vie n'est faite meilleure,
Mariant les mœurs au sçavoir ?
 Les mœurs au sçavoir tu maries,
Et le sçavoir aux mœurs tu lies,
Assemblez d'un nœud gordien,
T'esgarant loin du populaire,
Et de son bruit qui ne peut plaire
Aux filles de l'Olympien.
 Ces riches maisons somptueuses,
Ces grans villes presomptueuses,
Par l'orgueil d'un mur s'eslevant,
Ne sont les lieux où elles dansent,
Et leurs pas serrent et avancent,
Le Cynthien sonnant devant.
 Mais bien par les fleurs reculées,
Loin à l'écart par les vallées,
Au fond de deux tertres bossus,
Ou parmi les forests sauvages,
Ou par le secret des rivages,
Ou dans les antres bien moussus.
 Point ou peu ne hantent la table
Des Dieux d'Homere, delectable
Pour les vins versez de la main
Du Troyen, fuyans les viandes

Délicieusement friandes
Qui ne font qu'irriter la faim.
 Quand quelqu'un de Pallas devise,
Les Muses appreuvent l'emprise
De filer, de tistre, d'ourdir,
D'imposer nouveaux noms aux villes,
Et sous les polices civiles
Ne laisser les loix engourdir.
 Mais d'aller, horrible, à la guerre,
De pousser les citez par terre,
Et, vierge, hanter les combas,
Coiffer d'un morion sa teste,
Et l'ombrager d'une grand' creste,
Les Muses ne l'appreuvent pas.
 Jugeant qu'il vaut mieux que la gloire
Des femmes vive en la memoire
Par autres travaux plus duisans
Que par ceux-là des Amazones;
Auquel jugement tu t'addonnes
Dés le premier fil de tes ans.
 Et bien que ta royale vie
Soit de delices assouvie,
Pourtant, vierge, si fraudes-tu
Les haims qui la jeunesse appastent,
Et jamais ta bouche ne gastent,
Rebouchez contre ta vertu.
 Car ta raison bien attrempée
Ne veut souffrir estre trompée
De leur mignard affolement,
Ne ta force toujours toute une,
Que nulle chance de fortune
Ne peut esbranler nullement.
 Aussi ces maisons tant prisées
D'un or imagé lambrissées,
Fontaine-Bleau, Chambour, ne sont
Les sejours où tant tu t'amuses,
Que parmy les antres des Muses
Compagne des sauts qu'elles font.

Estimant trop meilleur de vivre
Coye et tranquille, que de suivre
Cet orgueil par toy rejetté ;
Et loin du populaire escrire
Je ne sçay quoy qui puisse dire
Que quelquefois tu as esté.

 O des princesses la lumiere,
De quelle louange premiere
Commenceray-je à te vanter ?
Et de mille dont tu abondes,
Quelles dernieres ou secondes
Clorront la fin de mon chanter ?

 [Dirai-je comme en ton visage
Tu portes engravé l'image,
Les grâces de mille beautés ;
Et de François ton père encores,
Et de ton frère qui vit ores,
Les deux égales royautés ?]

 Diray-je que tes yeux enchantent
Les plus constans qui se presentent
Devant ta face, et vistement
Avecque ta voix nompareille,
Leurs tires leurs cœurs par l'aureille
D'un vertueux enchantement ?

 [Dirai-je que la France toute
De bon cœur autre chant n'écoute
Que les vers faits pour ton renom
Lequel de si très près le touche
Qu'elle n'anime dans sa bouche
Autres paroles que ton nom ?]

 Diray-je si quelqu'un souhéte
De se feindre nouveau poëte,
Il ne doit sinon esprouver
Quelle est ta vertu, sans qu'il songe
Dessus Parnasse, ou qu'il se plonge
Es flots menteurs pour s'abreuver ?

 Diray-je comme tu rabaisses
La pompe des autres princesses,

Te balançant d'un juste pois,
Entre lesquelles ta prudence
Flambloye en pareille evidence
Que ton frere par-sus les rois?

Diray-je que les ans qui tournent
De pas qui jamais ne sejournent
N'ont rien veu de semblable encor
A la grandeur de ton courage,
Ny ne verront, bien que nostre âge
Change son fer au premier or?

C'est toy, Princesse, qui animes
Les fredons de nos basses rymes
Pour les eslever jusqu'aux cieux,
Et qui fais nos chants poëtiques
Egaler les vers des antiques
Par un oser ingenieux.

C'est toy qui portes sur tes aisles
Le sainct honneur des neuf Pucelles
Obéissantes à ta loy.
C'est toy seule qui ne desdaignes
De les avouer pour compaignes,
Filles d'un grand roy comme toy.

N'est-ce pas toy, docte Princesse,
Ainçois, ô mortelle deesse,
Qui me donnas cœur de chanter,
Et qui m'ouvris la fantasie
De trouver quelque poësie
Qui peust tes graces contenter?

Mais que feray-je à ce vulgaire
A qui jamais je n'ay sçeu plaire,
Ny ne plais, ny plaire ne veux?
Porteray-je la bouche close,
Sans plus animer quelque chose
Qui puisse estonner nos neveux?

L'un crie que trop je me vante,
L'autre que le vers que je chante
N'est point bien joint ne maçonné;
L'un prend horreur de mon audace,

Et dit que sur la grecque trace
Mon œuvre n'est point façonné.
 Mais je responds tout au contraire,
Comme l'ayant bien sceu pourtraire
Dessus le moule des plus vieux,
Et comme cil qui ne s'esgare
Des vers repliez de Pindare,
Incogneus de mes envieux.
 L'estable du grand Roy d'Elide,
Nette par les travaux d'Alcide,
Fonda près les champs Eleans
D'Olympe les joustes illustres,
Qui retournoient par chacuns lustres
Anoblir les bords Piseans.
 Là s'amoncelloit la jeunesse
Des plus belliqueux de la Grèce,
Studieuse à ravir l'honneur
De l'estrange fueille honorée,
Que de la terre hyperborée
Apporta le Thebain veneur.
 Ceux qui suans en la carriere
Laissoient leurs compagnons derriere
Et ceux qui de gands emplombez
Meurtrissoient la chair empoullée,
Et ceux qui par la lutte huillée
Contre-tenoient leurs bras courbez;
 Ceux qui à leurs flèches soudaines
Commandoient d'estre plus certaines;
Et ceux qui en rouant tournoient
Un grand caillou d'horrible masse,
Outre-volant le long espace
Du but où les coups se bornoient.
 Ceux qui en limons ou en selle
Devant la Grèce universelle
Par douze fois rasoient le tour
De la course douze fois torte,
Et d'une roue entiere et forte
S'achetoient un brave retour;

Ceux-ci de ceste fueille heureuse
Laçoient leur perruque poudreuse,
Et craignans perdre les labeurs
Pour qui leurs vertus travaillerent,
Avec la victoire éveillerent
Le mestier des premiers harpeurs;

Lesquels au soir par l'assemblée,
Quand l'œil de la Lune doublée
Ardoit le voile obscur des cieux,
Avec les flutes doux-souflantes
Et les trompettes haut-parlantes
Celebroient les victorieux.

Archiloch premier osa dire
D'un simple refrain sur sa lyre
Les honneurs d'Hercule en ses vers,
Qui depuis Hercule servirent
A tous les vainqueurs qui ravirent
L'olive par combats divers.

Aprés, comme une eau desbordée,
Ou comme la foudre guindée
Sur la nue au mois le plus chaut,
S'ouït tonner la voix Dircée,
Qui par l'air s'est si bien dressée
Que nulle n'a bondy plus haut.

Elle par les terres étranges
Cria des vainqueurs les louanges
Et plutôt les fut élevant
Que l'air n'est froissé par la vire
Ou l'eau ronflante du navire
Sousleté des gorges du vent (a).

a. Var. (1587):

Elle par les terres lointaines
Respandit les poudreuses peines
De ceux qu'Olympe veit suer
Pour l'honneur, le prix de la gloire,
Ressuscitez par la memoire
Que trois mille ans n'ont sceu tuer.

Aussi nul chant ne s'accompare
Au chant courageux de Pindare,
Que la honte ne coloroit
D'entre-mesler ses propres gloires
Avec les fameuses victoires
Des bataillons qu'il honoroit;
   Et tout ensemble les sceut vendre
A quiconque les vouloit prendre,
Plus cherement qu'on n'achetoit
Une statue feinte en cuivre,
Que le vainqueur pour mieux revivre
Au plus haut d'Olympe mettoit.
   Tant la Grece estoit studieuse
De sa Muse laborieuse,
Et tant son art eut de bon-heur,
Que ses paroles honorées
Escrites en lettres dorées
Aux temples pendoient en honneur.
   Avec Hieron, roi de Sicile,
Trafiqua maint vers difficile,
Où, des brocars injurieux
De Bacchylide son contraire,
Fut moqué, comme chez ton frère
M'ont moqué ceux des envieux (¹).
   Ne son chant, ne la cognoissance
Des Muses n'eurent la puissance
De tromper l'envie, qui suit
Non pas une obscure personne
Mais la cognue qui foisonne
Par ses vertus en fameux bruit.
   Que pleust à Dieu qu'à sa hautesse
Fust égale ma petitesse,
Et mes vers à ses chants nerveux;
Par ta saincte grandeur je jure

---

1. Allusion à Mellin de Saint-Gelais, qui avoit attaqué Ronsard devant Henry II.

Que j'entonnerois ceste injure
Aux aureilles de nos neveux
  Mais quoy! Madame, je n'ay faute
Sinon d'avoir ta faveur haute,
Sinon d'estre avoué de toy,
Afin que notre France estime
Que quelquefois ma basse rime
Seut contenter la sœur d'un Roi (a).

  S'ainsi advenoit, leur mesdire
Grondant ne m'oseroit rien dire.
Qui (bons Dieux!) oseroit penser,
Tant fust la langue audacieuse
Et sa nature vicieuse,
De vouloir les tiens offenser?

  Là donc, Madame, pren la charge
De m'envelopper sous ta targe,
Que de Gyge les bras archers
Ne perceroient, tant elle est forte,
Ne celui qui d'une autre sorte
Dardoit les membres des rochers.

  Lors me voyant en asseurance,
Je publi'ray parmi la France
Le loz de ta divinité,
Tes vertus, bontez et doctrine,
Les vrais boucliers de ta poitrine,
Blanchissante en virginité;

  Afin qu'après ma voix fidelle,
Au soir, à la tarde chandelle,
Les mères, faisant œuvres maints,
Content tes vertus precieuses
A leurs filles non ocieuses,
Pour tromper le temps et leurs mains.

a. Var.:

Sinon qu'on te pense Minerve,
Et que ma Muse se reserve
Pour chanter la sœur de mon Roy.

Peut-estre aussi, alors que l'âge
Aura tout brouillé ton lignage,
Le peuple qui lira mes vers,
Abreuvé d'une gloire telle,
Ne te dira femme mortelle,
Mais sœur de Pallas aux yeux vers,
 Et te fera des édifices
Tous enfumez de sacrifices,
Si bien que le siecle avenir
Ne congoistra que Marguerite,
Immortalisant ton merite
D'un perdurable souvenir.

ODE III (1).

Quand les filles d'Achelois,
 Les trois belles chanteresses,
Qui des hommes par leurs vois
Estoient les enchanteresses,
Virent jaunir la toison,
Et les soldars de Jason
Ramer la barque argienne
Sur la mer Sicilienne,
 Elles, d'ordre, flanc à flanc,
Oisives au front des ondes,
D'un peigne d'yvoire blanc
Frisotoient leurs tresses blondes,
Et mignotant de leurs yeux
Les attraits delicieux,
Aguignoient la nef passante

---

1. En faveur de trois doctes filles d'Angleterre, instruictes et apprises par Denisot, conte d'Alsinois. (R.) La Croix du Maine appelle ces trois sœurs Anne, Marguerite et Jeanne de Seymour.

D'une œillade languissante.
 Puis souspirerent un chant
De leurs gorges nompareilles,
Par douce force alléchant
Les plus gaillardes aureilles;
Afin que le son pipeur
Fraudast le premier labeur
Des chevaliers de la Grece
Amorcés de leur caresse.
 Ja ces demi-dieux estoient
Prests de tomber en servage,
Et jà domptés se jettoient
Dans la prison du rivage,
Sans Orphée, qui, soudain
Prenant son luth en la main,
Opposé vers elles, joue
Loin des autres sur la proue,
 Afin que le contre-son
De sa repoussante lyre
Perdist au vent la chanson
Premier qu'entrer au navire,
Et qu'il tirast des dangers
Ces demi-dieux passagers
Qui devoient par la Libye
Porter leur mere affoiblie.
 Mais si ce harpeur fameux
Oyoit le luth des Serenes
Qui sonne aux bords escumeux
Des Albionnes arenes,
Son luth payen il fendroit
Et disciple se rendroit
Dessous leur chanson chrestienne
Dont la voix passe la sienne (1).

---

1. Parce que ces trois filles, en ce temps-là, firent un livre de distiques chrestiens, en latin, fort bien faits, lesquels aussi tost furent tournez en grec, en italien, en françois, et dediez à madame Marguerite, sœur unique du roy Henry II. (R.)

Car luy, enflé de vains mots,
Devisoit à l'aventure
Ou des membres du Chaos
Ou du sein de la Nature;
Mais ces vierges chantent mieux
Le vray manouvrier des cieux,
Et sa demeure eternelle,
Et ceux qui vivent en elle.
 Las ! ce qu'on void de mondain
Jamais ferme ne se fonde,
Ains fuit et refuit soudain
Comme le branle d'une onde
Qui ne cesse de rouler,
De s'avancer et couler,
Tant que rampant il arrive
D'un grand heurt contre la rive.
 La science, auparavant
Si long temps orientale,
Peu à peu marchant avant,
S'apparoist occidentale,
Et sans jamais se borner
N'a point cessé de tourner,
Tant qu'elle soit parvenue
A l'autre rive incogneue.
 Là de son grave sourcy
Vint affoler le courage
De ces trois vierges icy,
Les trois seules de nostre âge,
Et si bien les sceut tenter,
Qu'ores on les oit chanter
Maint vers jumeau qui surmonte
Les nostres, rouges de honte.
 Par vous, vierges de renom,
Vrais peintres de la memoire,
Des autres vierges le nom
Sera clair en vostre gloire.
Et puis que le ciel benin
Au doux sexe feminin

Fait naistre chose si rare
D'un lieu jadis tant barbare,
 Denisot se vante heuré
D'avoir oublié sa terre,
Et passager demeuré
Trois ans en vostre Angleterre,
Et d'avoir cogneu vos yeux,
Où les amours gracieux
Doucement leurs fleches dardent
Contre ceux qui vous regardent.

 Voire et d'avoir quelquefois
Tant levé sa petitesse,
Que sous l'outil de sa vois
Il polit vostre jeunesse,
Vous ouvrant les beaux secrets
Des vieux Latins et des Grecs,
Dont l'honneur se renouvelle
Par vostre muse nouvelle.

 Io, puis que les esprits
D'Angleterre et de la France,
Bandez d'une ligue, ont pris
Le fer contre l'ignorance,
Et que nos roys se sont faits
D'ennemis amis parfaits,
Tuans la guerre cruelle
Par une paix mutuelle,

 Advienne qu'une de vous,
Nouant la mer passagere,
Se joigne à quelqu'un de nous
Par une nopce estrangere;
Lors vos escrits avancez
Se verront recompensez
D'une chanson mieux sonnée,
Qui cri'ra vostre hymenée.

TRADUCTION DES VERS LATINS

De Jean Daurat

Sur le trespas de la royne de Navarre (1).

ODE IV.

Ainsi que le ravy prophete
Dans une flambante charrette
Haut eslever en l'air s'est veu,
D'un bras allumé par le vuide,
Guidant l'estincelante bride
De ses chevaux aux pieds de feu,
 Quand du vieillard la cheute robe,
Qui du sein bruslant se desrobe,
Coula dans les bras attendans
Du jeune prophete, et glissante
Fut veue par l'air rougissante
Loin derriere en replis ardans;
 Comme on void une estoile esmeue
Qui tombe, ou qui tomber est veue
Du ciel sous une claire nuit,
Attrainant derriere sa fuite
Par le vuide une longue suite
De sillons de feu qui la suit:
 Ainsi Marguerite, faschée
De sa robe humaine entachée
Du premier vice naturel,
Ruant bas, de prompte allégresse,

---

1. Marguerite d'Orleans, sœur du roy François Ier, laquelle espousa Henry II, roy de Navarre, ayeul maternel de Henry IV. (R.)

Et sa sommeillante paresse,
Et son gros fardeau corporel,
  Hautaine au ciel est arrivée
Sur quatre roues eslevée,
Foy, esperance, charité,
Et patience dure et forte,
Qui courageusement supporte
Toute maligne adversité.
  D'un tel chariot soustenue,
Faite déesse elle est venue
En la troupe du Roy des rois,
Que maintenant elle contemple,
Royne d'un monde bien plus ample
Que n'estoit pas son Navarrois.

HYMNE TRIOMPHAL D'ELLE-MESME.

ODE V.

Qui renforcera ma vois,
  Et qui fera que je vole
Jusqu'au ciel à ceste fois
Sur l'aile de ma parole ?
Or' mieux que devant il faut
Avoir l'estomac plus chaud
De l'ardeur qui ja m'enflame
D'une plus ardante flame ;
Ores il faut que le frain
De Pegase, qui me guide,
Peu serviteur de la bride
Fende l'air d'un plus grand train.
  Assez Pindare a chanté
Les jeux d'Hercule et sa gloire,
Et son olivier planté
Pour refraichir la memoire

D'avoir justement du roy
Puni la parjure foy,
Qui par folle hardiesse,
En démentant sa promesse,
Monstra qu'un foible assaillant
En vain fait braver sa force,
Quand, plein d'outrages, s'efforce
D'assaillir le plus vaillant;

 Mais moy, hastant de mes vers
La vagabonde carriere,
J'annonce par l'univers
L'honneur de ceste guerriere,
Laquelle, apprise aux combats,
Ses cheveux n'ombragea pas
D'une si fresle couronne
Que celle que Pise donne,
Mais bien les environna
De sa despouille dontée,
Lors que par soy surmontée
Soy-mesme se couronna.

 Là donques, mon cher soucy,
Sus, Muse, qu'on s'évertue
De sonner bien haut icy
Comme elle s'est combatue.
Chante-moy les bataillans,
Les forts et les moins vaillans;
Et pourquoy s'est animée
Une si estrange armée,
Et quel camp de rage espris
Vint irriter Marguerite,
Qui par le divin merite
Se fit maistresse du prix.

 La Chair tentant le moyen
D'asservir l'Esprit son maistre,
Comme un mutin citoyen
Qui traistre à son roy veut estre,
Fut celle de qui l'erreur
Mit aux champs si grande horreur

De gens en armes horribles,
Qui de menaces terribles
Tansoient les murs et les forts
De l'Esprit qui les defie,
Tant sa force il fortifie
Pour mieux forcer leurs efforts.
 Là fut le Monde emplumé
De grands crestes ondoyantes,
Là fut l'Orgueil enflamé
D'esclairs d'armes flamboyantes;
Là l'escadron des Plaisirs,
Là les bandes des Desirs,
Là les bourreaux de la vie,
La Convoitise et l'Envie,
Male-bouche, et la Rancœur,
Là la Gloire somptueuse,
Et l'Ire presomptueuse
Qui ne peut brider son cœur.
 Là dessous les estendars
De la Chair seditieuse
Flottoient d'ordre ses soldars
D'une vague audacieuse;
Mais par-sus tous s'eslevoit
Une lance qu'elle avoit
D'Impatience ferrée,
Sur la queux d'Ire acerée,
Que l'on voyoit s'enflammer
Par la poincte, en mesme sorte
Que flambe l'astre qui porte
Un prodige sur la mer.
 La maille qu'elle vestoit
Fut de Paresse estoffée;
En lieu d'un armet estoit
D'une Vanité coiffée,
Où chanceloit attaché
Le vieil timbre de Peché.
Ainsi l'horrible guerrière
Pressoit ses bandes derrière,

Et les poussoit en avant,
Ondoyans de rang comme ondes,
Ou comme les forests blondes
Des espics souflez du vent.
　Elle adonc qui regardoit
Ses mains colères de rage,
Pleine d'un feu qui l'ardoit,
Se redoubloit de courage :
« Par vous (disoit-ell'), mes mains,
Tant de haineux inhumains
Ce jourd'huy mordront la terre ;
Par vous l'honneur de la guerre
Ja se dit mien, et par vous,
Martelant plus dru que foudre,
Je mettray l'Esprit en poudre,
Accablé sous moy de coups.
　Sus, soldars, il est saison
Qu'ore un chacun se souvienne
De soy et de sa maison.
Là-donc, de peur qu'il n'avienne
Que nous sentions du vainqueur
La loy, par faute de cœur,
Courage, enfans, la victoire
Enrichira nostre gloire !
Autant qu'eux n'avons-nous pas
De bras, de jambes et d'armes
Pour repousser leurs alarmes
Par l'effort de nos combats ?
　Si, couards, vous estes pris,
Rien que la mort ne vous reste.
Ne craignez donc les perils
D'un butin tant manifeste ;
Et bien, s'ils sont plus que nous,
Le gain en sera plus dous,
Et les louanges plus grandes
D'avoir meurtry plus de bandes. »
De tels mots la Chair flatoit
Les cœurs bouillans de sa bande,

Et d'une alleure plus grande
A la guerre les hastoit.
 Jà, l'Esprit d'une autre part,
Impatient qu'on l'assaille,
Avoit franchy son rampart,
Pour devancer la bataille.
Luy, de Raison accoustré,
Horrible à voir s'est monstré
Parmy les troupes menues,
Comme un foudre entre les nues;
Et, marchant à pas contez,
Arrangeoit sous sa conduite
Une longue et longue suite
De chevaliers indomtez.
 L'Amour divin fut vestu
Du harnois de Résistance,
Tout engravé de Vertu,
Et redoré de Constance;
Là, l'ardante Charité,
Là, la simple Verité
De près son maistre accompagne,
Avec sa forte compagne
Qui suit les pas de son roy;
Là, l'antique Prud'hommie,
Là, la Crainte d'infamie,
Là, l'Esperance et la Foy.
 Là tenoit rang la Pitié,
De son guide la plus proche;
Là s'avançoit l'Amitié
Que chacun doit à son proche;
Là les Contemplations
Avecques les Passions
Que l'ame fidele endure
Pour corriger la Chair dure,
A la bataille arrivoient
File à file d'une tire;
Et mordans leurs lévres d'ire,
D'un grand branle se suivoient.

L'Esprit ore se tournant,
Haste son camp magnanime ;
Ores un peu sejournant,
De tels aiguillons l'anime :
« Amis, tentez le labeur,
Et ne pallissez de peur
Qu'une si lasche canaille
Face entreprise qui vaille,
Qui ja tremble seulement
De voir sans plus vostre face,
Tant nostre premiere audace
L'espouvante horriblement. »

Ces mots finis, dans leur fort
D'un saut de course s'eslance,
Abatant le Monde mort
Au premier heurt de sa lance.
Du bond en terre donné
Ses armeures ont sonné.
Après, l'Orgueil il renverse,
Qui, trepignant des pieds, verse
Un lac rouge de son flanc,
Vomissant, ja froid et blesme,
Du creux de la playe mesme
L'ame, le fer et le sang.

Mortes après il rua
Contre terre les Délices ;
Les Voluptez il tua
Du coup qu'il tua les Vices.
Tant de neige ne chet pas,
Quand l'air l'esparpille à bas
Pour enfariner la plaine,
Comme la terre estoit pleine
De soldars menus greslez,
Renversez sous tel orage,
Par un estrange meslage
L'un sus l'autre amoncelez.

L'Humilité s'attacha
Contre la Gloire mondaine,

Et sa lance luy cacha
Droit en ceste part où l'aine
Se joint avecque le flanc ;
Le Peché, de crainte blanc,
N'attendit la Repentance,
Ains évitant sa puissance,
Vint où Grace l'enserra
Dedans sa troupe hardie,
Et d'une lance brandie
Jusques au cœur l'enferra.

Un peu plus avant la Foy,
Faisant branler son panache,
Les charnels loin devant soy
Foudroyoit à coups de hache ;
La Loy d'un grand coup d'espieu
Profendit jusqu'au milieu
L'opiniastre Hérésie,
Et la fausse Hypocrisie
En cent morceaux trançonna ;
La Justice, de sa pique,
Si avant le Vice pique,
Que mort le desarçonna.

D'un autre costé la Chair,
Comme un bras d'une montagne
Que l'orage fait broncher
Au plus creux de la campagne,
Casse, froisse, tonne, bruit ;
En ce poinct elle destruit
Les forces qu'elle rencontre ;
Mais l'Esprit s'opposa contre
Son foudre trop inhumain,
Et, de prés se joignant d'elle,
Effroyablement l'appelle
Seule au combat main à main.

« Toy, dit-il, après avoir
Contre mon obéissance
Sceu tant d'armes esmouvoir,
Fuiras-tu bien ma puissance ?

Toy qui as trahy mes lois,
Et l'honneur que tu me dois,
Toy, citoyenne mutine,
Que la Volonté divine
Ore conduit au danger,
Et souflant sur toy sa haine,
D'un bras violant t'attraine
Sous les miens pour la vanger ? »
 Ja-ja la Chair pallissant
De peur, s'escoule en la presse
Devant l'ennemy puissant,
Qui ja l'espaule luy presse ;
Et vouloit se repentir,
Quand l'Esprit luy fit sentir
De son homicide poincte
Le coup, où la gorge est joincte
De l'espaule au plus gros os.
Ainsi mit fin aux batailles,
Elle poussant ses entrailles
D'un long ordre de sanglos.
 Alors l'Esprit, glorieux
De l'heur de son entreprise,
A d'un bras victorieux
La serve despouille prise ;
Puis Marguerite en orna,
Et de laurier entourna
Tout le beau rond de sa teste,
Luy consacrant la conqueste
De la Chair ; car sa vertu
Seule en moyenna la gloire,
Et la fameuse victoire
Que l'Esprit en avoit eu.
 Jesus-Christ à ceste fois,
Esbranlant dans sa main nue
Le grand fardeau de la croix,
Perçoit l'antre d'une nue
A l'escart, pour voir çà bas
La fin de ces deux combas ;

Ayant ferme souvenance
D'une fatale ordonnance
Que l'ame au ciel monteroit
Par une nouvelle porte,
Dont la main sainctement forte
Sa chair propre donteroit.
 Lors son ange il appela
Qui front à front des vents vole,
Nageant par l'air çà et là
Où le soufle sa parole :
« Poste, dit-il, marche, fuy,
Huche les vents et les suy,
Laisse ramer tes aisselles,
Et glisse dessus tes ailes,
Tant que bas tu te sois veu
Dedans les champs (1) qu'environne
La tortueuse couronne
Des monts surnommez de feu (2).
 « Là, de ta parole endors
Ceste guerriere, et le voile
De son victorieux corps
Transforme au ciel en estoile ;
En-après laisse rouler
Son idole parmy l'air (3),
Afin qu'en terre elle tombe,
Et, desdaignante la tumbe,
Vole en France sans repos
Par la bouche de maint homme,
Sans que jamais l'an consomme

1. Dans le royaume de Navarre, qui est la plus part enclavé des Pyrenées, montaignes repliées et pleines de longues entorses et destours. (R.)

2. Pyrenez, απο του πυρὸς, autrefois bruslans comme le Vesuve et le Montgibel. (R.)

3. Sa ressemblance comme une ombre. Les philosophes composoient l'homme de trois choses : d'ame, de corps, et de cette ombre ou simulachre qu'ils imaginoient retenir la forme du corps. (R.)

Son voler vague et dispos. »
 L'ange adonques s'est lié,
Pour mieux haster sa carriere,
A l'un et à l'autre pié
L'une et l'autre talonniere,
Dont il est porté souvent
Egal aux souspirs du vent,
Soit sus la terre ou sus l'onde,
Quand sa roideur vagabonde
L'avalle outre l'air bien loing ;
Puis sa perruque divine
Coifa d'une capeline,
Prenant sa verge en son poing.
 De celle il est défermant
L'œil de l'homme qui sommeille ;
De celle il est endormant
Les yeux de l'homme qui veille ;
De celle en l'air soustenu,
Nagea tant qu'il fust venu
Se percher sur la montagne
Qui fend la France et l'Espagne,
Mont que l'orage cruel
Bat tousjours d'une tempeste,
Tousjours en-glaçant sa teste
D'un frimas perpetuel.
 De là, se laissant pancher
A corps élancé grand'erre,
Fondoit en bas pour trancher
Le vent qui raze la terre,
Deçà et delà vagant,
A basses rames vogant
Ores coup sur coup mobiles,
Ores coyes et tranquilles
Comme un oiseau qui pend bas,
Et l'aile au vent ne desplie,
Quand près des eaux il espie
Le hazard de ses appas.
 Ainsi l'humble messager,

Volant d'une aile subite,
Glissa bassement leger
Jusqu'au corps de Marguerite;
D'elle les yeux il a clos,
Puis, la chargeant sur le dos
(Comme fut l'Athenienne
Sur l'eschine thracienne),
Haut dans l'air se suspendit
Loin-loin de la terre basse,
Et d'un long trac il repasse
Par où mesme il descendit.
   Lors il ficha dans les cieux
De ce corps la masse entiere;
Il luy aggrandit les yeux
De rondeur et de lumiere;
Ses cheveux furent changez
En nouveaux rais allongez,
Ses deux bras et ses deux jambes
En quatre jumelles flambes;
Bref, ce fut un astre ardant,
Lequel de là haut encores
De son aspect benin ores
La France va regardant.
   Si qu'elle avecques les feux
De l'estoile de son frere
Et des princes ses nepveux,
Bien tost, oubliant sa sphere,
Viendra flamber sur l'armet
De Henry, droit au sommet,
Où l'espouvantable creste
Luy flote dessur la teste
Pour le guider aux dangers,
Soit de l'onde ou de la terre,
Quand les foudres de sa guerre
Perdront les roys estrangers.
   L'ange après dans l'univers
Chassa son errante idole
Pour voler dessus mes vers

De l'un jusqu'à l'autre pôle;
Puis, chargeant l'ame à son col,
L'emporta d'un roide vol
Toute pure et toute nette,
Mieux luisant que sa planette,
Sur le ciel jusques au lieu
Où les ans fermes demeurent
Entre ceux qui plus ne meurent,
Incorporez avec Dieu.
 Là, le droit chemin tenant,
Tu es, ô Princesse! allée
Où sous tes pieds maintenant
Tu vois la terre avallée.
Tu vois sous tes pieds saillir
Le jour pour naistre et faillir;
Tu vois la mer et ses voiles,
Tu sçais le nom des estoiles;
Le froid, le vent et le chaud
Ne te donne plus de crainte,
Toy faite nouvelle sainte
Par les troupes de là haut.
 Là, sous tes pieds les saisons
Eternellement cheminent;
Là tu cognois les raisons
Des astres qui nous dominent;
Tu sçais pourquoy le soleil
Ore pasle, ore vermeil,
Predit le vent et la pluye,
Et le serein qui l'essuye;
Tu sçais les deux trains de l'eau,
Ou si c'est l'air qui sejourne,
Ou si la terre qui tourne
Nous porte comme un bateau.
 Tu sçais dequoy se refont
Les deux cornes renaissantes
Que la lune ente à son front,
Et qui les fait décroissantes;
Tu vois ce grand animal,

Son rond et son nombre égal
Discordant en melodie ;
Où tu es, la maladie
Ne defleure la santé :
On n'y void rien qui desplaise,
Chacun y vit à son aise,
De nul ennuy tourmenté.
  Mais nous, pauvres et chetifs,
Ici n'avons cognoissance
Non-plus qu'enfans abortifs (1)
Du lieu de nostre naissance ;
Ains, desireux de gesir
Dessous l'allechant plaisir
Des serenes de la vie (2),
Jamais ne nous prend envie
(Comme au Grec) de voir un jour
La flame, en l'air proumenée,
Sauter sur la cheminée
De nostre antique sejour.
  Si plustost je n'ay sacré
Tes cendres à la Memoire,
Ne m'en sçaches mauvais gré :
Plus vive en sera la gloire.
Les arbres qui sont tardifs
Demeurent plus long-temps vifs ;
Les fleurs tost espanouyes
Tost s'en vont évanouyes,
Et le colosse elevé
Qui ores le ciel menace
En un mesme trait d'espace
Ne se vit point achevé.
  Mais quel plus riche tombeau
Blanc de neige parienne (3)
Jadis t'eust dressé plus beau

1. Morts à leur naissance. (R.)
2. Des douceurs mortelles et corrompues de la terre. (R.)
3. De marbre blanc. (R.)

Ceste veufve carienne (1)?
Quel rocher elabouré,
Ou quel temple redoré,
Pressera la renommée
De ceste tumbe animée,
Laquelle non une fois,
Au jour de ses rais publiques,
Redon'ra l'ame aux reliques
Du sainct astre navarrois?
 Je te salue, ô l'honneur
De mes Muses, et encore
L'ornement et le bon-heur
De la France, qui t'honore!
Escarte loin de mon chef
Tout malheur et tout meschef;
Preserve-moy d'infamie,
De toute langue ennemie
Et de tout acte malin,
Et fay que devant mon Prince
Desormais plus ne me pince
La tenaille de Mellin (a).

a. Ronsard, après s'être réconcilié avec Mellin de Saint-Gelais, modifia ainsi les derniers vers :

> *De toute langue ennemie*
> *Teinte en venin odieux,*
> *Et fay que devant mon Prince*
> *Desormais plus ne me pince*
> *Le caquet des envieux.*

1. Artemisie, royne de Carie, qui feit bastir à la memoire immortelle de son mary le plus magnifique et somptueux tombeau qui jamais fut. (R.)

A PHEBUS,

Pour guarir le roy Charles IX.

ODE VI (1).

Phébus, soit que tu sois
Pasteur parmi les bois
Ou sur les bords d'Amphryse,
Ou prince, escoute-moy,
Vien-t'en guarir mon Roy,
Qui seul te favorise.

Apporte à ceste fois
Le dictamon cretois
Avecq' la panacée,
Herbes qui font au corps
Des hommes qui sont morts
R'entrer l'ame passée.

Un sujet au trespas
Guarir ne le doit pas :
Presomption est vice.
Vien doncques en ce lieu :
C'est la raison qu'un dieu
Un autre dieu guarisse.

Un petit prince il n'est
D'une estroitte forest,
D'un port ou d'une ville,
Mais d'un pays guerrier
Des meilleurs le premier,
En richesse fertile.

---

1. Imitée de Callimaque. Cette pièce doit être postérieure à la Saint-Barthélemy, car elle ne se trouve point dans l'édition de 1572. J'ai suivi le texte de 1584, à défaut de celui de 1578, que je n'ai pu consulter.

Deux mers et mille ports,
Villes, citez et forts
Pleins de traficque estrange,
Mille fleuves de nom,
Ne vont bruyant sinon
L'honneur de sa louange.

Vien, Prince aux beaux cheveux,
Guarir son mal fiévreux;
Que sain on le remette.
Tu l'aimeras cent fois
Plus fort, si tu le vois,
Que tu ne feis Admette.

Par luy tu te soustiens :
C'est le support des tiens.
Son esprit il applique
A tes mestiers divers;
Il honnore les vers,
Il cherit la musique.

Ou je diray, Phebus,
Que tu n'es qu'un abus,
Et que Junon, severe,
Se vangeoit à propos
De ne donner repos
A Latone, ta mere.

Je te diray maçon,
Un berger, un garçon
Qui fis paistre les vaches,
Craignant d'estre envoyé
Aux enfers foudroyé,
Qu'icy bas tu te caches;

Qu'Hyacinthe tuas,
Quand le pal luy ruas,
D'art, et non d'aventure;
Que tes bœufs justement
Te furent finement
Desrobez par Mercure;

Que Mercure vaut mieux
Que toy, entre les dieux,

Pour jouer de la lyre,
Mercenaire valet,
Qui sçais un flageolet
Seulement faire bruire.

Mais, si tu viens icy
Soulager le soucy
De ses membres malades,
D'ache couvert le chef,
Je feray de rechef
Tes festes carneades.

Je diray que tu es
Second des immortels
Et du ciel l'interprete,
Du laurier inventeur,
Prophete non menteur,
Grand chantre et grand poëte,

Et qu'en jeune menton
Tu fis crever Python
Par ta fleche premiere,
Et que tu fis cacher
Niobe en un rocher,
Vengeance de ta mere.

Je diray tes amours,
Que tu parois tousjours
Sans barbe ny vieillesse,
O des mires (1) le roy!
A Bacchus et à toy
Sert le don de jeunesse.

Quitte-moy ton Delphos,
Ta Cyrrhe, ta Delos,
Des flots marins suivie,
Et vien, astre luisant,
La Santé conduisant,
Nourrice de la Vie.

Sans toy, douce Santé,
La Force et la Beauté

---

1. *Mires*, médecins, vieux mot françois.

Sont manques de puissance.
Ny empire ny bien
A l'homme ne sert rien
Sans ta douce presance.

La Jeunesse te suit;
Le Plaisir, le Deduit,
Dessous ton ombre vivent;
Tournois, joustes, chevaux,
Dames, chiens et oiseaux,
Pour maistresse te suivent.

Par toy se fait l'amour,
Et le vin tout le jour
Par toy fume en la tasse;
Par toy le long festin,
Du soir jusqu'au matin,
Couvre la table grasse.

O Santé chasse-mal!
Par toy se fait d'un bal
La gaillarde entreprise,
Où, te roulant parmi,
Tu n'as point d'ennemi
Qu'une moustache grise.

Tout ainsi que l'esclair
Du soleil, prompt et clair,
Passe par la verriere,
Passe dedans son corps,
A ses membres peu forts
Ren la vigueur premiere.

Descen donc de là haut :
C'est à ce jour qu'il faut
Que sain tu nous le rendes.
La France t'en lou'ra,
Et chacun te vou'ra
Et temples et offrandes.

AU ROI CHARLES,

En luy donnant un Leon hebrieu (1).

ODE VII (1573).

Je vous donne pour vos estreines
L'amour chanté par un Hebrieu;
Les cieux et les terres sont pleines
De la puissance de ce Dieu.
 Ils sont (ce me semble) deux freres :
Nature doubles les a faits;
Ils ont aussi deux doubles meres,
Contraires en divers effaits.
 L'un a le ciel pour son empire,
Qu'il peut esbranler de la main;
L'autre en la terre se retire,
Et vit de nostre sang humain.
 L'un pousse les ames guidées
Aux belles contemplations,
A l'intellect et aux idées,
Purgeant l'esprit de passions;
 L'autre à nature est serviable,
Nous fait aimer et desirer,
Fait engendrer nostre semblable,
Et l'estre des hommes durer.
 Il nous fait la paix et la guerre;
Mais, mon grand roy, pour choisir mieux,
Prenez l'amour qui regne en terre,
Et laissez l'autre pour les dieux.

1. Sçavant platonicien qui a traicté doctement la matiere de l'amour dans ses Dialogues. (R.)

A ROBERT DE LA HAYE (1).

ODE VIII.

Ceux qui semoient outre leur dos
De nostre grand'mere les os
Dans le desert des vuides terres,
Pour ranimer le genre humain,
Tousjours ne versoient de leur main
La dure semence des pierres,

Mais bien aucunefois ruoient
Des diamans, qui se muoient,
Changeans leur dur en la naissance
D'un peuple rare et precieux,
Qui encore de ses ayeux
Donne aujourd'huy la congnoissance.

Ton beau rayon qui brille icy
Monstre qu'un diamant, ainsi
Muant en toy sa forme claire,
L'estre semblable t'a donné;
Car des pierres tu n'es point né,
Comme fut ce gros populaire.

Il a l'esprit dur et plombé,
Tousjours vers la terre courbé,
Jamais au beau ne dresse l'aile;
Le tien s'éleve saintement,
Balancé d'un vol hautement
Tout autour de la chose belle.

Aussi le bruit impetueux
De ton palais tumultueux,
Forçant ton destin, ne t'amuse

---

1. Feu monsieur de la Haye, docte personnage et maistre des requestes ordinaires de l'hostel du roy. (R.)

Si bien que quelquefois le jour
Tu ne travailles au sejour
De l'oiseux travail de la Muse.
 Qu'est-il rien aussi de plus doux?
A quel sucre egalerons-nous
Ta nectareuse poësie?
Seule elle passe les appas
Et du miel et les doux repas
Du nectar et de l'ambroisie.
 Les Amours n'aiment tant les pleurs,
La mousche ne suit tant les fleurs,
Ne les veinqueurs tant les couronnes,
La Haye, comme tu poursuis
Les doctes Muses, que tu suis
Comme tes plus cheres mignonnes.
 Nul mieux que toy, parmy les bois,
Ne contrefait leur belle vois,
Et nul par les roches hautaines
Ne les va mieux accompagnant,
Ne mieux près d'elle se baignant
Sous le crystal de leurs fontaines.
 Nul mieux sous les rais de la nuit,
Quand la lune en son plein reluit,
Sur l'herbe avec elles ne dance,
Suivantes le pouce divin
De ce grand Alcée angevin (1)
Qui devant sonne la cadance.
 Toy lors, couronné du lien
Que donne l'arbre delien,
Ores tu prens plaisir d'élire
Le premier rang, or' le milieu,
Entre elles marchant comme un dieu
Qui s'égaye au son de la lyre.
 Et toutefois, estant ainsi

---

1. Du Bellay, qu'il appelle Alcée à cause de ses Regrets, où excellemment il taxe les mœurs de son temps, selon que les sujects s'en presentoient à luy. (R.)

De ces pucelles le souci,
Tu veux bien faire un contr'eschange
De tes vers latins, qui sont d'or,
Aux miens moindres qu'airain encor',
Indignes de telle louange :
 Car, bien que nostre âge ait loué
Le premier vers que j'ay joué,
Pourtant je n'eusse pris l'audace
De te respondre ou de tenter
Ma lyre, qui ne sçait chanter
Pour toy qu'une chanson trop basse.
 Mais ce bon pere au double chef,
Qui l'an ramène derechef,
D'une inconstance coustumiere,
M'a commandé de la sonner
Telle qu'elle est, pour estrener
La foy de nostre amour premiere.
 Si j'avois les butins heureux
Que le marchant avantureux
Arrache du sein de l'Aurore,
Tu les aurois, et les sablons
Qui roulent et riches et blons
En l'eau que la Phrygie honore ;
 Ou, si j'estois assez subtil
Pour animer par un outil
La toile muette ou le cuivre,
Mon art t'offriroit ces presens ;
Mais ces dons-là contre les ans
Ne te sçauroient faire revivre.
 Pren donc mes vers, qui valent mieux,
Et les reçoy comme les dieux
Reçoivent par leur bonté haute
Les humbles presens des mortels,
Qui de biens chargent leurs autels,
Et si n'en eurent jamais faute.

ODE IX.

Qui par gloire ou par mauvaistié,
    Ou par nonchalante paresse,
Aura tranché de l'amitié
Le saint nœud qui deux ames presse,
A celuy d'une loy expresse
Je defens qu'en nulle saison
Ne se loge dans ma maison,
Et qu'avec moy sus le rivage,
Compagnon d'un mesme voyage,
Pollu, ne coupe le lien
Qui tient l'hosteliere navire,
Car Jupiter le Philien (2)
Quelquefois avecque le pire
Punit le juste, et peu souvent
On void la vangeresse peine
Souffrir, comme boiteuse et vaine
Le meschant s'échapper devant.
    Que sert à l'homme de piller
Tous les printemps de l'Arabie,
Et de ses moissons despouiller
Soit la Sicile ou la Libye,
Ou desrober l'Inde annoblie
Aux tresors de son bord gemmé,
S'il n'aime et s'il n'est point aimé,
Si tout le monde le dédaigne,
Si nul second ne l'accompaigne,
Soliciteux de son amy,

---

1. Qui prend soin des amitiez et qui les defend, car les anciens ont attribué divers epithetes et surnoms à Jupiter, selon la diversité des sujects qu'ils ont voulu faire passer sous sa protection. (R.)

Comme un Patrocle pitoyable
Suivoit Achille, fust parmy
La nue la plus effroyable
Des Lyciens, lors qu'odieux
Contre Priam souffloit son ire,
Fust quand, paisible, sus la lyre
Chantoit les hommes et les Dieux?

 Le temps, qui a commandement,
Sur ces grand's masses sourcilleuses,
Qui devallent leur fondement
Jusques aux ondes sommeilleuses,
Ne les menaces orgueilleuses
Des fiers tyrans, ne sçauroient pas
Escrouler ne ruer à bas
La ferme amour que je te porte,
Tant elle est en sa force forte ;
Et, si avec toy librement
Je ne puis franchir les montagnes
Qu'Annibal cassa durement,
Haineux des latines campagnes,
Pourtant ne mesprise ma foy,
Car l'aspre soin qui m'enchevestre,
Seul m'alente, et m'engarde d'estre
Prompt à voler avecque toy.

 Mais, s'il te plaist de retenir
Ta fuite disposte et legere
Jusqu'au temps qu'on void revenir
L'aronde, des fleurs messagere,
De prompte jambe voyagere
Je te suivray, fust pour trouver
L'onde où Phebus vient abreuver
Ses chevaux suans de la course,
Ou du Nil l'incertaine source.
Mais, si le desir courageux
Te pique tant qu'il t'importune
De forcer l'hyver outrageux
Et la saison mal-opportune,
Marche, fuy, va legerement ;

L'oiseau Menalien Mercure,
Le Dieu qui des passans a cure,
Te puisse guider dextrement.
 Ces meurtriers pelottons volans
Que l'orage par les monts boule
Ne te soient durs ni violans;
Ny l'eau qui par ravines coule
Du jus de la neige qui roule
Demeure coye sans broncher
Quand tu voudras en approcher;
La froide gorge Thracienne
Et la pluyeuse Libyenne
Serrent leurs vents audacieux;
Que rien sur les monts ne resonne
Fors un Zephyre gracieux
Imitant ton luth quand il sonne;
Phebus aussi, qui a cognu
Combien son poëte te prise,
Clair, par les champs te favorise,
Et sa sœur au beau front cornu.
 Quand tu te seras approché
Des belles plaines d'Italie,
Vy, Lignery, pur du peché
Qui l'amitié premiere oublie:
N'endure que l'âge deslie
Le nœud que les Graces ont joint.
O temps où l'on ne souloit point
Courir à l'onde hyperborée!
Telle saison fut bien dorée
En laquelle on se contentoit
De voir de son toict la fumée,
Lors que la terre on ne hantoit
D'un autre soleil allumée;
Et les mortels heureux alors,
Remplis d'innocence naïve,
Ne cognoissoient rien que la rive
Et les flancs de leurs prochains bords.
 Tu me diras à ton retour

Combien de lacs et de rivieres
Et de rampars ferment le tour
De tant de grosses villes fieres;
Quelles citez vont les premieres
En brave nom le plus vanté,
Et par moi te sera chanté
Ma Franciade commencée,
Si le Roy meurit ma pensée.
Tandis sur le Loir te suivrai
Un petit taureau que je voue
A ton retour, qui ja sevré
Tout seul par les herbes se joue,
Blanchissant d'une note au front(1);
Sa marque imite de la Lune
Les feux courbez, quand l'une et l'une
De ses deux cornes se refont.

A NICOLAS DENISOT.

ODE X.

Bien que le repli de Sarte
Qui lave ton Alsinois
En serpentant ne s'écarte
De mon fleuve vendomois (a),
Et que les champs de ton estre,
Que les Muses ont en soin,

a. Var. (1587):

Bien que la course de Sarte
Qui ton Maine fait valoir
En serpentant ne s'escarte
Du cours de mon petit Loir.

1. Marques solennelles que l'on observoit aux victimes.

Du païs qui me vid naistre
Ne se bornent pas de loin,
 Cela pourtant n'avoit force
De m'allecher, sans avoir
Premier engoulé l'amorce
Qui pendoit de ton sçavoir ;
Et non ta Sarte voisine,
Ny ton champ voisin au mien :
Nostre amitié n'estoit dine
D'un si vulgaire lien.
 La vertu fut en partie
Le lien qui nous joignit,
Et la mesme sympathie
Celle qui nous estraignit ;
C'est donc l'heureuse folie
Dont le Ciel folastre en nous,
Non le païs, qui nous lie
D'un affollement si dous.
 Quoy ! celuy que la Nature
A dés l'enfance animé
De poësie et peinture
Ne doit-il pas estre aimé ?
Puis que telle fureur double,
Tel double present des Cieux
Volontiers les hommes trouble,
Qui sont les mignons des dieux ?
 Mais où est l'œil qui n'admire
Tes tableaux si bien pourtraits
Que la nature se mire
Dans le parfait de leurs traits ?
Où est l'aureille bouchée
De telle indocte espesseur
Qui ne rie estant touchée
De tes vers pleins de douceur ?
 Cesse donc et ne souhéte
De t'enrichir plus de rien,
Toy qui es peintre et poëte,
Fuy l'autre troisiesme bien ;

Car si l'ardante musique
(En t'ornant de sa vertu)
Jointe aux deux autres te pique,
Bons Dieux! que deviendrois-tu?

 Ton ame, fuyant la peine
Dont tu serois agité,
S'eschapperoit, las! trop pleine
De tant de divinité,
Et ses passions nouvelles
Aux deux flancs luy bouteroient,
Pour la mieux haster, des ailes
Qui par l'air l'emporteroient.

 Vrayment, Dieu, qui tout ordonne
Sans estre forcé d'aucun,
Le beau present qu'il te donne
Ne donne pas à chacun;
Aussi sa saincte pensée,
Dessignant ce monde beau,
A sa forme commencée
Sus le dessein d'un tableau,

 Le variant en la sorte
D'un pourtraict ingenieux,
Où maint beau trait se rapporte
Pour mieux rejouir les yeux.
Sois doncque seur, pour ne craindre
Que la Mort en te pressant
Puisse ton renom estaindre
Avec le corps perissant.

 Vaines seroient ses allarmes,
En vain l'arc elle band'roit,
Toy tenant au poing les armes,
A t'en servir si adroit;
Car le pincel et la plume,
A qui les sçait bien ruer,
Ont usurpé la coustume
De la mort mesme tuer.

 Jean second, de qui la gloire
N'ira jamais defaillant,

Eut contre elle la victoire,
Par tels outils l'assaillant,
Dont la main industrieuse
Animoit peniblement
La carte laborieuse,
Et la table également (a),
 Et duquel les baisers ores,
Pour estre venus du Ciel,
En ses vers coulent encores
Plus doux que l'attique miel.
Mais, ô Denisot, qui est-ce
Qui peindra les yeux traitis
De Cassandre ma déesse,
Et ses blonds cheveux tortis?
 Lequel d'entre vous sera-ce
Qui pourroit bien colorer
La majesté de sa grace
Qui me force à l'adorer?
Et ce front dont elle abuse
Ce pauvre poëte amant,
Son ris (ains une Meduse)
Qui tout me va transformant?
 Amour qui le cœur me ronge,
Pour redoubler mon esmoy,
Ceste nuict trois fois en songe
L'a fait apparoistre à moy;
Mais sa fuite, accoustumée
De me tromper si souvent,
S'enfuit comme une fumée
Qui se joue avec le vent.

a. Var. (1587) :

 A'moit[1] d'amours et de pleurs
 La carte laborieuse,
 Et la table de couleurs.

1. A'moit, c'est ce qu'on dit, escorchant le latin, animoit. L'un et l'autre est bon. (Ronsard.)

ODE XI.

Sur toute fleurette déclose
J'aime la senteur de la rose
Et l'odeur de la belle fleur
Qui de sa premiere couleur
Pare la terre, quand la glace
Et l'hyver au soleil font place.

    Les autres boutons vermeillets,
La giroflée et les œillets,
Et le bel esmail qui varie
L'honneur gemmé d'une prairie
En milles lustres s'esclatant,
Ensemble ne me plaisent tant
Que fait la rose pourperette,
Et de Mars la blanche fleurette.

    Que puis-je, pour le passe-temps
Que vous me donnez le printemps,
Prier pour vous deux autre chose,
Sinon que toy, pourprine rose,
Puisses toujours avoir le sein
En mai de rosée tout plein,
Et que jamais le chaut qui dure
En juin ne te fasse laidure (*a*)?

    Ny à toy, fleurette de mars,
Jamais l'hyver, lorsque tu pars
Hors de la terre, ne te face

---

a. Var. (1587) :

    Du teint de honte accompagné
    Sois toujours en may rebaigné
    De la rosée qui doux glisse,
    Et jamais juin ne te fanisse?

Pancher morte dessus la place ;
Ains toujours, maugré la froideur,
Puisses-tu de ta soefve odeur
Nous annoncer que l'an se vire
Plus doux vers nous, et que Zephyre
Après le tour du fascheux temps
Nous ramene le beau printemps.

ODE XII.

Je veux, Muses aux beaux yeux,
Muses mignonnes des dieux,
D'un vers qui coule sans peine
Louanger une fontaine.
Sus donc, Muses aux beaux yeux,
Muses mignonnes des dieux,
D'un vers qui coule sans peine,
Louangeons une fontaine ;
C'est à vous de me guider,
Sans vous je ne puis m'aider,
Sans vous, Brunettes, ma lyre
Rien de bon ne sçauroit dire.
 Mais, Brunettes aux beaux yeux,
Brunes mignonnes des dieux,
S'il vous plaist tendre ma lyre
Et m'enseigner pour redire
Cela que dit vous m'aurez,
Lors, Brunettes, vous m'oirez
A nos françoises aureilles
Chanter vos douces merveilles.
 O beau crystal murmurant,
Que le ciel est azurant
D'une belle couleur blue,
Où ma dame toute nue

Lave son beau teint vermeil
Qui detenoit le soleil,
Et sa belle tresse blonde,
Tresse aux Zephyrs vagabonde,
Comme Ceres esmouvant
La sienne aux souspirs du vent,
Tresse vray'ment aussi belle
Que celle d'Amour, ou celle
Qui va de crespes reflos
Frappant d'Apollon le dos.

 C'est toy, belle Fontenette,
Où ma douce mignonnette,
A miré ses deux beaux yeux,
Ainçois deux astres des cieux,
Que la gaye Paphienne,
La brunette Cyprienne,
Sur ceux des Graces lou'roit,
Et pour siens les avou'roit,
Tant leur mignotise darde
D'amours à qui les regarde.

 C'est toy qui dix mille fois
As relavé les beaux doigts
De ma douce Cassandrette
Dedans ta douce ondelette,
Doigts qui de beauté vaincus
Ne sont de ceux de Bacchus,
Tant leurs branchettes sont pleines
De mille rameuses veines
Par où coule le beau sang
Dedans leur yvoire blanc,
Yvoire où sont cinq perlettes
Luisantes, claires et nettes,
Ornant les bouts finissans
De cinq boutons fleurissans.

 C'est toy, douce Fontelette,
Qui dans ta douce ondelette
As baigné ses deux beaux piez,
Piez de Thetis deliez,

Et son beau corps qui ressemble
Aux lys et roses ensemble;
Corps qui pour l'avoir veu nu
M'a fait Acteon cornu,
Me transformant ma nature
En sauvagine figure;
Mais de ce mal ne se deut
Mon cœur, puis qu'elle le veut.
 C'est toy, douce Fontelette,
Dont la mignarde ondelette
A cent fois baisé les brins (1)
De ses boutons cinabrins,
De ses lévres pourperées,
De ses lévres nectarées,
De ses roses de qui sort
Le ris qui cause ma mort.
C'est toy qui laves sa hanche,
Sa gréve et sa cuisse blanche,
Et son qui ne fait encor (2)

---

1. Le bord moyen de ses lévres. (R.)

2. Il entend ce que vous sçavez bien, ὅσα μὴ δέμις ὁρᾶ-θαι, dit Anacreon. Ainsi Plaute (*Bacchidib.*) n'osant dire librement ce qui est de la parfaicte action d'amour, se contente de dire *illud quod dici solet*, comme Jean Second:

 Quidquid post oscula dulce.

Comme il Candelaio, *Questo che tu m'intendi*. Comme nostre Tibulle François le sieur de la Bergerie:

    ... Une chose
Que je sçay bien, et que dire je n'ose.

Ainsi la Sapphon, n'osant dire tout à fait, adjouste : *sed omnia fiunt, et juvat*; et Ovide, encor pour representer ces parties, use de circonlocution et les appelle:

    ... Partes
In quibus occultè spicula tingit Amor.

Comme aussi Pollux, τὸ ἐν μέσω σκαῖρον σαρκίον; tel est le secret de ces vers des Priapées :

 Hunc tu, sed taceo, scis puto quod sequitur. (R.)

Que se friser de fils d'or.
  C'est toy, quand la porte-flame,
La Chienne du ciel, enflame
Le monde de toutes pars,
Qui vois les membres espars
De ma dame sur ta rive,
Lors que sur l'herbette oisive
Le somme en ses yeux glissant
Flatte son corps languissant,
Et lors que le vent secoue
Son sein, où pris il se joue,
Et le fait d'un doux soufler
Rabaisser et puis r'enfler ;
Elle dessus ton rivage
Ressemblant un bel image
Fait de porphyre veineux,
S'il ne fust que ses cheveux
La descouvrent sur ta rive
Estre quelque nymphe vive ;
Et que les oiseaux perchez
De leurs cols demi-panchez
En re-jargonnant l'espient,
Et de se tenir s'oublient
Sur la branche, tant l'ardeur
De ses yeux brusle leur cœur,
Et, trepignans dedans l'arbre,
Font dessus son sein de marbre
Escouler dix mille fleurs,
Fleurs de dix mille couleurs,
Qui tombent comme une nue
Dessus sa poitrine nue :
Si bien qu'on ne peut sçavoir,
A la voir et à les voir,
Laquelle, ou de la fleurette
Ou d'elle, est la plus douillette.
  Vrayment crystal azuré,
Crystal gay'ment emmuré
D'une belle herbe fleurie,

Pour avoir fait à m'amie
Un doux chevet de ton bord,
Quand languissante elle dort;
Je t'asseure, ondette chere,
Que jamais, ainsi qu'Homere,
Noire ne t'appelleray,
Mais tousjours je te lou'ray
Pour claire, pour argentine,
Pour nette, pour crystalline;
Et te suppli' de vouloir,
Ains qu'entrer dedans le Loir
D'une course serpentiere,
Recevoir l'humble priere
Que je fay dessus tes flots,
Et recevoir en ton los
Ces lis et ces belles roses
Que je verse à mains décloses
Avec du miel et du lait
Dessus ton sein ondelet,
Et ces beaux vers que j'engrave
Au bord que ton onde lave.

 Fille à Tethys, desormais
Puisses-tu pour tout jamais
Plus qu'argent estre luisante,
Et que la Chienne cuisante
Jamais dedans ton vaisseau
Ne face tarir ton eau!

 Tousjours les belles Naiades,
Oréades et Dryades,
S'entre-serrans par les mains,
Jointes avec les Sylvains,
Puissent rouer leurs carolles
Autour de tes rives molles,
Et Pan trepignant menu
De son ergot mi-cornu,
Guidant le premier la danse
Au doux son de la cadence!

 Jamais le lascif troupeau,

L'aignelet et le chevreau
Ne brouttent tes rives franches,
Ne jamais fueilles ne branches
Ne puissent troubler ton fond,
Tombant d'enhaut sur ton front,
Front en qui ma Cythérée
A sa face remirée !
Ne jamais quelque Roland,
Espoint d'amour violant,
Ne honnisse ta belle onde,
Mais sans cesse vagabonde,
Caquetant sur ton gravois
D'une flo-flotante vois,
Tousjours sa course verrée (1)
Se joigne à l'onde Loirée !

 Mais adieu, Fontaine, adieu,
Tressaillante par ce lieu
Vous courrez perpetuelle
D'une course pérennelle,
Vive sans jamais tarir ;
Et je doy bien tost mourir,
Et je doy bien tost en cendre
Aux Champs Elysez descendre,
Sans qu'il reste rien de moy
Qu'un petit je ne sçay quoy,
Qu'un petit vase de pierre (2)
Cachera dessous la terre.

 Toutefois, ains que mes yeux
Quittent le beau jour des cieux,
Je vous pri', ma Fontelette,
Ma doucelette ondelette,
Je vous pri', n'oubliez pas
Dés le jour de mon trespas

---

1. Claire, liquide et transparente, de mesme que Varron appelle une robbe deliée et fort claire, *vitream togam*. (R.)
2. Un tombeau, ou quelque urne servant à garder les cendres des defuncts selon l'antiquité. (R.)

Contre vos rives de dire
Que Ronsard dessus sa lyre
N'a vostre nom desdaigné;
Et que Cassandre a baigné
Sa belle peau doucelette
En vostre claire ondelette.

A SIMON NICOLAS

Secretaire du Roy.

ODE XIII (1584).

Nicolas, faisons bonne chere
 Tandis qu'en avons le loisir;
Trompon le soin et la misere,
Ennemis de nostre plaisir.
 Purgeon l'humeur qui nous enflame
D'avarice et d'ambition;
Ayon, philosophes, une ame
Toute franche de passion.
 Chasson le soin, chasson la peine,
Contenton-nous de nostre rien :
Quand nostre ame sera bien saine
Tout le corps se portera bien.
 Une ame de biens affamée
Obscurcit tousjours la raison :
Il ne faut qu'un peu de fumée
Pour noircir toute la maison.
 Faire conqueste sur conqueste
De biens amassez sans propos,
Ce n'est que nous rompre la teste,
Et ne trouver jamais repos.
 J'ay raclé de ma fantasie
Le monde au visage éhonté,

Pour vaquer à la poësie
Quand j'en auray la volonté.
 Voilà le bien que je desire,
Sans plus en vain me tourmenter :
Désormais sera mon empire
Que savoir bien me contenter (a).
 Quand ta fiévre (dont la memoire
Me fait encores frissonner)
Ne t'auroit appris qu'à bien boire,
Tu ne la dois abandonner.
 A toutes les fois que l'envie
Te prendra de boire, reboy ;
Boy souvent, aussi bien la vie
N'est pas plus longue que le doy.
 C'est un grand bien d'estre hydropique
Et d'eau s'enfler la ronde peau :
Des elemens le plus antique
Et le meilleur, n'est-ce pas l'eau ?
 Non seulement la maladie
Qui nous surprend par ses efforts
Ne rend nostre masse estourdie,
Enervant les forces du corps,
 Mais elle trouble la cervelle,
Et l'esprit qui nous vient des cieux :
Il n'y a part qui ne chancelle,
Quand les hommes deviennent vieux.
 Puis la mort vient, la vieille escarce ;
Alors un chacun se repent
Que mieux il n'a joué sa farce ;
Mais bon-temps, à Dieu t'y command'.

a. Var. (1587) :
 Afin que mon ame n'empire
 Par faute de se contenter.

A JANET

Peintre du Roy très-excellent.

ODE GENIALE XIV..

Boy, Janet (1), à moy tour à tour,
Et ne ressembles au vautour
Qui tousjours tire la charongne.
Tu es un sot : un bon yvrongne
Autant pour une nopce vaut
Qu'un bon guerrier pour un assaut.
 Car ce n'est moins entre les pots
D'en-hardir par vineux propos
Un homme paresseux à boire,
Que pour gaigner une victoire,
Rendre à la bataille hardy
Un capitaine acouardy.
 Boy donc, ne fay plus du songeart :
Au vin gist la plus grande part
Du jeu d'amour et de la danse.
L'homme sot qui lave sa panse
D'autre breuvage que du vin
Meurt tousjours de mauvaise fin.
 A bon droit le ciel a donné
A l'homme qui n'est aviné
Tousjours quelque fortune dure ;
Autrement la mordante cure,
Qui nous cuit l'ame à petit feu,
Ne s'en-va qu'après avoir beu.

---

1. Dans l'éd. de 1560, il y a *Vilain.* Est-ce un nom propre ? — Dans celles de 1567, 1571 et 1573, il y a Janin ; dans celle de 1584, on lit Janet. Nous avons conservé *Janet*, dont le nom est historique.

Après le vin on n'a souci
D'amour ny de la cour aussi,
Ny de procez, ny de la guerre.
Hé ! que celui lâchement erre
Qui, faisant ainsi que Penthé,
Bacchus en ses vers n'a chanté !

 Boy doncques à moy tour à tour,
Et ne ressembles au vautour
Qui tousjours tire la charongne :
Il vaut mieux voir en peau d'yvrongne
Là bas l'infernal passager,
Que de crever de trop manger.

ODE XV.

Nous ne tenons en nostre main
Le temps futur du lendemain ;
La vie n'a point d'asseurance,
Et, pendant que nous desirons
La faveur des roys, nous mourons
Au milieu de nostre esperance.

 L'homme, après son dernier trespas,
Plus ne boit ne mange là bas,
Et sa grange, qu'il a laissée
Pleine de blé devant sa fin,
Et sa cave pleine de vin,
Ne luy viennent plus en pensée.

 Hé ! quel gain apporte l'esmoy ?
Va, Corydon, appreste-moy
Un lict de roses espanchées.
Il me plaist, pour me défascher,
A la renverse me coucher
Entre les pots et les jonchées.

 Fay-moy venir Daurat icy ;
Fais-y venir Jodelle aussi,

Et toute la musine troupe (1).
Depuis le soir jusqu'au matin
Je veux leur donner un festin
Et cent fois leur pendre la coupe.
   Verse donc et reverse encor
Dedans ceste grand' coupe d'or :
Je vay boire à Henry Estienne,
Qui des enfers nous a rendu
Du vieil Anacreon perdu
La douce lyre teïenne.
   A toy, gentil Anacreon,
Doit son plaisir le biberon,
Et Bacchus te doit ses bouteilles;
Amour son compagnon te doit
Venus, et Silène, qui boit
L'esté dessous l'ombre des treilles.

ODE XVI.

Mon Choiseul, leve tes yeux :
Ces mesmes flambeaux des cieux,
Ce soleil et ceste lune,
C'estoit la mesme commune
Qui luisoit à nos ayeux.
   Mais rien ne se perd là haut,
Et le genre humain defaut
Comme une rose pourprine,
Qui languit dessus l'espine
Si tost qu'elle sent le chaud.
   Nous ne devons esperer
De tousjours vifs demeurer,

---

1. L'excellente pleïade des esprits de son temps, Daurat, Du Bellay, Belleau, Baïf, Jodelle, Scevole de Saincte-Marthe, Muret, et nostre poëte par dessus tous. (R.)

Nous, le songe d'une vie.
Qui, bons dieux! auroit envie
De vouloir tousjours durer?
 Non, ce n'est moy qui veux or
Vivre autant que fit Nestor.
Quel plaisir, quelle liesse
Reçoit l'homme en sa vieillesse,
Eust-il mille talens d'or?
 L'homme vieil ne peut marcher,
N'ouyr, ne voir ny mascher :
C'est une idole enfumée
Au coin d'une cheminée,
Qui ne fait rien que cracher.
 Il est tousjours en courroux;
Bacchus ne luy est plus doux,
Ny de Venus l'accointance;
En lieu de mener la dance,
Il tremblotte des genoux.
 Si quelque force ont mes vœux,
Escoutez, Dieux, je ne veux
Attendre qu'une mort lente
Me conduise à Rhadamante
Avecques des blancs cheveux.
 [Aussi je ne veux mourir
Ores que je puis courir,
Ouïr, parler, boire et rire,
Danser, jouer de la lyre
Et de plaisirs me nourrir.]
 Ah! qu'on me feroit grand tort
De me trainer voir le bord
Ce jourd'huy du fleuve courbe
Qui là bas reçoit la tourbe
Qui tend les bras vers le port!
 Car je vis, et c'est grand bien
De vivre et de vivre bien,
Faire envers Dieu son office,
Faire à son prince service
Et se contenter du sien.

Celuy qui vit en ce poinct,
Heureux, ne convoite point
Du peuple estre nommé Sire,
D'adjoindre au sien un empire,
De trop d'avarice espoint.

 Celuy n'a soucy quel roy
Tyrannise sous sa loy
Ou la Perse, ou la Syrie,
Ou l'Inde, ou la Tartarie :
Car celuy vit sans esmoy.

 Ou bien, s'il a quelque soin,
C'est de s'endormir au coin
De quelque grotte sauvage,
Ou, le long d'un beau rivage,
Tout seul se perdre bien loin ;

 Et, soit à l'aube du jour,
Ou quand la nuict fait son tour
Dans sa charrette endormie,
Se souvenant de s'amie,
Tousjours chanter de l'amour.

ODE XVII.

Mon neveu, suy la vertu :
Le jeune homme revestu
De la science honorable
Aux peuples, en chacun lieu,
Apparoist un demi-dieu
Pour son sçavoir venerable.

 Sois courtois, sois amoureux,
Sois en guerre valeureux,
Aux petits ne fais injures ;
Mais, si un grand te fait tort,
Souhaitte plustost la mort
Que d'un seul poinct tu l'endures.

Jamais, en nulle saison,
Ne cagnarde en ta maison;
Voy les terres estrangeres,
Faisant service à ton Roy,
Et garde tousjours la loy
Que souloient garder tes peres.
Ne sois menteur ny paillard,
Yvrongne ni babillard;
Fay que ta jeunesse caute
Soit vieille devant le temps.
Si bien ces vers tu entens,
Tu ne feras jamais faute.

ODE XVIII.

Puis que tost je doy reposer
  Outre l'infernale riviere,
Hé! que me sert de composer
Autant de vers qu'a fait Homere?
  Les vers ne me sauveront pas
Qu'ombre poudreuse, je ne sente
Le faix de la tombe là bas,
S'elle est bien legere ou pesante.
  Je pose le cas que mes vers,
De mon labeur en contr'eschange,
Dix ou vingt ans, par l'univers (a),
M'apportent un peu de louange,
  [Que faut-il pour la consumer,
Et pour mon livre ôter de terre,
Qu'un feu qui le vienne allumer,
Ou qu'une esclandre de la guerre?]

a. Var. (1587):
  Cent ans ou deux......

Suis-je meilleur qu'Anacreon,
Que Stesichore ou Simonide,
Ou qu'Antimache ou que Bion,
Que Philete ou que Bacchylide?
   Toutefois, bien qu'ils fussent Grecs,
Que leur servit leur beau langage,
Puis que les ans venus après
Ont mis en poudre leur ouvrage?
   Donque moy, qui suis nay François,
Composeur de rimes barbares,
Hé! doy-je esperer que ma vois
Surmonte les siècles avares?
   Non-non, il vaut mieux, Rubampré,
Son âge en trafiques despendre,
Ou devant un senat pourpré
Pour de l'argent sa langue vendre,
   Que de suivre l'ocieux train
De ceste pauvre Calliope,
Qui tousjours fait mourir de faim
Les meilleurs chantres de sa trope.

ODE XIX [1].

Quand je veux en amour prendre mes passe-temps,
  M'amie, en se moquant, laid et vieillard me nom-
« Quoy! dit-elle, rêveur, tu as plus de cent ans, [me.
Et tu veux contrefaire encore le jeune homme!
Tu ne fais que hennir, tu n'as plus de vigueur,
Ta couleur est d'un mort qu'on devalle en la fosse.
Vray est, quand tu me vois, tu prens un peu de cœur:
Un cheval genereux ne devient jamais rosse;
Et, si tu ne m'en crois, pren ce miroir et voy

---

1. Imitée d'Anacréon, ainsi que la suivante. (R.)

Ta barbe en tous endroits de neige parsemée,
Ton œil qui fait la cire espesse comme un doy;
Et ta face qui semble une idole enfumée. »
Alors, je luy respons : « Quant à moy, je ne sçay
Si j'ay l'œil chassieux, si j'ay perdu courage,
Si mes cheveux sont noirs, ou si blancs je les ay :
Il n'est plus temps d'apprendre à mirer mon visage;
Mais, puisque le tombeau me doit bientost avoir,
Certes, tu me devrois d'autant plus être humaine :
Car le vieil homme doit ou jamais recevoir [ne (a). »
Ses plaisirs, d'autant plus qu'il voit la mort prochai-

ODE XX.

Si tost que tu sens arriver
La froide saison de l'hyver,
En septembre, chère arondelle,
Tu t'en-voles bien loin de nous;
Puis tu reviens quand le temps doux,
Au mois d'avril, se renouvelle;
   Mais Amour, oyseau comme toy,
Ne s'enfuit jamais de chez-moy :
Tousjours mon hoste je le trouve;
Il se niche en mon cœur tousjours,
Et pond mille petits Amours
Qu'au fond de ma poitrine il couve.
   L'un a des ailerons au flanc,
L'autre de duvet est tout blanc,
Et l'autre ne fait que d'éclore;

---

a. Var. (1587) :

Mais, puis que mon corps doit sous la terre moisir
Bien tost, et que Pluton victime le veut prendre,
Plus il me faut haster de ravir le plaisir,
D'autant plus que ma vie est proche de sa cendre.

L'un de la coque à demy sort,
Et l'autre en becquette le bord,
Et l'autre est dedans l'œuf encore.

   J'entens, soit de jour, soit de nuit,
De ces petits Amours le bruit,
Béans pour avoir la béchée,
Qui sont nourris par les plus grans,
Et, grands devenus, tous les ans
Me couvent une autre nichée.

   Quel remede auroy-je, Brinon,
Encontre tant d'Amours, sinon
(Puis que d'eux je me desespere),
Pour soudain guarir ma langueur,
D'une dague m'ouvrant le cœur,
Tuer les petits et leur mère?

Ode XXI.

Ta seule vertu reprend
  Le vieil Ascrean, qui ment
Quand il dit que la Justice,
La Pitié, le sainct Amour,
Ont quitté ce bas sejour,
Abhorrant nostre malice :

   Car icy bas j'apperçoy
Toutes ces vertus en toy,
J'en ay fait la seure espreuve;
Il n'y a foy n'amitié,
Honneur, bonté ny pitié,
Qui dedans toy ne se treuve.

   Qui dira doncq, Charbonnier,
Que ce vieil siecle dernier,
Où Dieu l'ame t'a donnée,
Soit de fer, puis qu'aujourd'huy
Par toy l'on revoit en luy
La saison d'or retournée?

ODE XXII(1).

La belle Venus un jour
M'amena son fils Amour ;
En l'amenant me vint dire :
« Escoute, mon cher Ronsard,
Enseigne à mon enfant l'art
De bien jouer de la lyre. »
 Incontinent je le pris,
Et soigneux je luy appris
Comme Mercure eut la peine
De premier la façonner,
Et de premier en sonner
Dessus le mont de Cyllene ;
 Comme Minerve inventa
Le haut-bois, qu'elle jetta
Dedans l'eau toute marrie ;
Comme Pan le chalumeau,
Qu'il pertuisa du roseau
Formé du corps de s'amie.
 Ainsi, pauvre que j'estois,
Tout mon art je recordois
A cet enfant pour l'apprendre ;
Mais luy, comme un faux garson,
Se moquoit de ma chanson,
Et ne la vouloit entendre.
 « Pauvre sot, ce me dit-il,
Tu te penses bien subtil !
Mais tu as la teste fole
D'oser t'egaler à moy,
Qui jeune en sçay plus que toy,
Ny que ceux de ton escole. »
 Et alors il me sou-rit,
Et en me flatant m'apprit

---

1. Imité de Bion, idyl. 4. (R.)

Tous les œuvres de sa mere,
Et comme pour trop aimer
Il avoit fait transformer
En cent figures son pere.
  Il me dit tous ses attraits,
Tous ses jeux, et de quels traits
Il blesse les fantaisies
Et des hommes et des Dieux,
Tous ses tourmens gracieux,
Et toutes ses jalousies.
  Et me les disant, alors
J'oubliay tous les accors
De ma lyre desdaignée,
Pour retenir en leur lieu
L'autre chanson que ce Dieu
M'avoit par cœur enseignée.

A ANDRÉ THEVET, ANGOUMOISIN.

Ode XXIII.

Hardy celui qui le premier
  Vid au bois le pin montaignier
Inutile sur sa racine,
Et qui, le tranchant en un tronc,
Le laissa seicher de son long
Dessus le bord de la marine;
  Puis, sec des rayons de l'esté,
Le scia d'un fer bien denté,
Le transformant en une hune,
En mast, en tillac, en carreaux,
Et l'envoya dessus les eaux
Servir de charrette à Neptune!
  Tethys, qui tousjours avoit eu
D'avirons le dos non batu,
Sentit des playes incogneues;

Et, maugré les vents furieux,
Argon d'un art laborieux
Sillonna les vagues chenues.
 Sous la conduite de Tiphys
L'entreprise (ô Jason) tu fis
D'acquerir la laine dorée,
Avec quarante chevaliers,
En force et vertus les premiers
De toute la Grece honorée.
 Les Tritons, qui s'esbahissoient
De voir ta navire, poussoient
Hors de la mer leurs testes blondes,
Et les Phorcydes, d'un long tour,
En carolant tout à l'entour,
Conduisoient ta nef sus les ondes.
 Orphé dessus la proue estoit,
Qui des doigts son luth pincetoit
Et respondoit à la navire,
Laissant des aiguillons ardans
Aux cœurs de ces preux, accordans
L'aviron au son de la lyre.
 Or si Jason a tant receu
De gloire pour avoir deceu
Une jeune infante amoureuse,
Pour avoir d'un dragon veillant
Charmé le regard sommeillant
Par une force monstrueuse,
 Et, pour n'avoir passé sinon
Qu'un fleuve de petit renom,
Qu'une mer qui va de Thessale
Jusqu'aux rivages Medéens,
A merité des anciens
Un honneur qui les Dieux égale,
 Combien Thevet (1) au pris de luy (a)

---

a. *Var.*:
 Combien Belon au pris de luy.
1. André Thevet avoit publié, sous le titre de *Cosmogra-*

Doit avoir en France aujourd'huy
D'honneur, de faveur et de gloire,
Qui a veu ce grand univers,
Et de longueur et de travers,
Et la gent blanche et la gent noire!
    Qui de près a veu le soleil
Aux Indes faire son réveil
Quand de son char il prend les brides,
Et l'a veu de près sommeiller
Dessous l'Occident, et bailler
Son char en garde aux Nereïdes!
    Qui luy a veu faire son tour
En Égypte au plus haut du jour,
Puis l'a reveu dessous la terre
Aux antipodes esclairer,
Quand nous voyons sa sœur errer
Dedans le ciel qui nous enserre!
    Qui a pratiqué mille ports,
Mille rivages, mille bords,
Tous sonnant un divers langage,
Et mille fleuves tous bruyants
De mille parts divers fuyants
Dans la mer d'un tortu voyage (a)!
    Qui a descrit mille façons
D'oiseaux, de serpens, de poissons,
Nouveaux à nostre cognoissance;

phie du Levant, la relation de son voyage en Orient. Pierre Belon, dont le nom fut plus tard substitué au sien dans cette pièce, avoit donné, en 1553, les *Observations de plusieurs singularitez et choses memorables trouvées en Grèce, Asie, Judée*, etc.

a. Var. :

Separez de diverses bornes,
Mille fleuves bons au ramer,
Qui bruyans roulent en la mer,
Fendans le chemin de leurs cornes?

Puis en ayant sauvé son chef
Des dangers, a logé sa nef
Dedans le beau port de la France!
　　Il est abordé dans le port
Du docte Bourdin (¹), son support,
Qui comme un sçavant Ptolomée
A de tous costez amassez
Les livres des siecles passez
Empanez de la renommée.
　　Qui garde en son cœur l'equité,
L'innocence et la verité,
Ennemy capital du vice,
Aimé des peuples et de Dieu,
Et qui du palais au milieu
Paroist l'image de Justice.
　　Qui doit sur tous avoir le pris,
Comme aux trois langues bien appris;
Qui seul fait cas des doctes hommes,
Qui par son sçavoir honoré
A presque tout seul redoré
Cet âge de fer où nous sommes.
　　Thevet, il te l'a bien monstré (*b*),
Si tost que tu l'as rencontré;
Et tu eusses couru peut-estre
Non une fois, mais mille fois,
Les cours des papes et des rois,
Sans t'accointer d'un si bon maistre.

b. Var.:

Belon, sa faveur t'a monstré.

1. Lors procureur general du roy, et duquel nous avons de doctes observations sur l'ordonnance de Moulins. (R.)

ODELETTE XXIV (1584).

Cependant que ce beau mois dure,
Mignonne, allon sur la verdure,
Ne laisson perdre en vain le temps ;
L'âge glissant qui ne s'arreste,
Meslant le poil de nostre teste,
S'enfuit ainsi que le printemps.

  Donq, cependant que nostre vie
Et le temps d'aimer nous convie,
Aimon, moissonnon nos desirs,
Passon l'amour de veine en veine ;
Incontinent la mort prochaine
Viendra desrober nos plaisirs.

ODE XXV (1).

Par dialogue.

CASSANDRE.

D'où viens-tu, douce Colombelle,
D'amour messagere fidelle ?
Hé ! d'où viens-tu ? En quelle part
As-tu laissé nostre Ronsard.

COLOMBELLE.

  D'où je vien ! qu'en as-tu que faire ?
Ton Ronsard, qui te veut complaire,
De qui tu es le seul émoy,
M'envoye icy par devers toy,
M'ayant eu naguiere en eschange
De Venus, pour une louange.

1. Imitée d'Anacréon.

CASSANDRE.

Gentil pigeon, vrayment, tu sois
Le bien-venu cent mille fois.
Mais dy-moy, dy-moy, je te prie,
A-t-il point fait nouvelle amie
Depuis qu'il s'en alla d'ici,
Où s'il m'a tousjours en souci ?

COLOMBELLE.

Plustost les monts seront valées,
Les rivieres les eaux salées,
Que, perfide, il manque de foy,
Pour servir une autre que toy.

CASSANDRE.

Est-il possible qu'on te croye ?

COLOMBELLE.

Tu m'en croiras, car il m'envoye
De Vendomois, et parmy l'air
Jusques icy m'a fait voler
Avec ces vers qu'au bec j'apporte ;
Et m'a dit, si je fais en sorte
Que j'amolisse ta fierté,
Qu'il me donnera liberté.
Mais pour cela je ne veux estre
Ny libre, ne changer de maistre ;
Car que me vaudroit de changer,
Afin d'aller après manger
Comme auparavant, ès boccages,
Des glands et des graines sauvages,
Quand il m'esmie de sa main
Tousjours à la table du pain,
Et me fait boire dans son verre ?
Après avoir beu je desserre
Toutes mes ailes, et luy fais
Sur la teste un ombrage frais ;
Puis je m'endors dessus sa lyre.

Mais luy, qui jour et nuict souspire
Pour ton amour, à tous les coups
Me fait rompre mon somme dous
De mille baisers qu'il me donne,
En me disant : Douce mignonne,
Las ! je t'aime : car je te voy
Vivre en servage comme moy.
Vray est que tu pourrois bien vivre,
De ma cage franche et delivre,
Si tu voulois voler aux bois ;
Mais moy, fuitif, je ne pourrois
Vivre franc de la servitude
Où nostre geoliere trop rude
Sans espoir me tient arresté.

Mais adieu, c'est trop caqueté ;
Tu m'as rendue plus jazarde
Qu'une corneille babillarde.
Trop longuement icy j'attens :
Baille-moy response, il est temps.

ODE XXVI.

En vous donnant ce pourtrait mien,
Dame, je ne vous donne rien ;
Car tout le bien qui estoit nostre
Amour dés le jour le fit vostre
Que je receu dedans le cœur
Vostre nom et vostre rigueur ;
Puis la chose est bien raisonnable,
Que la peinture ressemblable
Au corps qui languit en soucy
Pour vostre amour soit vostre aussi.

Mais voyez comme elle me semble,
Pensive, triste, et palle ensemble,
Pourtraitte de mesme couleur

Qu'Amour a pourtrait son seigneur!
Que pleust à Dieu que la nature
M'eust fait au cœur une ouverture,
Afin que vous eussiez pouvoir
De me cognoistre et de me voir!
Car ce n'est rien de voir, maistresse,
La face, qui est tromperesse,
Et le front bien souvent moqueur;
C'est le tout que de voir le cœur.
Vous verriez du mien la constance,
La foy, l'amour, l'obéissance;
Et les voyant, peut-estre aussi
Qu'auriez de luy quelque merci,
Et des angoisses qu'il endure,
Voire quand vout seriez plus dure
Que les rochers Caucaseans,
Où les naufrages Ægeans,
Qui sourds n'entendent les prieres
Des pauvres barques marinieres.

ODE XXVI (1).

Le boiteux mary de Venus,
Le maistre des Cyclopes nus,
Rallumoit un jour les flameches
De sa forge, afin d'eschauffer
Une grande masse de fer
Pour en faire à l'Amour des flèches.
 Venus les trempoit dans du miel,
Amour les trempoit dans du fiel,
Quand Mars, retourné des alarmes,
En se moquant les mesprisoit,
Et branlant son dard, luy disoit :

1. Imité d'une ode d'Anacréon. (R.)

Voicy bien de plus fortes armes.
　Tu t'en ris donq! lui dit Amour;
Vrayment tu sentiras un jour
Combien leur poincture est amère,
Quand d'elles blessé dans le cœur
(Toy qui fais tant du belliqueur)
Languiras au sein de ma mère.

A MONSIEUR DE VERDUN,

Secrétaire et conseiller du Roy.

ODE XXVIII (1567).

Si j'avois un riche tresor,
Ou des vaisseaux engravez d'or,
Tableaux ou medailles de cuivre,
Ou ces joyaux qui font passer
Tant de mers pour les amasser,
Où le jour se laisse revivre,
　Je t'en ferois un beau present.
Mais quoy! cela ne t'est plaisant,
Aux richesses tu ne t'amuses
Qui ne font que nous estonner;
C'est pourquoy je te veux donner
Le bien que m'ont donné les Muses.
　Je sçay que tu contes assez
De biens l'un sur l'autre amassez,
Qui perissent comme fumée,
Ou comme un songe qui s'enfuit
Du cerveau si tost que la nuit
Au second somme est consumée.
　L'un au matin s'enfle en son bien,
Qui au soleil couchant n'a rien,
Par défaveur, ou par disgrace,

Ou par un changement commun,
Ou par l'envie de quelqu'un
Qui ravit ce que l'autre amasse.
 Mais les beaux vers ne changent pas,
Qui durent contre le trespas,
Et en devançant les années,
Hautains de gloire et de bon-heur,
Des hommes emportent l'honneur
Dessur leurs courses empennées.
 Dy-moy, Verdun, qui penses-tu
Qui ait deterré la vertu
D'Hector, d'Achille et d'Alexandre,
Envoyé Bacchus dans les Cieux,
Et Hercule au nombre des dieux,
Et de Junon l'a fait le gendre,
 Sinon le vers bien accomply,
Qui tirant leurs noms de l'oubly,
Plongez au plus profond de l'onde
De Styx, les a remis au jour,
Les relogeant au grand sejour
Par deux fois de nostre grand monde ?
 Mort est l'honneur de tant de rois
Espagnols, germains et françois,
D'un tombeau pressant leur mémoire ;
Car les rois et les empereurs
Ne different aux laboureurs
Si quelcun ne chante leur gloire.
 Quant à moy, je ne veux souffrir
Que ton beau nom se vienne offrir
A la Mort, sans que je le vange,
Pour n'estre jamais finissant,
Mais d'âge en âge verdissant,
Surmonter la Mort et le change.
 Je veux, maugré les ans obscurs,
Que tu sois des peuples futurs
Cognu sur tous ceux de nostre âge,
Pour avoir conçeu volontiers
Des neuf Pucelles les mestiers,

Qui t'ont enflamé le courage,
Non pas au gain ny au vil prix,
Mais pour estre des mieux appris
Entre les hommes qui s'assemblent
Sur Parnasse au double sourci;
C'est pourquoy tu aimes aussi
Les bons esprits qui te ressemblent.

Or pour le plaisir, quant à moy,
Verdun, que j'ay receu de toy,
Tu n'auras rien de ton poëte
Sinon ces vers que je t'ay faits,
Et avec ces vers les souhaits
Que pour bon-heur je te souhaite.

Dieu vueille benir ta maison
De beaux enfans naiz à foison
De ta femme belle et pudique;
La concorde habite en ton lit,
Et bien loin de toy soit le bruit
De toute noise domestique.

Sois gaillard, dispost et joyeux,
Ny convoiteux ny soucieux
Des choses qui nous rongent l'ame;
Fuy toutes sortes de douleurs,
Et ne pren soucy des malheurs
Qui sont predits par Nostradame.

Ne romps ton tranquille repos
Pour papaux, ny pour huguenots,
Ny amy d'eux, ny adversaire,
Croyant que Dieu pere tres-dous
(Qui n'est partial comme nous)
Sçait ce qui nous est necessaire.

N'ayes soucy du lendemain,
Mais, serrant le temps en la main,
Vy joyeusement la journée
Et l'heure en laquelle seras :
Et que sçais-tu si tu verras
L'autre lumiere retournée?

Couche-toy à l'ombre d'un bois,
Ou pres d'un rivage où la vois
D'une fontaine jazeresse
Tressaute, et tandis que tes ans
Sont encore et verds et plaisans,
Par le jeu trompe la vieillesse.

Tout incontinent nous mourrons,
Et bien loin bannis nous irons
Dedans une nacelle obscure
Où plus de rien ne nous souvient,
Et d'où jamais on ne revient :
Car ainsi l'a voulu Nature.

MAGIE, OU DÉLIVRANCE D'AMOUR.

ODE XXIX (1578).

Sans avoir lien qui m'estraigne,
Sans cordons, ceinture ny noüds,
Et sans jartiere à mes genous
Je vien dessus ceste montaigne,
Afin qu'autant soit relasché
Mon cœur d'amoureuses tortures,
Comme de nœuds et de ceintures
Mon corps est franc et détaché.

Demons, seigneurs de ceste terre,
Volez en troupe à mon secours,
Combattez pour moi les Amours :
Contre eux je ne veux plus de guerre.
Vents qui soufflez par ceste plaine,
Et vous, Seine, qui promenez
Vos flots par ces champs, emmenez

En l'Océan noyer ma peine (a).
   Va-t'en habiter tes Cytheres,
Ton Paphos, Prince idalien :
Icy pour rompre ton lien
Je n'ay besoin de tes mysteres.
   Anterot, preste-moy la main,
Enfonce tes fleches diverses ;
Il faut que pour moy tu renverses
Cet ennemy du genre humain.
   Je te pry, grand Dieu, ne m'oublie !
Sus, page, verse à mon costé
Le sac que tu as apporté,
Pour me guarir de ma folie !
   Brusle du soufre et de l'encens.
Comme en l'air je voy consommée
Leur vapeur, se puisse en fumée
Consommer le mal que je sens !
   Verse-moy l'eau de ceste esguiere ;
Et comme à bas tu la respans,
Qu'ainsi coule en ceste riviere
L'amour, duquel je me répans.
   Ne tourne plus ce devideau :
Comme soudain son cours s'arreste,
Ainsi la fureur de ma teste
Ne tourne plus en mon cerveau.

a. Var. :

   Venez tost aërins gendarmes ;
Démons, volez à mon secours.
Je quitte, apostat des amours,
La solde, le camp et les armes.
   Vents qui meuvez l'air vostre amy,
Enfans engendrez de la Seine,
En l'Océan noyez ma peine ;
Noyez Amour, mon ennemy.

Laisse dans ce geniévre prendre
Un feu s'enfumant peu à peu :
Amour ! je ne veux plus de feu,
Je ne veux plus que de la cendre.

Vien viste, enlasse-moy le flanc,
Non de thym ny de marjolaine,
Mais bien d'armoise et de vervaine,
Pour mieux me rafraischir le sang.

Verse du sel en ceste place :
Comme il est infertile, ainsi
L'engeance du cruel soucy
Ne couve en mon cœur plus de race.

Romps devant moy tous ses presens,
Cheveux, gands, chifres, escriture,
Romps ses lettres et sa peinture,
Et jette les morceaux aux vens.

Vien donc, ouvre-moy ceste cage,
Et laisse vivre en libertez
Ces pauvres oiseaux arrestez,
Ainsi que j'estois en servage.

Passereaux, volez à plaisir ;
De ma cage je vous delivre,
Comme desormais je veux vivre
Au gré de mon premier desir.

Vole, ma douce tourterelle,
Le vray symbole de l'amour ;
Je ne veux plus ni nuit ni jour
Entendre ta plainte fidelle.

Pigeon, comme tout à l'entour
Ton corps emplumé je desplume,
Puissé-je, en ce feu que j'allume,
Déplumer les ailes d'Amour ;

Je veux à la façon antique
Bastir un temple de cyprés,
Où d'Amour je rompray les traits
Dessus l'autel anterotique.

Vivant il ne faut plus mourir,

Il faut du cœur s'oster la playe :
Dix lustres veulent que j'essaye
Le remede de me guarir.
 Adieu, Amour, adieu tes flames,
Adieu ta douceur, ta rigueur,
Et bref, adieu toutes les dames
Qui m'ont jadis bruslé le cœur.
 Adieu le mont Valerien,
Montagne par Venus nommée,
Quand Francus conduit son armée
Dessus le bord Parisien.

VERS SAPPHIQUES.

Les vers sapphiques ne sont, ny ne furent, ny ne seront jamais agreables, s'ils ne sont chantez de voix vive, ou pour le moins accordez aux instrumens, qui sont la vie et l'ame de la poësie. Car Sapphon chantant ces vers ou accommodez à son cystre, ou à quelque rebec, estant toute rabuffée, à cheveux mal-agencez et negligez, avec un contour d'yeux languissants et putaciers, leur donnoit plus de grace que toutes les trompettes, fifres et tabourins n'en donnoient aux vers masles et hardis d'Alcée, son citoyen et contemporain, faisant la guerre aux tyrans.

ODE SAPPHIQUE XXX (1584).

Belle dont les yeux doucement m'ont tué
Par un doux regard qu'au cœur ils m'ont rué,
Et m'ont en un roc insensible mué
    En mon poil grison,
Que j'estois heureux en ma jeune saison,
Avant qu'avoir beu l'amoureuse poison!
Bien loin de souspirs, de pleurs et de prison,
    Libre je vivoy.
Sans servir autruy, tout seul je me servoy;
Engagé n'avois ny mon cœur ny ma foy;
De ma volonté j'estois seigneur et roy.
    O fascheux Amour!

Pourquoy dans mon cœur as-tu fait ton sejour ?
Je languis la nuit, je souspire le jour ;
Le sang tout gelé se ramasse à l'entour
    De mon cœur transi.
Mon traistre penser me nourrit de souci ;
L'esprit y consent et la raison aussi.
Long temps en tel mal vivre ne puis ainsi :
    La mort vaudroit mieux.
Devallon là bas à ce bord stygieux ;
D'amour ny du jour je ne veux plus jouyr.
Pour ne voir plus rien je veux perdre les yeux
    Comme j'ay l'ouyr.

ODE SAPPHIQUE XXXI (1584).

Mon âge et mon sang ne sont plus en vigueur,
Les ardents pensers ne m'eschauffent le cœur ;
Plus mon chef grison ne se veut enfermer
    Sous le joug d'aimer.
En mon jeune avril, d'Amour je fus soudart,
Et, vaillant guerrier, portay son estendart ;
Ores à l'autel de Venus je l'appens,
    Et forcé me rens.
Plus ne veux ouyr ces mots delicieux :
« Ma vie, mon sang, ma chere ame, mes yeux. »
C'est pour les amans à qui le sang plus chaud
    Au cœur ne défaut.
Je veux d'autre feu ma poitrine eschaufer,
Cognoistre nature et bien philosopher,
Du monde sçavoir et des astres le cours,
    Retours et destours.
Donc, sonnets, adieu ! adieu, douces chansons !
Adieu, dance ! adieu de la lyre les sons !
Adieu, traits d'Amour ! Volez en autre part
    Qu'au cœur de Ronsard.

Je veux estre à moy, non plus servir autruy ;
Pour autruy ne veux me donner plus d'ennuy.
Il faut essayer, sans plus me tourmenter,
   De me contenter.
L'oiseau prisonnier, tant soit-il bien traité,
Sa cage rompant, cherche sa liberté :
Servage d'esprit tient de liens plus forts
   Que celuy du corps.
Vostre affection m'a servy de bon-heur.
D'estre aimé de vous ce m'est un grand honneur.
Tant que l'air vital en moy se respandra,
   Il m'en souviendra.
Plus ne veut mon âge à l'amour consentir,
Repris de nature et d'un tard repentir.
Combattre contre elle et luy estre odieux,
   C'est forcer les dieux.

A SA MUSE.

Ode XXXII.

Plus dur que fer j'ay fini mon ouvrage,
 Que l'an, dispos à demener les pas,
Que l'eau, le vent ou le brulant orage,
L'injuriant, ne ru'ront point à bas.
Quand ce viendra que le dernier trespas
M'assoupira d'un somme dur, à l'heure
Sous le tombeau tout Ronsard n'ira pas,
Restant de luy la part qui est meilleure.
 Tousjours, tousjours, sans que jamais je meure,
Je voleray tout vif par l'univers,
Eternisant les champs où je demeure,
De mes lauriers fatalement couvers,
Pour avoir joint les deux harpeurs divers

Au doux babil de ma lyre d'yvoire,
Que j'ay rendus Vandomois par mes vers.
  Sus donque, Muse, emporte au ciel la gloire
Que j'ay gaignée, annonçant la victoire
Dont à bon droit je me voy jouissant,
Et de ton fils consacre la memoire,
Serrant son front d'un laurier verdissant.

FIN DES ODES.

JOANNIS AURATI AD PETRUM RONSARDUM

ODE.

Quis te Deorum cæcus agit furor,
  RONSARDE, Graiûm fana recludere
Arcana ? lucos quis movere,
    Quos situs et sua jam vetustas
  Formidolosos fecerat ? ô novum
Non expavescens primus iter lyræ
Tentare, Romanis quod olim
    Turpiter incutiat pudorem,
  Nil tale quondam tangere pectine
Ausis Latino, quale ferox sonat
Cadmi colonus septichordi
    Liberiùs jaculans ab arcu.
  Tu primus, ut jam trita relinqueres,
Testudinis vestigia gallicæ
Aggressus excluso timore
    Ogygio tua labra fonte

Mersare; voces indéque masculas
Haurire, dignas principibus viris.
Quorum tuâ sacrata buxo
Facta sui stupeant nepotes.
    Fœlix ter ô qui tam modò fortiter
Te vate sese pro patria geret!
Non ejus ultrà oblivioso
Dente teret senium labores,
    Seu quis rebelli frena Britanniæ
Portans, ferocis fregerit impetus
Gentis, suos in limitesque
Reppulerit nimiùm vagantem;
    Avulsa seu quis membra rejunxerit
Regno resectæ brachia Galliæ,
Atque Italas assertor urbes
Reddiderit solitis habenis.

ODE DEL SIGNOR BARTHOLOMEO DEL-BENE

Al signor Pietro Ronsardo, gentil-huomo vandomese, excellentiss. poeta francese.

A *piè d'un verde alloro*
  Fra le tenere fronde,
Mentre canta, et s'asconde
Rossignoletto ancor giovene, e soro,
    Augel crudo, e rapace
  Dal ciel ratto discese,
  Che'l meschinel soprese,
In duol cangiando ogni sua gioia, e pace,
    Quand' io rivolto, dissi
  A la nemica mia,
  Che di par meco gia,
Tenendo gli occhi nel suo volto affissi:

Questo è ben vero esempio
Della mia cruda sorte,
Che ancor giovene e forte
Tu me rapiste à non men crudo scempio.
Mentre fra i sacri rami
D'Apollon io mi sedea:
E cantando apprende
Quel c'huom saggio convien che fugga, ò brami,
Il tuo bel crine aurato
Fè il laccio, che m'avvinse:
De i tuoi beggli occhi vinse
Ogni mio senso il lampo alto et pregiato.
Et se nomar si deve
Morir chi in preda pone
Al senso la ragione,
Mia vita sparve allor come al sol neve.
Cosi diceva io lasso
A quella sospirando,
O RONSARDO, *che amando*
Addutto à sera m'ha gia passo passo.
Felice te, che in uso
Migliore i tuoi verdi anni
Spendeste, e fuor d'affanni
Onde s'è il nome tuo si chiaro effuso.
Da la Garonna al Reno,
Da l'Oceano à l'Alpe,
Et da Hibero, e Calpe
Oltre ad Emo e Olympo, al Gange in seno.
Tu, come il Po di cento
Fiumi, correndo, oscura
Il nome, hai con la pura
Tua penna di mille altre il grido spento.
Ora in stile alto, or' vago
Cantando i grandi heroi,
Ora i dolci ardor tuoi,
Accesi à i raggi di celeste imago.
O virtu fortunata
De la mia chiara duce,

Che à tuoi dì nacque: or' luce
Ne i dotti versi tuoi colta e pregiata.
    Ne men felice ancora
    L'alta e real beltate,
    Et l'altre doti amate
Di quella, che or da noi lunge dimora.
    Di quella, che sen gio
    Al nido suo paterno,
    Qual colomba, che'l verno
Prevede il tempo nubiloso e rio,
    Il tempo, che ha monstrato
    Quanto misero è il gregge
    Cui frena incerta legge
Lungi dal prisco suo sentiero usato!
    Con opra sì divina,
    Che (qual pel grande Homero
    Aspro conteso fero
Smyrna, Argo, Rhodo, Athene e Salamina),
    Luer, Meno, Sartra e Lera,
    Contenderanno un giorno
    Ciascun portar sul corno,
Bramando il nome di tua patria altera.

LE
RECUEIL
DES ODES

Retranchées par Ronsard aux dernières éditions
de ses œuvres.

Nous avons indiqué par un titre en tête de chaque ode la date de l'édition où nous l'avons retrouvée. Celles qui ne portent pas de chiffre paroissent être restées inédites ou n'avoir pas été réunies aux Œuvres de Ronsard avant 1609 et 1617.

LE
RECUEIL
DES ODES

RETRANCHÉES PAR RONSARD AUX DERNIÈRES ÉDITIONS
DE SES ŒUVRES.

ODE (1560).

Je suis homme né pour mourir;
Je suis bien seur que du trespas
Je ne me sçaurois secourir
Que poudre je n'aille là bas.
Je cognois bien les ans que j'ay,
Mais ceux qui me doivent venir,
Bons ou mauvais, je ne les sçay,
Ny quand mon âge doit finir.
Pour-ce fuyez-vous-en, esmoy,
Qui rongez mon cœur à tous coups,
Fuyez-vous-en bien loin de moy.

Je n'ay que faire avecque vous.
　Au moins, avant que trespasser,
Que je puisse à mon aise un jour
Jouer, sauter, rire et dancer
Avecque Bacchus et Amour.

A MARGUERITE (1550).

En mon cœur n'est point escrite
　La rose ny autre fleur,
C'est toy, blanche Marguerite,
Par qui j'ay cette couleur.

N'es-tu celle dont les yeux
　　　Ont surpris
Par un regard gracieux
　　　Mes espris?
Puis que ta sœur de haut pris,
Ta sœur, pucelle d'elite,
N'est cause de ma douleur,
C'est donc par toy, Marguerite,
Que j'ay pris ceste couleur.

Ma couleur palle nasquit,
　　　　Quand mon cœur
Pour maistresse te requit;
　　　Mais rigueur
D'une amoureuse langueur
Soudain paya mon merite,
Me donnant ceste paleur
Pour t'aimer trop, Marguerite,
Et ta vermeille couleur.

Quel charme pourroit casser
　　　　Mon ennuy
Et ma couleur effacer
　　　　Avec luy?

De l'amour que tant je suy
La jouissance subite
Seule osteroit le malheur
Que me donna Marguerite,
Par qui j'ay cette couleur.

A SA GUITERRE (1550).

Ma guiterre, je te chante,
Par qui seule je deçoy,
Je deçoy, je romps, j'enchante
Les amours que je reçoy.
 Nulle chose, tant soit douce,
Ne te sçauroit esgaler,
Toi qui mes ennuis repousse
Si tost qu'ils t'oyent parler.
 Au son de ton harmonie
Je refreschy ma chaleur,
Ardante en flamme infinie,
Naissant d'infini malheur.
 Plus cherement je te garde
Que je ne garde mes yeux,
Et ton fust que je regarde
Peint dessus en mille lieux,
 Où le nom de ma déesse
En maint amoureux lien,
En mains laz d'amour se laisse,
Joindre en chiffre avec le mien ;
 Où le beau Phebus, qui baigne
Dans le Loir son poil doré,
Du luth aux Muses enseigne
Dont elles m'ont honoré,
 Son laurier preste l'oreille,

Si qu'au premier vent qui vient,
De reciter s'apareille
Ce que par cœur il retient.

 Icy les forests compagnes
Orphée attire, et les vens,
Et les voisines campagnes,
Ombrage de bois suivans.

 Là est Ide la branchue,
Où l'oyseau de Jupiter
Dedans sa griffe crochue
Vient Ganymede empieter,

 Ganymede delectable,
Chasserot delicieux,
Qui ores sert à la table
D'un bel échanson aux Dieux.

 Ses chiens après l'aigle aboyent,
Et ses gouverneurs aussi,
En vain étonnez, le voyent
Par l'air emporter ainsi.

 Tu es des dames pensives
L'instrument approprié,
Et des jeunesses lascives
Pour les amours dedié.

 Les amours, c'est ton office,
Non pas les assaus cruels,
Mais le joyeux exercice
De souspirs continuels.

 Encore qu'au temps d'Horace
Les armes de tous costez
Sonnassent par la menace
Des Cantabres indomtez,

 Et que le Romain empire
Foullé des Parthes fust tant,
Si n'a-il point à sa lyre
Bellonne accordé pourtant,

 Mais bien Venus la riante,
Ou son fils plein de rigueur,
Ou bien Lalagé fuyante

Davant avecques son cœur.
 Quand sur toy je chanteroye
D'Hector les combas divers,
Et ce qui fut fait à Troye
Par les Grecs en dix hyvers,
 Cela ne peut satisfaire
A l'amour qui tant me mord :
Que peut Hector pour moy faire ?
Que peut Ajax, qui est mort ?
 Mieux vaut donc de ma maistresse
Chanter les beautez, afin
Qu'à la douleur qui me presse
Daigne mettre heureuse fin ;
 Ces yeux autour desquels semble
Qu'amour vole, ou que dedans
Il se cache, ou qu'il assemble
Cent traits pour les regardans.
 Chanton donc sa chevelure,
De laquelle Amour vainqueur
Noua mille rets à l'heure
Qu'il m'encordela le cœur,
 Et son sein, rose naïve,
Qui va et vient tout ainsi
Que font deux flots à leur rive
Poussez d'un vent adoucy.

A CASSANDRE (1550).

O pucelle plus tendre
 Qu'un beau bouton vermeil
Que le rosier engendre
Au lever du soleil,
D'une part verdissant
De l'autre rougissant !

Plus fort que le lierre
Qui se gripe à l'entour
Du chesne aimé, qu'il serre
Enlassé de maint tour,
Courbant ses bras épars
Sus luy de toutes parts,
 Serrez mon col, maistresse,
De vos deux bras pliez;
D'un neud qui tienne et presse
Doucement me liez;
Un baiser mutuel
Nous soit perpetuel.
 Ny le temps, ny l'envie
D'autre amour desirer,
Ne pourra point ma vie
De vos lévres tirer;
Ains serrez demourrons,
Et baisant nous mourrons.
 En mesme an et mesme heure,
Et en même saison,
Irons voir la demeure
De la palle maison,
Et les champs ordonnez
Aux amans fortunez.
 Amour par les fleurettes
Du printemps eternel
Voirra nos amourettes
Sous le bois maternel;
Là nous sçaurons combien
Les amans ont de bien.
 Le long des belles plaines
Et parmy les prez vers,
Les rives sonnent pleines
De maints accords divers;
L'un joue, et l'autre au son
Danse d'une chanson.
 Là le beau ciel décueuvre
Tousjours un front benin,

Sur les fleurs la couleuvre
Ne vomit son venin,
Et tousjours les oyseaux
Chantent sur les rameaux ;
   Tousjours les vens y sonnent
Je ne sçay quoy de doux,
Et les lauriers y donnent
Tousjours ombrages moux ;
Tousjours les belles fleurs
Y gardent leurs couleurs.
   Parmy le grand espace
De ce verger heureux,
Nous aurons tous deux place
Entre les amoureux,
Et comme eux sans soucy
Nous aimerons aussi.
   Nulle amie ancienne
Ne se dépitera,
Quand de la place sienne
Pour nous deux s'ostera,
Non celles dont les yeux
Prirent le cœur des dieux.

ODE (1560).

Corydon, verse sans fin
Dedans mon verre du vin,
Afin qu'endormir je face
Un procés qui me tirace
Le cœur et l'ame plus fort
Qu'un limier un sanglier mort.
   Après ce procés ici
Jamais peine ne souci,
Ne feront que je me dueille :
Aussi bien, vueille ou non vueille,

Sans faire icy long sejour
　　Il faut que je meure un jour.
　　　Le long vivre me déplaist :
　　Mal-heureux l'homme qui est
　　Accablé de la vieillesse !
　　Quand je perdray la jeunesse,
　　Je veux mourir tout soudain,
　　Sans languir au lendemain.
　　　Ce-pendant verse sans fin
　　Dedans mon verre du vin,
　　A fin qu'endormir je face
　　Un procés qui me tirace
　　Le cœur et l'ame plus fort
　　Qu'un limier un sanglier mort.

ODE (1560).

Hé ! mon Dieu ! que je te hay, Somme,
Et non pour autant qu'on te nomme
Le froid simulacre des morts ;
Mais pour autant que, quand je dors,
Par toy du penser m'est ravie
L'ardeur qui me tenoit en vie ;
Car, dormant, penser je ne puis
Au bien par qui vivant je suis,
Et sans lequel je ne pourroye
Estre vif, si je n'y songeoye.
　　Pource, ne me vien plus siller
L'œil pour me faire sommeiller ;
Le veiller m'est plus agreable
Que n'est ton dormir miserable,
Qui du cœur la nuit me soustrait
Le penser qui vivre me fait.

ODE (1560).

Laisse-moy sommeiller, Amour!
Ne te suffit-il que de jour
Les yeux trop cruels de ma dame
Me tourmentent le corps et l'ame,
Sans la nuict me vouloir ainsi
Tourmenter d'un nouveau souci,
Alors que je devrois refaire
Dans le lit la peine ordinaire
Que tout le jour je souffre au cœur!

   Helas! Amour plein de rigueur,
Cruel enfant, que veux-tu dire?
Toujours le vautour ne martyre
Le pauvre cœur Promethean
Sur le sommet Caucasean,
Mais de nuict recroistre le laisse,
A fin qu'au matin s'en repaisse.

   Mais tu me ronges jour et nuit,
Et ton soin, qui tousjours me suit,
Ne veut que mon cœur se reface;
Mais tousjours, tousjours le tirace,
Ainsi qu'un acharné limier
Tirace le cœur d'un sanglier.

   Chacun dit que je suis malade,
Me voyant la couleur si fade
Et le teint si morne et si blanc;
Et dit-on vray, car je n'ay sang
En veine, ny force en artere;
Aussi la nuict je ne digere
Et mon souper me reste cru
Dans l'estomac d'amours recru.

   Mais, Amour, j'auray la vengeance
De ta cruelle outrecuidance

Quittant ma vie, et, si je meurs,
Je seray franc de tes douleurs :
Car rien ne peut ta tyrannie
Sus un corps qui n'a plus de vie.

A SON LUT (1550) [1].

Si autre-fois sous l'ombre de Gastine
Avons joué quelque chanson latine,
   De Cassandre enamouré,
   Sus, maintenant, lut doré,
Sus, l'honneur mien, dont la voix delectable
Sçait réjouir les princes à la table,
   Change de forme, et me sois
   Maintenant un lut françois.

Je t'asseure que tes cordes
Par moy ne seront polues
De chansons salement ordes
D'un tas d'amours dissolues ;
Je ne chanteray les princes,
Ny le soin de leurs provinces,
Ny moins la nef que prepare
Le marchant, las ! trop avare
Pour aller après ramer
Jusqu'aux plus lointaines terres,
Peschant ne sçay quelles pierres
Au bord de l'Indique mer.

Tandis qu'en l'air je souffleray ma vie,
Sonner Phebus j'auray tousjours envie,
   Et ses compagnes aussi,

---

1. Cette ode est la première que l'auteur ait jamais composée ; de même celle qu'il adresse à Jacques Pelletier, celle de Gaspard d'Auvergne et de Maclou de Lahaye, et la prière à Dieu pour la famine. Aussi ne sont-elles pas mesurées ni propres à chanter. (Note de 1560.)

Pour leur rendre un grand-merci
De m'avoir fait poëte de nature,
Idolatrant la musique et peinture,
 Prestre saint de leurs chansons,
 Qui accordent à tes sons.

 L'enfant que la douce Muse
 Naissant d'œil benin a veu,
 Et de sa science infuse
 Son jeune esprit a pourveu,
 Tousjours en sa fantasie
 Ardera de poësie
 Sans pretendre un autre bien ;
 Encor qu'il combatist bien,
 Jamais les Muses peureuses
 Ne voudront le premïer
 De laurier, fust-il premier
 Aux guerres victorieuses.

La poésie est un feu consumant
Par grand ardeur l'esprit de son amant,
 Esprit que jamais ne laisse
 En repos, tant elle presse.
Voila pourquoy le ministre des Dieux
Vit sans grans biens, d'autant qu'il aime mieux
 Abonder d'inventions
 Que de grand's possessions.

 Mais Dieu juste, qui dispense
 Tout en tous, les fait chanter
 Le futur en recompense
 Pour le monde espouvanter.
 Ce sont les seuls interpretes
 Des hauts Dieux que les poëtes ;
 Car aux prieres qu'ils font
 L'or aux Dieux criant ne sont,
 Ni la richesse, qui passe ;
 Mais un lut tousjours parlant
 L'art des Muses excellent,
 Pour dessus leur rendre grace.

Que dirons-nous de la musique sainte?
Si quelque amante en a l'aureille atteinte,
    Lente en larmes goute à goute
    Fondra sa chere ame toute,
Tant la douceur d'une harmonie éveille
D'un cœur ardant l'amitié qui sommeille,
    Au vif luy representant
    L'aimé par ce qu'elle entend.

    La Nature, de tout mere,
    Prevoyant que nostre vie
    Sans plaisir seroit amere,
    De la musique eut envie,
    Et, ses accords inventant,
    Alla ses fils contentant
    Par le son, qui loin nous jette
    L'ennuy de l'ame sujette,
    Pour l'ennuy mesme donter;
    Ce que l'emeraude fine
    Ni l'or tiré de sa mine
    N'ont la puissance d'oster.

Sus, Muses, sus, celebrez-moy le nom
Du grand Apelle, immortel de renom,
    Et de Zeuxe, qui peignoit
    Si au vif qu'il contraignoit
L'esprit ravy du pensif regardant
A s'oublier soy-mesme, ce-pendant
    Que l'œil humoit à longs trais
    La douceur de ses portrais.

    C'est un celeste present
    Transmis çà-bas où nous sommes,
    Qui regne encore à present,
    Pour lever en haut les hommes;
    Car, ainsi que Dieu a fait
    De rien le monde parfait,
    Il veut qu'en petite espace
    Le peintre ingenieux face
    (Alors qu'il est agité),

Sans avoir nulle matiere,
Instrument de deïté.

On dit que cil qui r'anima les terres,
Vuides de gens, par le jet de ses pierres (1)
   (Origine de la rude
   Et grossiere multitude),
Avoit aussi des diamans semé
Dont tel ouvrier fut vivement formé,
   Son esprit faisant cognoistre
   L'origine de son estre.

   Dieux! de quelle oblation
   Acquiter vers vous me puis-je,
   Pour remuneration
   Du bien receu qui m'oblige?
   Certes, je suis glorieux
   D'estre ainsi amy des dieux,
   Qui seuls m'ont fait recevoir
   Le meilleur de leur sçavoir
   Pour mes passions guarir,
   Et d'eux, mon luth, tu attens
   Vivre çà-bas en tout temps,
   Non de moy, qui doy mourir.

O de Phebus la gloire et le trophée,
De qui jadis le Thracien Orphée
   Faisoit arrester les vens
   Et courir les bois suyvans!
Je te salue, ô lut harmonieux,
Raclant de moy tout le soin ennuyeux,
   Et de mes amours tranchantes
   Les peines, lors que tu chantes!

1. Deucalion, après le déluge mythologique.

ODE NON MESURÉE.

A Gaspard d'Auvergne (1550).

Soyon constans, et ne prenon souci
Quel jour suyvant poussera cestuy-ci ;
Jetton au vent, mon Gaspard, tout l'affaire
    Dont nous n'avon que faire.

Pourquoy m'iray-je enquerir des Tartares
Et des païs estranges et barbares,
Quand à grand peine ay-je la cognoissance
    Du lieu de ma naissance?
    Volontiers l'ignorant
    Va tousjours s'enquerant
    Du ciel, plus haut que luy.
    Las! malheur sur les hommes!
    Naïs au monde ne sommes
    Que pour nous faire ennuy.

C'est se mocquer de genner et de poindre
Le bas esprit des hommes, qui est moindre
Que les conseils de Dieu, ou de penser
    Sa volonté passer.

Tousjours en luy metton nostre esperance,
Et en son Fils nostre ferme asseurance.
Au demeurant, allon avec le temps
    Heureusement contens.
    A l'homme qui est né
    Peu de temps est donné
    Pour se rire et s'esbatre.
    Nous l'avons; ce-pendant
    Qu'allons-nous attendant?
    Un bon jour en vaut quatre.

Soit que le ciel de foudres nous despite,
Ou que la terre en bas se precipite ;

Soit que la nuict devienne jour qui luit,
    Soit que le jour soit nuit,
Jamais de rien n'auray frayeur ne crainte,
Comme asseuré que la pensée sainte
De l'Eternel gouverne en equité
    Ce monde limité.
    Le Seigneur de là-haut
    Cognoist ce qu'il nous faut
    Mieux que nous tous ensemble.
    Sans nul égard d'aucun,
    Il départ à chacun
    Tout ce que bon luy semble.

Je t'apprendray, si tu veux m'escouter,
Comment l'ennuy d'un cœur se peut outer,
Et ce que tient la tristesse cruelle
    D'importune sequelle.
Tu ne seras convoiteux d'amasser
Le bien qui doit si vitement passer,
Comme tresors, honneurs et avarices,
    Escolles de tous vices :
    Car c'est plus de refraindre
    Son desir que de joindre
    L'ourse au midy ardant,
    L'Escosse sablonneuse
    A l'Arabie heureuse,
    Ou l'Inde à l'Occident.

Tu dois encor éviter, ce me semble,
Faveurs des roys et des peuples ensemble :
De leurs mignons tousjours quelque tempeste
    Vient foudroyer la teste.
Ce n'est pas tout : avecques providence
Fais un amy, dont l'heureuse prudence
Te servira de secours necessaire
    Contre l'heure adversaire.
    Ton cœur bien preparé,
    De force remparé,
    En la fortune adverse,

Patience prendra;
En la bonne, craindra
Que l'heur ne le renverse.

Après l'hyver, la saison variable
Pousse à son rang le printemps amiable.
Si aujourd'huy nous sommes soucieux,
Demain nous serons mieux.
Tousjours de l'arc Apollon ne moleste
Le camp des Grecs pour leur tirer la peste;
Aucune-fois, tout paisible, réveille
Sa harpe, qui sommeille.
En orage outrageux
Tu seras courageux;
Puis, si bon vent te sort,
Tes voiles trop enflées,
De la faveur souflées,
Conduiras, sage, au port.

Après avoir prié, devotieux,
Les deux jumeaux qui decorent les cieux,
De tousjours luire, au fort de la tempeste,
Sur le haut de la teste,
L'un escrimeur en vers tu descriras,
L'autre donteur des chevaux tu diras,
Ou pour leur sœur la querelle ennemie
D'Europe et de l'Asie.

ODE NON MESURÉE.

AU MESME (1550).

Puis que la Mort ne doit tarder
Que prompte vers moy ne parvienne,
Trop humain suis pour me garder
Qu'espouvanté ne m'en souvienne,
Et qu'en memoire ne me vienne
Le cours des heures incerténes,

Gaspar, qui, aux bords de la Vienne,
As rebasti Rome et Athénes.
 En vain l'on fuit la mer qui sonne
Contre les goulfres, ou la guerre,
Ou les vents mal-sains de l'automne,
Qui souflent la peste en la terre,
Puis que la Mort, qui nous enterre,
Jeunes nous tue, et nous conduit
Avant le temps au lac qui erre
Par le royaume de la Nuict.
 L'avaricieuse Nature
Et les trois Sœurs filans la vie
Se deulent quand la creature
Dure long-temps, portant envie
A la fleur, qui si tost dévie,
La creant rose du printemps,
A qui la naissance est ravie
Et la grace tout en un temps.
 L'un devient gouteux, l'autre hectique;
L'autre n'attend que le cyprés,
Et celuy qui fut hydropique
Guarit pour retomber aprés.
Nous sommes humains tout exprés
Pour avoir le cœur outragé
D'un aigle, qui le voit d'auprés
Naistre à fin qu'il soit remangé.
 Bien-tost sous les ombres, Gaspar,
La Mort nous guidera subite.
N'or ny argent, de telle part,
Ne font que l'homme ressuscite.
Diane son cher Hippolyte
N'en tire hors, ains gist parmy
La troupe où Thesé se dépite
Qu'il n'en peut ravoir son amy.
 L'homme ne peut fuir au monde
Le certain de sa destinée.
Le marinier craint la fiere onde,
Le soldat la guerre obstinée,

Et n'ont peur de voir terminée
Leur vie sinon en tels lieux;
Mais une mort inopinée
Leur a tousjours fermé les yeux.
 Dequoy sert donc la medecine
Et tout le gaiac estranger,
User d'onguens ou de racine,
Boire bolus ou d'air changer,
Quand cela ne peut allonger
Nos jours contez? Où cours-tu, Muse,
Repren ton stile plus leger
Et à ce grave ne t'amuse.

A JACQUES PELLETIER DU MANS.

Des beautés qu'il voudroit en s'amie (1550) [1].

ODE NON MESURÉE.

Quand je seroy si heureux de choisir
 Maistresse selon mon desir,
Mon Peletier, je te veux dire
Laquelle je voudrois eslire
Pour la servir, constant à son plaisir.

L'âge non meur, mais verdelet encore,
 Est l'âge seul qui me devore
Le cœur d'impatience atteint.
 Noir je veux l'œil et brun le teint,
Bien que l'œil verd toute la France adore.

J'aime la bouche imitante la rose
 Au lent soleil de may déclose;
 Un petit tetin nouvelet
 Qui se fait deja rondelet,

---

1. Cette ode, la première que Ronsard ait composée, avoit paru avant 1550 dans le Recueil des poésies de Jacques Pelletier du Mans.

Et sur l'yvoire eslevé se repose ;

La taille droitte à la beauté pareille,
   Et dessous la coife une aureille
   Qui toute se monstre dehors ;
   En cent façons les cheveux tors ;
La joue égale à l'Aurore vermeille ;

L'estomac plein ; la jambe de bon tour,
   Pleine de chair tout à l'entour,
   Que volontiers on tâteroit ;
   Un sein qui les dieux tenteroit,
Le flanc haussé, la cuisse faite au tour ;

La dent d'yvoire, odorante l'haleine,
   A qui s'égaleroyent à peine
   Les doux parfums de la Sabée,
   Ou toute l'odeur derobée
Que l'Arabie heureusement ameine ;

L'esprit naïf, et naïve la grace ;
   La main lascive, ou qu'elle embrasse
   L'amy en son giron couché,
   Ou que son lut en soit touché,
Et une voix qui mesme son lut passe ;

Le pied petit, la main longuette et belle,
   Dontant tout cœur dur et rebelle,
   En un ris qui, en découvrant
   Maint diamant, allast ouvrant
Le beau sejour d'une grace nouvelle ;

Qu'ell' sceut par cœur tout cela qu'a chanté
   Petrarque, en amour tant vanté,
   Ou la Rose si bien escrite,
   Et contre les femmes despite,
Par qui je fus des enfance enchanté ;

Quant au maintien, inconstant et volage,
   Folâtre et digne de tel âge,
   Le regard errant çà et là ;
   Un naturel avec cela
Qui plus que l'art miserable soulage.

Je ne voudrois avoir en ma puissance
  A tous coups d'elle jouissance ;
  Souvent le nier un petit
  En amour donne l'appetit,
Et fait durer la longue obeissance.

D'elle le temps ne pourroit m'estranger,
  N'autre amour, ne l'or estranger,
  Ny à tout le bien qui arrive
  De l'Orient à nostre rive
Je ne voudrois ma Brunette changer,

Lors que sa bouche à me baiser tendroit,
  Ou qu'approcher ne la voudroit
  Feignant la cruelle faschée,
  Ou, quand en quelque coin cachée,
Sans l'aviser prendre au col me viendroit.

A MACLOU DE LAHAYE.

ODE NON MESURÉE (1550).

Maclou, amy des Muses,
En la musique expert,
Pour neant tu t'amuses,
Le temps en vain se pert,
Menant un dueil apert :
Il vaut mieux que tu jettes
Les mordantes sagettes
Qui ton cœur vont grévant
Aux Scythes, ou aux Gétes,
Ou encor plus avant.
  Ceux à qui point n'agréent
Tes beaux ars tant connus,
Et qui ne se recréent
De voir les Silvains nus,
Et les peres cornus
Pendre au haut d'un rocher,

Doivent bien se fascher,
Non toy, dont poësie
Peut le soin arracher
Hors de ta fantasie.
 Et quoy ! je voy tes yeux
Moites d'un pleur amer ;
Soit quand Phebus aux cieux
Vient le jour allumer,
Ou quand dedans la mer
Ses chevaux il abreuve,
Gemissant je te treuve
La fin de ton malheur,
Puis que ne bois ne fleuve
N'appaise ta douleur.
 Donc la faveur du monde
Te fait desesperer,
Laquelle on peut à l'onde
Justement comparer,
Qui ne sçauroit durer
Une heure sans orage.
Appren à ton courage
Voler ainsi qu'il faut ;
Par ceste aisle le sage
S'en-vole aux Dieux là haut.
 Il est vray que la court
Des princes est aimable,
Mais long temps on y court
Sans fortune amiable.
Sor de là, pitoyable ;
Quand la mort se courrousse,
Sans égard elle pousse
A bas un empereur
De la mesme secousse
Qu'ell' fait un laboureur.
 La vertu qui ordonne
Aux bons immortel nom
N'a baillé la couronne
De laurier pour renom

A nul homme sinon
Qu'à celuy qui n'a garde
De prendre l'or en garde,
Vivant du sien contant,
Et à qui le regarde
D'un œil ferme et constant.
 C'est plus de commander
Sur les affections,
Qu'aux princes d'amender
De mille nations.
Qui de ses passions
Est maistre entierement,
Celuy vit seulement,
N'eust-il qu'un toict de chaume,
Et plus asseurément
Qu'un roy de son royaume.
 Quand nostre vie humaine
Longue en santé seroit,
Chaqu'un à juste peine
Des biens amasseroit,
Et point n'offenseroit;
Mais pour vie si bréve
Faut-il tant qu'on se gréve
D'amasser et d'avoir ?
Matin le jour se léve
Pour mourir sus le soir.
 O soin meurtrier, encores
Que l'on s'allast cacher
Bien loin outre les Mores,
Tu nous viendrois chercher
Pour nous nuire et fascher.
Le gendarme en sa troupe
Tout seul te porte en croupe,
Et tu te vas cachant
Jusqu'au fond de la poupe,
Compagnon du marchand.
 Donques puis que l'envie
Et l'avarice forte

Sont bourreaux de la vie
De l'homme qui les porte,
Mon amy, je t'enhorte
De les chasser ; entens
A te donner bon temps,
Fuy les maux qui t'ennuyent.
Qu'est-ce que tu attens ?
Les ans legers s'enfuyent.

 Le temps bien peu durable,
Tout chauve par derriere,
Demeure inexorable
S'il franchit sa carriere.
L'infernale portiere
Hoche de main égale
La grand cruche fatale ;
Soit tost ou tard, le sort
Viendra vers toy tout pale
Pour t'annoncer la mort.

 Donques un jour ne laisse
Voler sans ton plaisir.
L'importune vieillesse
Court tost pour nous saisir.
Tandis qu'avons loisir,
Tes amours anciennes
Chantons avec les miennes ;
Ou bien, si bon te semble,
N'entonnon que les tiennes
Sur nos fleutes ensemble.

 Pour tuer le souci
Qui rongeoit ton courage,
Asséons nous ici
Sous ce mignard ombrage.
Voy près de ce rivage
Quatre nymphes qui viennent,
A qui tant bien aviennent
Leurs corsets simplement,
Et leurs cheveux qui tiennent
A un nœud seulement.

Hé, quel pasteur sera-ce
Qui au prochain ruisseau
Ira rincer ma tasse
Quatre ou cinq fois en l'eau ?
D'autant ce vin nouveau
Efface les ennuis
Et fait dormir les nuis ;
Autrement la memoire
De mes maux je ne puis
Estrangler qu'apres boire.

A FRÈRE RENÉ MACÉ,

Vendomois, excellent poëte historiographe françois (1550).

Cependant que tu nous dépeins
  Des François la premiere histoire,
Desensevelissant la gloire
Dont nos ayeux furent si pleins,
  Horace et ses nombres divers
Amusent seulement ma lyre,
A qui j'ay commandé de dire
Ce chant pour honorer tes vers.
  Je les entens desja tonner
Parmy la France, ce me semble,
Et voy nos poëtes ensemble
D'un tel murmure s'estonner.
  J'entrevoy desja la lueur
Des bien estincellantes armes
Chasser en fuite les gensdarmes,
Et les chevaux pleins de sueur.
  Icy le More est abatu,
Et là le vaillant Charlemaigne,
Tenant le fer au poing, enseigne
Aux siens à suivre sa vertu.
  C'est là le vray enfantement
De ta grave heroïque Muse,

Qui, toute enflée, ne s'amuse
Qu'à deviser bien hautement.
 Mais moy, petit et mal appris,
Ayant basse et pauvre la veine,
Je façonne avec grande peine
Des vers qui sont de peu de prix.
 Tels qu'ils sont, Macé, toutesfois
Je veux qu'ils tesmoignent ta gloire,
Et commandent à la memoire
Que tu vives plus d'une fois.
 Ils chanteront à nos neveux
Comme tu allas aux montaignes
D'Helicon voir les sœurs compaignes
Et Apollon aux beaux cheveux,
 Et comme la charmante vois
De tes douces et braves rimes
Les força de quitter leurs cimes
Pour habiter le Vendosmois.

A SON LICT (1550).

Lict, que le fer industrieux
 D'un artisan laborieux
A façonné presque d'un égal tour
Qu'à ce grand monde encerne tout autour,
 Où celle qui m'a mis le mors
 De ses beaux doits foiblement fors
Entre mes bras se repose à sejour,
Et chaque nuit égale au plus beau jour.
 Qui vit jamais Mars et Venus
 Dans un tableau portraits tous nus ?
Des doux amours la mere estroittement
Tiens Mars lassé, qui laisse lentement
 Sa lance tomber à costé,
 D'un si plaisant venin donté,

Et, la baisant, presse l'yvoire blanc,
Bouche sur bouche, et le flanc sur le flanc.

Celuy qui les a veus ainsy
Nous peut imaginer aussy,
M'amie et moy, en eprouvant combien
Se recoller ensemble fait de bien (a),

Deçà et là d'un branle doux
Le chalit tremblant comme nous,
Ainsi qu'on voit des bleds le chef mouvant
Sous le souspir du plus tranquille vent.

Ha! que grand tort te font les Dieux
Qui ne te logent en leurs cieux!
Tu leur ferois plus d'honneur que ne font
Un chien, un cancre et deux ours qui y sont (b).

LES PEINTURES D'UN PAYSAGE (1550).

Tableau, que l'eternelle gloire
D'un Apelle avouroit pour sien,
Ou de quelqu'autre dont l'histoire
Celebre le nom ancien,
Tant la couleur heureusement parfaite
A la nature en son mort contrefaite ;

Où la grand' bande renfrongnée
Des cyclopes laborieux

---

a. Var. (1560) :

   Celuy qui les a veu portraits
   Peut sur nous contempler les traits
De leurs plaisirs, lors que m'amie et moy
Tous nuds au lict faisons je ne sçay quoy.

b. Var. (1560) :

Tu leur ferois un ornement plus beau
Que n'est leur chien, leur asne et leur corbeau.

Est à la forge embesongnée,
Qui d'un effort industrieux
Haste un tonnerre, afin d'armer la dextre
De ce grand Dieu que Saturne ait fait naistre.

Trois, sur l'enclume gemissante
D'ordre égal le vont martelant,
Et d'une tenaille pinçante
Tournent l'ouvrage estincelant;
Vous les diriez qu'ils ahanent et suent,
Tant de grands coups dessur l'enclume ruent.

En trois rayons de pluye torte
Tout le tonnerre est finissant,
En trois de vent qui le supporte,
Et en trois de feu rougissant;
Ores de peur, ores de bruit, et ore
D'ire et d'éclair on le polit et dore.

Les autres deux soufflets entonnent,
Qui dans leurs grands ventres enflez
Prennent le vent, et le redonnent
Par compas aux charbons soufflez.
Le metal coule, et dedans la fournaise
Comme un estang se répand en la braise.

Un peu plus haut parmy les nues,
Enflées d'un vague ondoyant,
Le pere ses fleches connues
Darde aval d'un bras foudroyant;
Le feu se suit, et, saccageant l'air, gronde,
Faisant trembler le fondement du monde.

Entre l'orage et la nuit pleine
De gresle, martelant souvent,
Un pilote cale à grand' peine
Sa voile trop serve du vent.
La mer le tance, et les flots irez baignent
De monts bossus les cordes qui se plaignent.

Les longs traits des flammes, grand erre
En forme de lances errans,

Léchent l'estomac de la terre,
 Aux bords des fleuves éclairans ;
Et la forest, par les vens depessée,
Egale aux champs sa perruque baissée.

 A costé gauche de l'orage
 Junon sa colere celant,
 De Venus emprunte l'ouvrage,
 Son beau demi-ceint excellant,
Et, le ceignant, sa force coustumiere
Tire Jupin à l'amitié premiere.

 Là les Amours sont portraits d'ordre,
 Celuy qui donte les oiseaux,
 Celuy qui chaleureux vient mordre
 Le cœur des dauphins sous les eaux.
Leandre, proye à la mer inhumaine,
Pendu aux flots noue où l'amour le meine.

 Junon, tenant les mains esparses,
 De son mary presse le sein ;
 Luy, qui s'enfle ses veines, arses
 De trop d'amour dont il est plein,
Baise sa femme, et sur l'heure fait naistre
Le beau printemps, saison du premier estre.

 De l'Ocean l'image emprainte
 Contraint ses portraits finissans ;
 D'azur verdoyant elle est peinte,
 Et d'argent ses flots blanchissans,
Où les dauphins aux dos courbez y nouent,
Et sautelans à mille bons se jouent.

 Au milieu de l'onde imprimée
 Comme grandes forests on voit
 S'eslever la navale armée
 Que Charles à Thunis avoit ;
Les flots, batus des avirons qui sonnent,
Contre les flancs de cent barques resonnent.

 Environné d'une grand' trope,
 Son pouvoir le rend orgueilleux,

Trainant les forces de l'Europe
Avec soy d'un bras merveilleux.
L'Espagne y est, et les peuples qui vivent
Loin dessous l'Ourse, et les Flamans, le suivent.

Près de Thunis, sur le bord More,
L'Africain, aveugle au danger,
La mer verte en pourpre colore
Au sang du soldat estranger;
Mars les anime, et la Discorde irée,
Trainant sa robbe en cent lieux dechirée.

Tout au bas, d'une couleur pale
Est repeint l'empereur romain,
Craignant nostre Roy, qui égale
Les dieux par les faits de sa main;
Mais pour neant, car de Henry la lance
Ja-ja captif le traine dans la France.

Paris tient ses portes décloses,
Recevant son Roy belliqueur;
Une grande nue de roses
Pleut à l'entour du chef vainqueur;
Les feux de joye icy et là s'allument,
Et jusqu'au ciel les autels des dieux fument.

A PHEBUS,

LUY VOUANT SES CHEVEUX (1550).

Dieu crespelu (a) (qui autrefois,
Banni du ciel, parmy les bois
D'Admete gardas les taureaux,
Fait compagnon des pastoureaux),
Mes cheveux j'offre à tes autels;
Et, bien qu'ils ne soient immortels,

a. Var. (1560) :
    Dieu perruquier.

Ils te seront doux et plaisans,
Pour estre la fleur de mes ans.
Mainte fille, par amitié,
En a souhaité la moitié
Pour s'en orner; mais je ne veux,
O Phœbus, roy des beaux cheveux!
Rien de ma part te presenter
Dont quelqu'un se puisse vanter :
Car c'est toy qui n'as dédaigné
De m'avoir seul accompaigné
Quand dès le berceau j'allai voir
Tes compaignes, dont le sçavoir
M'a tellement ravy depuis
Que je ne sçay si je me suis
Ivré de leur ruisseau amy,
Car sur le bord je m'endormy.

  A mon réveil, il me sembla
Qu'un chœur de vierges s'assembla,
Et que Calliope aux beaux yeux,
La Muse qui chante le mieux,
Pour present son luth me donna,
Qui depuis le premier sonna
Dedans la France les façons
De joindre le lut aux chansons.

A MAGDELEINE

Ayant mari vieillart (1550).

Les fictions dont tu decores
L'ouvrage que tu vas peignant
D'Hyacinth', d'Europe, et encores
De Narcisse se complaignant
De son ombre le dedaignant,
  Ne sont pas dignes de la peine
Qu'en vain tu donnes à tes doits :
Car plustost, soit d'or, soit de laine,

Ta toile peindre toute pleine
De ton tourment propre tu dois.
 Quand je te voy et voy encore
Ce vieil mary que tu ne veux,
Je voy Tithon et voy l'Aurore,
Luy dormir, elle ses cheveux
Tresser d'un laqs doré comme eux (a),
 Pour aller chercher son Cephale;
Et, quoy qu'il soit alangoré
De voir sa femme morte et pale,
Si suit-il celle qui égale
Les roses d'un front coloré.
 Parmy les bois errent ensemble,
Se soulant de plaisir; mais, las !
Jamais le jeune Amour n'assemble
Un vieillard de Venus si las
A un printemps tel que tu l'as.

DE LA VENUE DE L'ESTÉ.

Au Seigneur de Bonnivet (1550).

Desja les grand's chaleurs s'esmeuvent,
Et presque les fleuves ne peuvent
Les peuples escaillez couvrir;
Ja void-on la plaine, alterée
Par la grande torche etherée,
De soif se lascher et s'ouvrir.
 L'estincelante canicule,
Qui ard, qui cuit, qui boult, qui brule,
L'esté nous darde de là haut,
Et le Soleil, qui se promeine
Par les bras du Cancre, rameine
Ces mois halez d'un si grand chaut.

a. Var. (1560) :
Refrisoter de mille nœuds.

Icy, la diligente troupe
Des mesnagers par ordre coupe
Le poil de Cerés jaunissant,
Et là, jusques à la vesprée,
Abat les honneurs de la prée,
Des beaux prez l'honneur verdissant.

 Cependant leurs femmes sont prestes
D'asseurer au haut de leurs testes
Des plats de bois et des baris,
Et, filant, marchent par la plaine
Pour aller soulager la peine
De leurs laborieux maris.

 Si-tost ne s'éveille l'Aurore
Que le pasteur ne soit encore
Plustost levé qu'elle, et alors
Au son de la corne réveille
Son troupeau, qui encor sommeille
Dessus la fraische herbe dehors.

 Parmy les plaines descouvertes,
Par les bois et les rives vertes,
Paist le bestail, ores courant
Entre les fleurs Apollinées,
Or' entre celles qui sont nées
Du beau sang d'Adonis mourant.

 Sur les rives des belles ondes,
Les jeunes troupes vagabondes,
Les filles des troupeaux lascifs,
De fronts retournez s'entrechocquent
Devant leurs peres, qui s'en mocquent,
Au haut du prochain tertre assis.

 Mais, quand en sa distance égale
Et le soleil, et la cigale
Enrouément espand sa vois,
Et que nul Zephyre n'haleine
Tant soit peu les fleurs en la plaine,
Ne la teste ombreuse des bois,

 Adonc le pasteur entre-lasse
Ses panniers de torse pelasse,

Ou il englue les oiseaux,
Ou, nu comme un poisson, il noue
Et avec les ondes se joue,
Cherchant le plus profond des eaux.

Si l'antique fable est croyable,
Erigone la pitoyable
En tels mois alla luire aux cieux
En forme de vierge, qui ores
Reçoit dedans son sein encores
Le commun œil de tous les Dieux,

Œil incogneu de nos valées,
Où les fontaines devalées
Du vif rocher vont murmurant,
Et où mille troupeaux se pressent,
Et le nez contre terre baissent,
Si grande chaleur endurant.

Sous les chesnes qui refraischissent,
Remaschent les bœufs, qui languissent
Au piteux cry continuel
De la genisse qui lamente
L'ingrate amour dont la tourmente
Par les bois son taureau cruel.

Le pastoureau, qui s'en estonne,
S'essaye, du flageol qu'il sonne,
De soulager son mal ardent ;
Ce qu'il fait tant qu'il voye pendre
Contre-bas Phœbus, et descendre
Son chariot en l'Occident.

Et lors de toutes parts r'assemble
Sa troupe vagabonde ensemble,
Et la convoye aux douces eaux,
Laquelle en les beuvant ne touche
Sans plus que du haut de la bouche
Le premier front des pleins ruisseaux.

Puis au son des douces musettes
Marchent les troupes camusettes,
Pour aller trouver le sejour,
Où les aspres chaleurs deçoivent

Par un dormir qu'elles reçoivent
Lentement jusqu'au poinct du jour.

A CHARLES DE PISSELEU,
EVESQUE DE CONDOM (1550) [1].

Vous faisant de mon escriture
  La lecture,
Souvent à tort m'avez repris
De quoy si bas je composoye,
  Et n'osoye
Faire un œuvre de plus haut pris.

Tout esprit gaillard qui s'efforce
  N'a la force
De polir les livres parfaits ;
Les nerfs foibles souvent se treuvent,
  S'ils espreuvent
Plus que leur charge un pesant faix.

Qui pensez-vous qui puisse escrire
  L'ardente ire
D'Ajax, le fils de Telamon,
Ou d'Hector rechanter la gloire,
  Ou l'histoire
De la race du vieil Emon ?

Toute Muse pour tragedie
  N'est hardie
A tonner sur un eschaffaut,
Ne propre à rechanter la peine
  D'erreur pleine
De ce Gregeois qui fut si caut.

1. Cette ode fut dédiée ensuite à Jacques Grévin, puis enfin Ronsard remplaça le nom de Grévin, avec qui il s'étoit fâché (Voy. pag. 436), par celui de Grujet, probablement Claude de Grujet, Parisien, éditeur des Nouvelles de la reine de Navarre.

Adieu donc, enfans de la terre,
  Qui la guerre
Entreprinstes contre les Dieux !
Ce n'est pas moy qui vous raconte,
  Ne qui monte
Avecque vous jusques aux cieux.

Quant est de moy, j'aime ma mode
  Par mainte ode
Mon renom ne perira point.
Les autres de Mars diront l'ire,
  Mais ma lire
Bruira l'amour qui me point.

AUX MOUCHES A MIEL,

Pour cueillir des fleurs sur la bouche de Cassandre (1550).

Où allez-vous, filles du ciel,
 Grand miracle de la nature ?
Où allez-vous, mouches à miel,
Chercher aux champs vostre pasture ?
Si vous voulez cueillir les fleurs
D'odeur diverse et de couleurs,
Ne volez plus à l'avanture.

 Autour de Cassandre halenée
De mes baisers tant bien donnez
Vous trouverez la rose née,
Et les œillets environnez
Des florettes ensanglantées
D'Hyacinthe et d'Ajax, plantées
Près des lys sur sa bouche nez.

 Les marjolaines y fleurissent,
L'amône y est continuel,
Et les lauriers, qui ne perissent
Pour l'hyver, tant soit-il cruel;
L'anis, le chevrefueil, qui porte

La manne qui vous reconforte,
Y verdoye perpetuel.

   Mais, je vous pri', gardez-vous bien,
Gardez-vous qu'on ne l'éguillonne :
Vous apprendrez bien tost combien
Sa pointure est trop plus felonne,
Et de ses fleurs ne vous soulez
Sans m'en garder, si ne voulez
Que mon amé ne m'abandonne.

AU ROSSIGNOL (1560).

Gentil rossignol passager,
Qui t'es encor venu loger
Dedans ceste coudre ramée,
Sur ta branchette accoustumée,
Et qui nuit et jour de ta vois
Assourdis les mons et les bois,
Redoublant la vieille querelle
De Terée et de Philomele,

   Je te supplie (ainsi tousjours
Puisses jouir de tes amours)
De dire à ma douce inhumaine,
Au soir quand elle se promeine
Ici pour ton nid espier,
Qu'il n'est pas bon de se fier
En la beauté ny en la grace,
Qui plustost qu'un songe se passe.

   Dy-luy que les plus belles fleurs
En janvier perdent leurs couleurs,
Et quand le mois d'avril arrive
Qu'ils revestent leur beauté vive;
Mais quand des filles le beau teint
Par l'âge est une fois esteint,
Dy-luy que plus il ne retourne,
Mais bien qu'en sa place sejourne

Au haut du front je ne sçay quoy
De creux à coucher tout le doy ;
Et toute la face seichée
Devient comme une fleur touchée
Du soc aigu. Dy-luy encor
Qu'après qu'elle aura changé l'or
De ses blonds cheveux, et que l'âge
Luy aura crespé le visage,
Qu'en vain lors elle pleurera,
Dequoy jeunette elle n'aura
Prins les plaisirs qu'on ne peut prendre
Quand la vieillesse nous vient rendre
Si froids d'amours et si perclus,
Que les plaisirs ne plaisent plus.
 Mais, rossignol, que ne vient-elle
Maintenant sur l'herbe nouvelle
Avecques moy dans ce buisson ?
Au bruit de ta douce chanson,
Je luy ferois sous la coudrette
Sa couleur blanche vermeillette.

A MERCURE (1550).

Facond neveu d'Atlas, Mercure,
 Qui as pris le soin et la cure
Des bons esprits sur tous les Dieux,
Accorde les nerfs de ma lyre,
Et fais qu'un chant j'y puisse dire
Qui ne te soit point odieux.
 Honore mon nom par tes odes ;
L'art qu'on leur doit, leurs douces modes,
A ton disciple ramentoy.
Comme à celuy que Thebes vante
Monstre-moy, afin que je chante
Un vers qui soit digne de toy.
 Je garniray tes talons d'ailes,

Ta capeline de deux belles ;
Ton baston je n'oubliray pas,
Dont tu nous endors et réveilles,
Et fais des œuvres nompareilles,
Au ciel, en la terre et là bas.

Je feray que ta main deçoive
(Sans que nul bouvier l'apperçoive)
Phœbus, qui suit les pastoureaux,
Luy dérobant et arc et trousse,
Lors que plus fort il se courrousse
D'avoir perdu ses beaux toreaux.

Je diray que ta langue sage
Apporte par l'air le message
Des dieux aux peuples et aux rois,
Lors que les peuples se mutinent,
Ou lors que les rois qui dominent
Violentent les sainctes loix.

Comme il me plaist de te voir ores
Aller parmi la nuit encores,
Avec Priam, au camp des Grecs,
Racheter par dons et par larmes
La fleur des magnanimes armes,
Hector, qui causa tes regrets !

C'est toy qui guides et accordes
L'ignorant pouce sur mes cordes.
Sans toy, sourdes elles sont, Dieu ;
Sans toy, ma guiterre ne sonne ;
C'est par toy qu'ell' chante et resonne,
Si elle chante en quelque lieu.

Fay que toute France me loue,
M'estime, me prise, m'avoue
Entre ses poëtes parfaits.
Je ne sen point ma voix si basse
Qu'un jour le ciel elle ne passe,
Chantant de son Prince les faits.

A MICHEL PIERRE DE MAULEON,

PROTONOTAIRE DE DURBAN (1550).

Je ne suis jamais paresseux
A consacrer le nom de ceux
Qui sont alterez de la gloire,
Et nul mieux que moy, par ses vers,
Ne leur bastit dans l'univers
Les colonnes d'une memoire.

Mauleon, tu te peux vanter,
Puisque Ronsard te veut chanter,
Que tu devanceras les aisles
Du Temps, qui vole et qui conduit
Volontiers une obscure nuict
Aux vertus qui sont les plus belles.

Mais par où doy-je commencer
Pour tes louanges avancer ?
Ton abondance me fait pouvre,
Tant la Nature heureux t'a fait
Et tant le ciel de son parfait
Prodigue vers toy se descouvre.

Certes, la France n'a point veu
Un homme encore si pourveu
Des biens de la Muse éternelle,
Ne qui dresse son vol plus haut,
Ne mieux guidant l'outil qu'il faut
Pour nostre langue maternelle :

Car, soit en prose ou soit en vers,
Minant maint beau tresor divers,
Tu nous fais riches par ta peine,
Industrieux à refuser
Qu'un mauvais son vienne abuser
Le goust de ton oreille saine.

Le ciel ne t'a pas seulement
Elargi prodigalement

Mille presens, mais d'avantage
Il veut, pour te favoriser,
Te faire vanter et priser
Par les plus doctes de nostre âge.

 Languedoc m'en sert de tesmoin,
Voire Venise, qui plus loin
S'esmerveilla de voir la grace
De ton Paschal, qui, louangeant
Les Mauleons, alla vengeant
L'outrage fait contre ta race,

 Lors qu'au milieu des Peres vieux,
Dégorgeant le present des dieux,
Par les torrens de sa harangue
Déroba l'esprit des oyans,
Comme épics çà et là ployans
Dessous le doux vent de sa langue,

 Liant, par ses mots courageux,
Au col du meurtrier outrageux,
Une furie vengeresse,
Qui, plus que l'horreur de la mort,
Encores luy ronge et luy mord
Sa conscience pecheresse.

 Mais ny son style ny le mien
Ne te sçauroient chanter si bien
Que toy-mesme, si tu découvres
Tes labeurs, escrits doctement,
Par lesquels manifestement
Le chemin du ciel tu nous ouvres :

 Car toy, volant outre les cieux,
Tu as pillé du sein des dieux
Le destin et la prescience,
Et le premier as bien osé
Avoir en françois composé
Les secrets de telle science.

A REMY BELLEAU (1560).

Donc, Belleau, tu portes envie
Aux dépouilles de l'Italie,
Qu'encores vous ne tenez pas ;
Et, t'armant sous le duc de Guyse,
Tu penses voir broncher à bas
Les murailles de Naples prise.

J'eusse plustost pensé les courses
Des eaux remonter à leurs sources
Que te voir changer aux harnois,
Aux piques et aux harquebuses,
Tant de beaux vers que tu avois
Receu de la bouche des Muses.

AU FLEUVE DU LOIR (1550).

Loir, dont le cours heureux distille
Au sein d'un pays si fertile,
  Fay bruire mon renom
  D'un grand son en tes rives,
  Qui se doivent voir vives
  Par l'honneur de mon nom.
Ainsi Tethys te puisse aimer
Plus que nul qui entre en la mer !

Car, si la Muse m'est prospere,
Fameux comme Amphryse, j'espere
  Te faire un jour nombrer
  Aux rangs des eaux qu'on prise,
  Et que la Grece apprise
  A daigné célébrer,
Pour estre le fleuve éternel
Qui baignes mon nid paternel.

Là donc d'un autre bruit résonne
Le bruit que ma Muse te donne.

Tu voirras desormais
Par moy ton onde fière
S'enfler par ta riviere,
Qui ne mourra jamais,
Resonnant avec un grand son
L'honneur de moi, ton nourrisson (a).

Loir, de qui la bonté ne cede
Au Nil qui l'Egypte possede,
Pour le loyer d'avoir
(Eternizant ta gloire
De durable memoire)
Fait si bien mon devoir,
Quand j'auray mon âge accompli,
Enseveli d'un long oubli,

Si quelque pelerin arrive
Auprès de ta parlante rive,
Dy luy à haute vois
Que ma Muse première
Apporta la lumière
De Grèce en Vendomois;
Dy-luy ma race et mes ayeux,
Et le sçavoir que j'eu des cieux;

Dy-leur que moy, d'affaire vuide,
Ayant tes filles pour ma guide,
A tes bors j'encorday
Sur la lyre ces odes,
Et aux françoises modes
Premier les accorday;
Dis-lui ma Cassandre, et ces vers
Qu'à ton bord je chante à l'envers.

a. Var.:

Car l'honneur qui des Muses vient
Ferme contre l'âge se tient.

A CASSANDRE FUYARDE (1550.)

Tu me fuis d'une course viste
　Comme un fan qui les loups evite
Allant les mamelles chercher
De sa mere pour se cacher,
Sautelant, de frayeur, ce semble,
Si un rameau le vient toucher ;
Car, pour le moindre bruit que face
D'un serpent la glissante trace,
Et de genoux et de cœur tremble ;
　Mais toy, belle, qui m'es ensemble
Ma douce vie et mon trespas,
Comme un lion je ne cours pas
Après toi pour te faire outrage.
　Mets donc, ma mignonne, un peu bas
La cruauté de ton courage ;
Arreste, fuyarde, tes pas,
Et toy, ja d'âge pour te fendre,
Laisse ta mere, et vien apprendre
Combien l'Amour donne d'esbas.

DU JOUR NATAL DE CASSANDRE (1550).

Chanson, voici le jour
　Où celle là qui la terre décore,
Et que mon œil idolatre et adore,
　Vint en ce beau sejour.

　Le Ciel d'amour atteint,
Ardant de voir tant de beautez, l'admire,
Et, se courbant dessus sa face, mire
　Tout l'honneur de son teint.

　Car les divins flambeaux,
Grandeur, vertu, les Amours et la Grace,

A qui mieux mieux embellirent sa face
De leurs presens plus beaux,
Afin que par ses yeux
Tout l'imparfait de ma jeunesse folle
Fust corrigé, et qu'elle fust l'idole
Pour me guider au mieux.

Heureux jour retourné,
A tout jamais j'auray de toy memoire,
Et d'an en an je chanteray la gloire
De l'honneur en toy né.

Sus, page, vistement
Donne ma lyre, afin que sur sa corde
D'un pouce doux en sa faveur s'accorde
Ce beau jour saintement.

Seme par la maison
Tout le tresor des prez et de la plaine,
Le lis, la rose, et cela dont est pleine
La nouvelle saison.

Puis crie au temple aussi
Que le Soleil ne vit oncques journée
Qui fust de gloire et d'honneur tant ornée
Comme il voit ceste-cy.

AU REVERENDISSIME

Cardinal du Bellay (1550).

Dedans ce grand monde où nous sommes
Enclos generalement,
Il n'y a tant seulement
Qu'un genre des dieux et des hommes :
Eux et nous n'avons mere qu'une,
Tous par elle nous vivons,
Et pour heritage avons
Ceste grand' lumiere commune.

Nostre raison qui tout avise,
  Des dieux compagnons nous rend;
  Sans plus un seul different
Nostre genre et le leur divise.

La vie aux dieux n'est consumée,
  Immortel est leur sejour,
  Et l'homme ne vit qu'un jour
Fuyant comme songe ou fumée;

Mais celuy qui acquiert la grace
  D'un bien-heureux escrivant,
  De mortel se fait vivant,
Et au rang des celestes passe;

Comme toy, que la Muse apprise
  De ton Macrin a chanté,
  Et t'a un los enfanté
Qui la fuitte des ans mesprise.

Elle a perpetué ta gloire
  La logeant là haut aux cieux,
  Et a fait esgale aux dieux
L'eternité de ta memoire.

Apprenez donc, vous rois et princes,
  Les poëtes honorer,
  Qui seuls peuvent decorer
Vous, vos sujets et vos provinces.

Sans plus, le grand prince Alexandre,
  Qui à la terre commandoit,
  Un Homere demandoit
Pour faire ses labeurs entendre.

La France d'Homeres est pleine,
  Et d'eux liroit-on les fais
  S'ils estoient tous satisfais
Autant que merite leur peine.

———

DES ROSES PLANTÉES PREZ UN BLÉ (1550).

Dieu te gard l'honneur du printemps
    Qui étens
Tes beaux tresors sur la branche,
Et qui découvres au soleil
    Le vermeil
De ta beauté naïve et franche.

D'assez loin tu vois redoublé
    Dans le blé
Ta face, de cinabre teinte,
Dans le blé qu'on voit réjouir
    De jouir
De ton image en son verd peinte.

Près de toy, sentant ton odeur,
    Plein d'ardeur
Je façonne un vers dont la grace
Maugré les tristes Sœurs vivra,
    Et suivra
Le long vol des ailes d'Horace.

Les uns chanteront les œillets
    Vermeillets,
Ou du lis la fleur argentée,
Ou celle qui s'est par les prez
    Diaprez
Du sang des princes enfantée.

Mais moy, tant que chanter pourray,
    Je louray
Tousjours en mes Odes la rose,
D'autant qu'elle porte le nom
    De renom
De celle où ma vie est enclose.

A CASSANDRE (1550).

Nymphe aux beaux yeux, qui souffles de ta bouche
Une Arabie à qui prés en approuche,
   Pour déraciner mon esmoy
   Cent mille baisers donne-moy.

Donne-les-moy, ça que je les devore.
Tu fais la morte ! il m'en faut bien encore ;
   Redonne-m'en deux milliers donc,
   Et, sur tous, un qui soit plus long

Que n'est celuy des douces colombelles
Prises au jeu de leurs amours nouvelles.
   Ainsi, ma Cassandre, vivons,
   Puis que les doux ans nous avons.

Incontinent nous mourrons, et Mercure
Nous convoira sous la vallée obscure,
   Et guidera nos tristes pas
   Au froid royaume de là bas,

Tenant au poing sa verge messagere,
Crainte là bas de la troupe legere.
   Si qu'aussi tost qu'aurons passé
   Le lac neuf fois entrelassé,

Et que sur nous sa sentence imployable
Aura jetté le juge inexorable,
   Ne parens, ne devotions,
   Ne rentes, ne possessions,

Ne fleschiront la cruche ne l'audace
Du nautonnier, si bien qu'il nous repasse,
   Du nautonnier qui n'a souci
   De pauvre ne de riche aussi.

Donc, cependant que l'âge nous convie
De nous ébatre, égayons nostre vie ;

Ne vois-tu le temps qui s'enfuit,
Et la vieillesse qui nous suit ?

A LA SOURCE DU LOIR (1550).

Source d'argent toute pleine,
Dont le beau cours eternel
Fuit pour enrichir la plaine
De mon pays paternel,
 Sois hardiment brave et fiere
De le baigner de ton eau :
Nulle françoise riviere
N'en peut laver un plus beau,
 Que les Muses éternelles
D'habiter n'ont dedaigné,
Ne Phœbus, qui dit par elles
L'art où je suis enseigné,
 Qui dessus ta rive herbue
Jadis fut enamouré
De la nymphe chevelue,
La nymphe au beau crin doré ;
 Et l'attrapa de vistesse
Fuyant le long de tes bords,
Et là ravit sa jeunesse
Au milieu de mille efforts.
 Si qu'aujourd'huy d'elle encores
Immortel est le renom
Dedans un antre, qui ores
Se vante d'avoir son nom.
 Fuy doncques, heureuse source,
Et, par Vendosme passant,
Retien la bride à la course
Le beau crystal effaçant.
 Puis salue mon la Haye
Du murmure de tes flots :
C'est celuy qui ne s'essaye
De sonner en vain ton los.

Si le Ciel permet qu'il vive,
Il convoira doucement
Les neuf Muses sur ta rive,
Pleines d'esbahissement,
　De le voir seul dessus l'herbe,
Rememorant leurs leçons,
Faire aller ton flot superbe,
Honoré par ses chansons.
　Va donc, et reçoy ces roses
Que je respan au giron
De toy, source qui arroses
Mon pays à l'environ.
　Lequel par moy te supplie
En ta faveur le tenir,
Et en ta grace accomplie,
Pour jamais l'entretenir,
　Ne noyant ses pasturages
D'eau par trop se respandant,
Ne defraudant les ouvrages
Du laboureur attendant;
　Mais fay que ton onde utile,
Luy riant joyeusement,
Innocente se distile
Par ses champs heureusement.
　Ainsi du Dieu venerable
De la mer puisses avoir
Une accolade honorable,
Entrant chez luy pour le voir.

A RENÉ D'URVOY. (1550.)

Je n'ay pas la main apprise
　Au mestier muet de ceux
Qui font une image assise
Sur des piliers paresseux.
　Ma peinture n'est pas mue,

Mais vive, et par l'univers
Guindée en l'air se remue
Dessus l'engin de mes vers.

Aujourd'huy faut que j'atteigne
Au parfaict de mon art beau :
Urvoy m'a dit que je peigne
Ses vertus en ce tableau.

Muses, ouvrez-moy la porte
De vostre cabinet saint,
Afin que de là j'apporte
Les traits dont il sera peint.

Si ma boutique estoit riche
De hanaps ou vaisseaux d'or,
Vers toy je ne seroy chiche
Des plus beaux de mon thresor ;

Et si te serois encore
D'une main large baillant
Le prix dont la Grece honore
Le capitaine vaillant.

Mais je n'ay telle puissance ;
Tu n'en as aussi besoin :
Ta contente suffisance
Les repousseroit bien loin.

Les vers sans plus t'éjouissent :
Mes vers doncq' je t'offriray ;
Les vers seulement jouissent
Du droit que je te diray.

Les colonnes eslevées,
Ne les marbres imprimez
De grosses lettres gravées,
Ne les cuyvres animez,

Ne font que les hommes vivent
En images contrefaits,
Comme les vers qui les suivent
Pour tesmoins de leurs beaux faits.

Si la plume d'un poëte
Ne favorisoit leur nom,
La vertu seroit muette

Et sans langue le renom.
 Du grand Hector la memoire
Fust ja morte, si les vers
N'eussent empenné sa gloire
Voletant par l'univers.
 De mille autres l'excellence
Et l'honneur fust abatu.
Tousjours l'envieux silence
S'arme contre la vertu.
 Les plumes doctes et rares
Jusqu'au ciel ont envoyé,
Arraché des eaux avares,
Achille presque noyé.
 C'est la Muse qui engarde
Les bons de ne mourir pas,
Et qui nos talons retarde
Pour ne devaler là bas.
 La Muse l'enfer desfie,
Seule nous esleve aux cieux,
Seule nous beatifie
Ennombrés au rang des dieux.

ODE (1). (1560.)

Lors que Bacchus entre chez moy,
 Je sen le soin, je sen l'esmoy
S'endormir, et ravi me semble
Que dans mes coffres j'ay plus d'or,
Plus d'argent et plus de thresor
Que Mide ny que Crœse ensemble.
 Je ne veux rien sinon tourner
Par la dance et me couronner
Le chef d'un tortis de lierre;

1. Imitée d'Anacréon.

Je foule en esprit les honneurs,
Et les estats des grands seigneurs
A coups de pied j'écraze à terre.
   Verse-moy doncq' du vin nouveau,
Pour m'arracher hors du cerveau
Le soin par qui le cœur me tombe ;
Verse donc pour me l'arracher.
Il vaut mieux yvre se coucher
Dans le lict, que mort dans la tombe.

ODE. (1572.)

J'oste Grevin de mes escris,
  Pour ce qu'il fut si mal-appris,
Afin de plaire au calvinisme
(Je vouloy dire à l'atheïsme),
D'injurier par ses brocards
Mon nom, cogneu de toutes parts,
Et dont il faisoit tant d'estime
Par son discours et par sa rime.
   Les ingrats je ne puis aimer,
Et toy, que je veux bien nommer,
Beau Chrestien, qui fais l'habile homme,
Pour te prendre au pape de Rome
Et à toute l'antiquité,
Cesse ton langage effronté,
Sans blasmer, en blasmant l'Eglise
Que le bon Jesus auctorise,
Ceux qui t'aymoient, et plus cent fois
Vrayment que tu ne meritois.
   Vous n'avez les testes bien faites :
Vous estes deux nouveaux poëtes.
Taisez-vous, ou comme il faudra
Mon cuisinier vous respondra,
Car de vous presenter mon page,
Ce vous seroit trop d'avantage.

SUR LA MORT D'UNE HACQUENÉE. (1550.)

Les trois Parques, à ta naissance,
T'avoyent octroyé le pouvoir
De ne mourir ains que de France
Le dernier bord tu peusses voir.
   Or, pour la fin de tes journées,
Ton dernier voyage restoit
Sous les fatales Pyrenées,
Où l'arrest de ta mort estoit,
   De ta mort qui fiere t'accable,
Non pas te meurtrissant ainsy
Qu'un cheval tout pelé du cable
Aux coups de fouets endurci ;
   Mais te poussant par une porte,
Le pont levis s'est enfoncé,
Avec lequel la mort t'emporte,
Te renversant dans le fossé.
   Toy morte donc, que la Bretagne,
Ta mere, ne se vante pas
De haquenée qui attaigne
Ta course, ton amble, ton pas,
   Ne moins les sablonneuses plaines
De la chaude Afrique, où souvent
Les jumens (miracle) sont pleines
N'ayant mary sinon le vent.

ODE. (1560.)

Venus est par cent mille noms
Et par cent mille autres surnoms
Des pauvres amans outragée :
L'un la dit plus dure que fer,
L'autre la surnomme un enfer,
Et l'autre la nomme enragée ;

L'un l'appelle soucis et pleurs,
L'autre tristesses et douleurs,
Et l'autre la desesperée.
Mais moy, pour ce qu'elle a tousjours
Esté propice à mes amours,
Je la surnomme la sucrée.

ODE. (1560.)

T'oseroit bien quelque poëte
Nier des vers, douce alouette?
Quant à moy, je ne l'oserois.
Je veux celebrer ton ramage
Sur tous oyseaux qui sont en cage
Et sur tous ceux qui sont és bois.
  Qu'il te fait bon ouir à l'heure
Que le bouvier les champs labeure,
Quand la terre le printemps sent,
Qui plus de ta chanson est gaye,
Que courroucée de la playe
Du soc qui l'estomac luy fend!
  Si-tost que tu es arrosée
Au poinct du jour de la rosée,
Tu fais en l'air mille discours;
En l'air des aisles tu fretilles,
Et pendue au ciel tu babilles
Et contes aux vents tes amours.
  Puis du ciel tu te laisses fondre
Dans un sillon vert, soit pour pondre,
Soit pour esclorre ou pour couver,
Soit pour apporter la béchée
A tes petits, ou d'une achée,
Ou d'une chenille, ou d'un ver.
  Lors moy, couché dessus l'herbette,
D'une part j'oy ta chansonnette;
De l'autre, sus du poliot,

A l'abry de quelque fougere,
J'escoute la jeune bergere
Qui dégoise son lerelot.
 Lors je dy : « Tu es bien-heureuse,
Gentille alouette amoureuse,
Qui n'as peur ny soucy de rien,
Qui jamais au cœur n'as sentie
Les desdains d'une fiere amie,
Ny le soin d'amasser du bien ;
 « Ou si quelque soucy te touche,
C'est, lors que le soleil se couche,
De dormir et de réveiller
De tes chansons, avec l'aurore,
Et bergers et passans encore,
Pour les envoyer travailler. »
 Mais je vy tousjours en tristesse
Pour les fiertez d'une maistresse
Qui paye ma foy de travaux
Et d'une plaisante mensonge,
Mensonge qui tousjours alonge
La longue trame de mes maux.

ODE. (1560.)

Si tu me peux conter les fleurs
Du printemps, et combien d'arène
La mer, trouble de ses erreurs,
Contre le bord d'Afrique ameine ;
 Si tu me peux conter des cieux
Toutes les estoilles ardantes,
Et des vieux chesnes spacieux
Toutes les fueilles verdoyantes ;
 Si tu me peux conter l'ardeur
Des amans et leur peine dure,
Je te feray le seul conteur,
Magny, des amours que j'endure.

Conte d'un rang premiérement
Deux cens que je pris en Touraine;
De l'autre rang, secondement,
Quatre cens que je pris au Maine.
 Conte, mais jette prés à prés
Tous ceux d'Angers et de la ville
D'Amboise, et de Vendosme aprés,
Qui se montent plus de cent mille.
 Conte aprés six cens à la fois
Dont à Paris je me vy prendre;
Conte cent millions qu'à Blois
Je pris dans les yeux de Cassandre.
 Quoy! tu fais les contes trop cours!
Il semble que portes envie
Au grand nombre de mes amours;
Conte-les tous, je te supplie.
 Mais non, il les vaut mieux oster,
Car tu ne trouverois en France
Assez de gettons pour conter
D'amours une telle abondance.

ODE. (1560.)

Certes par effect je sçay
Ce vieil proverbe estre vray,
« Qu'entre la bouche et le verre
Le vin souvent tombe à terre,
Et ne faut que l'homme humain
S'asseure de nulle chose,
Si ja ne la tient enclose
Estroittement dans la main. »
 On dit que le ciel esgal
Donne du bien et du mal
Indifferemment à l'homme;
Mais à moy, mal heureux comme
Si j'estois conceu d'un chien

Ou d'une fiere lionne,
Tousjours mal sur mal me donne,
Et jamais un pauvre bien.
 Ainsi, cruel, il te plaist
De m'abbatre, et, qui pis est,
Comme si portois envie
Aux angoisses de ma vie,
Pour me faire au double choir
En toute misere extréme,
Tu me fais haïr moy-mesme,
Et du tout m'ostes l'espoir.

ODE. (1560.)

Ma maistresse, que j'aime mieux
Dix mille fois ny que mes yeux,
Ny que mon cœur, ny que ma vie,
Ne me donne plus, je te prie,
Des confitures pour manger,
Pensant ma fiévre soulager :
Car ta confiture, mignonne,
Tant elle est douce, ne me donne
Qu'un desir de tousjours vouloir
Estre malade pour avoir
Tes friandises en la bouche.
 Mais bien si quelque ennuy te touche
De me voir ainsi tourmenté
Pour la perte de ma santé,
Et si tu veux que dés ceste heure
Pour vivre dedans moy je meure,
Fay-moy serment par Cupidon,
Par ses traits et par son brandon,
Et par son arc et par sa trousse,
Et par Venus, qui est si douce
A celles qui gardent leur foy,
Que jamais un autre que moy,

Fust-ce un Adonis, n'aura place
En ton heureuse bonne-grace.
Lors ton serment pourra guarir
La fiévre qui me fait mourir,
Et non ta douce confiture,
Qui ne m'est que vaine pasture.

ODE. (1560.)

Ah! fiévreuse maladie,
Comment es-tu si hardie
D'assaillir mon pauvre corps,
Qu'Amour dedans et dehors
De nuit et de jour enflame
Jusques au profond de l'ame,
Et sans pitié prend à jeu
De le mettre tout en feu ?
Ne crains-tu point, vieille blesme,
Qu'il ne te brule toy-mesme ?
  Mais que cherches-tu chez-moy ?
Sonde-moy par tout, et voy
Que je ne suis plus au nombre
Des vivans, mais bien un ombre
De ceux qu'Amour et la Mort
Ont conduit delà le port,
Compagnon des troupes vaines.
  Je n'ay plus ny sang, ny veines,
Ny flanc, ny poumons, ny cœur;
Long-temps a que la rigueur
De ma trop fière Cassandre
Me les a tournez en cendre.
Donc, si tu veux m'offenser,
Il te faut aller blesser
Le tendre corps de m'amie;
Car en elle gist ma vie,
Et non en moy, qui mort suis,

Et qui sans ame ne puis
Sentir chose qu'on me face,
Non plus qu'une froide masse
De rocher ou de metal,
Qui ne sent ne bien ne mal.

A SON LIVRE. (1560.)

Bien qu'en toy, mon livre, on n'oye
Achille és plaines de Troye
Brandir l'homicide dard,
Et qu'un Hector n'y foudroye
L'estomac d'un Grec soudard,
   Ne laisse pourtant de mettre
Tes vers au jour, car le metre
Qu'en toy bruire tu entens
T'ose pour jamais promettre
Te faire vainqueur du temps.
   Si la gloire et la lumiere
De Smyrne luit la premiere,
L'honneur sur tous emportant,
Une muette fumière
N'obscurcit Thèbes pourtant.
   Les vers qu'il m'a pleu de dire
Sur les langues de ma lyre
Vivront, et, superieurs
Du temps, on les voirra lire
Des hommes posterieurs.
   Sus donc, Renommée, charge
Dessus ton espace large
Mon nom, qui tente les cieux,
Et le couvre sous ta targe,
De peur du trait envieux.
   Mon nom, dés l'onde atlantique
Jusqu'au dos du More antique,
Soit immortel tesmoigné,

Et depuis l'isle erratique
Jusqu'au Breton esloigné,
    A fin que mon labeur croisse
Et sonoreux apparoisse
Lyrique par dessus tous,
Et que Thebes se cognoisse
Faite Françoise par nous.

ODE. (1584.)

Cependant que ce beau mois dure,
Mignonne, allons sur la verdure;
Ne laisson perdre en vain le temps :
L'âge glissant, qui ne s'arreste,
Meslant le poil de nostre teste,
S'enfuit ainsi que le printemps.
    Donc, cependant que nostre vie
Et le temps d'aimer nous convie,
Aymon, moissonnon nos desirs,
Passon l'amour de veine en veine.
Incontinent la mort, prochaine,
Viendra desrober nos plaisirs.

ODELETTE.

Boivon, le jour n'est si long que le doy.
Je perds, amy, mes soucis quand je boy.
Donne-moy viste un jambon sous ta treille,
    Et la bouteille
    Grosse à merveille
    Glougloute auprès de moy.
Avec la tasse et la rose vermeille
    Il faut chasser l'esmoy.

A JEAN D'AURAT. (1550.

Puissé-je entonner un vers
Qui raconte à l'univers
Ton los porté sus son aile,
Et combien je fus heureux
Succer le laict savoureux
De ta feconde mammelle !
 Sur ma langue doucement
Tu mis au commencement
Je ne sçay quelles merveilles
Que vulgaires je rendy,
Et premier les espandy
Dans les françoises aureilles.
 Si, en mes vers, tu ne vois
Sinon le miel de ma vois
Versé pour ton los repaistre,
Qui m'en oseroit blasmer ?
Le disciple doit aimer,
Vanter et louer son maistre.
 Nul ne peut monstrer devant
Qu'il soit expert et sçavant,
Et l'ignorance n'enseigne
Comme on se doit couronner
Et le chef environner
D'une verdoyante ensaigne.
 Si j'ay du bruit, il n'est mien ;
Je le confesse estre tien,
Dont la science hautaine
Tout alteré me trouva,
Et bien jeune m'abreuva
De l'une et l'autre fontaine.
 De sa mere l'apprentif
Peut de son luth deceptif

Tromper les bandes rurales.
Puisse avenir que ma vois
Attire et flate des rois
Les grandes mains liberales !
 L'honneur nourrit le sçavoir.
Quand l'œil d'un prince veut voir
Le ministre de la Muse,
Phebus luy fait ses leçons ;
Phebus aime ses chansons,
Et son luth ne luy refuse.
 On ne se travaille point
Ayant un disciple époint
A vertu dés sa naissance ;
En peu de jours il est fait
D'apprentif maistre parfait :
J'en donne assez cognoissance.

A RENÉ D'ORADOUR,

ABBÉ DE BEUS. (1550.)

Le Temps, de toutes choses maistre,
 Les saisons de l'an terminant,
Monstre assez que rien ne peut estre
Longuement durable en son estre
Sans se changer incontinant.
 Ores l'hyver brunit les cieux
D'un grand voile obscur emmuré ;
Ores il soufle audacieux,
Ores froid, ores pluvieux,
En son inconstance asseuré ;
 Puis, quand il s'enfuit variable,
On revoit Zephyre arriver,
Amenant un ciel amiable,
Qui est beaucoup plus agreable
Après qu'on a senti l'hyver.

Quand un soucy triste et hideux,
Oradour, te viendroit saisir,
Ne t'effroye d'un ny de deux :
Car le Temps seul, en dépit d'eux,
Te rendra libre à ton plaisir.

Dessus ton luth pour eux ne cesse,
Si tu me crois, de raconter
Les passions de ta maistresse,
Et comme sa voix flateresse
L'ame du corps te sceut oster.

De t'amie le nom aimé
Ores sur les eaux soit ouy,
Et ores par le bois ramé ;
Qu'il n'y ait pré de fleurs semé
Que d'elle ne soit éjouy.

Aucunefois, prés du rivage,
Lentement couché sur le jonc,
Tu oyras dans le bois sauvage
La veuve tourtre, en son ramage,
Se lamenter dessus un tronc.

Voilà comment il faut casser
L'effort des ennuis odieux,
Et le soin du cœur effacer.
Incontinent tu dois passer
Les flots tant redoutez des dieux.

Après la tourmente bien forte,
Le nautonnier, dur au labeur,
Boit sur la proue et reconforte
Sa troupe languissante et morte,
Chassant leur miserable peur :

« Compagnons, l'enduré tourment
Par le vin nous effacerons.
Sus, sus, vivons joyeusement ;
Après boire, plus aisément
La voile nous rehausserons. »

DE LA JEUNE AMIE D'UN SIEN AMY (1).
(1550.)

Ta genisse n'est assez drue
(Atten que ses ans soient venus),
Ne forte assez à la charrue,
Ne pour le taureau, qui se rue
Lourdement aux jeux de Venus;
   Ains, meslée avecques les veaux,
Folâtre d'une course viste,
Ou dessous les saules nouveaux
Se veautre à l'ombre, ou prés des eaux
Les flammes du soleil évite.
   Jamais n'endure qu'on la touche,
Fuyant à bonds comme un chevreau,
Comme un jeune chevreau farouche
Qui sur le printemps s'escarmouche
Par le tapis d'un verd préau.
   Ne sois envieux du desir
Des raisins trop verts, car l'automne
Les meurira tout à loisir.
Lors tu pourras à ton plaisir
Manger la grappe meure et bonne.
   Le temps, ravissant ton vert âge,
Le luy don'ra. Voilà le point
Comme elle croistra d'avantage,
Tirant un gain de ton dommage,
Dommage que l'on ne sent point.
   Jà me semble que je la voy
Mignarde, en ton giron assise,
Te jurer eternelle foy
Et ne sçavoir partir de toy,
Tant en toy son cœur aura mise.

---

1. Pris de Théocrite. André Chénier en a aussi donné une imitation dans son Idylle intitulée *Arcas et Palémon*.

De toy pensive et idolâtre
T'adorera quelque matin.
Je prevoy ta main qui folâtre
Déja sur sa cuisse d'albâtre
Et sur l'un et l'autre tetin.

Mais quoy! pour neant tu pretens
De vouloir violenter ores
L'inexorable loy du temps,
Que le plaisir que tu attens
Ne te veut pas donner encores.

A LA MUSE CLEION

Pour celebrer Maclou de la Haye, le premier jour
du mois de may. (1550.)

Muses aux yeux noirs, mes pucelles,
Mes Muses, dont les estincelles
Ardent mon nom par l'univers,
De Maclou sacrez la memoire,
Et faites distiller sa gloire
Dans le doux sucre de vos vers.

O! qui des forests chevelues
Et des belles rives velues,
Cleion t'éjouis, sus, avant!
Cent fleurs pour mon La Haye amasse,
Et qu'une couronne on luy face
Pour ombrager son front sçavant.

A toy et à tes sœurs compagnes
Il appartient par vos montaignes
L'éterniser en ce verd mois.
Là donc que sa gloire s'espande,
Et sus les cordes on l'étende
Du lut qui bruit en Vandomois (a).

---

a. Var. 1560 :

Le celebrer à haute voix;

A CHARLES DE PISSELEU,

Evesque de Condon (1550) [1].

Que nul papier d'orénavant
  Par moy ne s'anime sans mettre
(Docte prelat) ton nom devant
Pour donner faveur à mon metre.
    C'est luy qui mieux te fera vivre
Qu'un pourtrait de marbre attaché,
Ou qu'une médaille de cuyvre
Mise à ton los dans un marché.
    [Si perles ou rubis j'avoye
Dedans mes coffres à present,
Et tout cela que l'Inde envoye
Aux froides terres pour present;
    Tu les aurois comme ma ryme;
Mais, Charles (ou je me deçoy)
Ou tu en ferois peu d'estime
Et les bannirois loin de toy.
    Rien que les Muses ne t'émeuvent;
Les Muses donc je vueil t'offrir,
Les Muses qui vives ne peuvent
L'oublivieux tombeau souffrir.]
    Qui penses-tu qui ait fait croistre
Hector ou Ajax si fameux?

Là doncques espandez sa gloire,
Et dessus ma lyre d'ivoire
Faites le bruire en Vandomois.

La pièce entière a été supprimée dès 1567.

1. En 1560 cette ode est dédiée au seigneur de Lanques et les trois strophes entre crochets sont retranchées.

Ne te puis-je faire apparoistre
Par renommée autant comme eux ?
 Certes le fort et puissant stile
Des poëtes bien escrivans
Du creux de la fosse inutile
Les a deterrés tous vivans.
 Bien, quand ta main auroit reprise
La serve Boulongne, et donté
Jusqu'aux deux bouts de la Thamise
L'Anglois, à force surmonté,
 Tu n'as rien fait si telle gloire
N'est pourtraite en mes vers, à fin
Que ta renaissante memoire
Vive par les bouches sans fin.
 Les livres seuls ont de la terre
Jupiter aux cieux envoyé,
Et luy ont donné le tonnerre
Dont Encelade est foudroyé.
 Ainsi les deux freres d'Heleine
Par leur faveur se firent dieux,
Sauvant la nau, qui est jà pleine
De flots, et de flots odieux.

A DIEU, POUR LA FAMINE. (1550.)

O Dieu des exercites,
Qui, aux israëlites
Donnant jadis secours,
Fendis en deux le cours
De la rouge eau salée,
Et, comme une valée
Que deux tertres espars
Emmurent de deux pars,
Tu fis au milieu d'elle

Une voye fidelle,
Où à pied sec parmi
Passa ton peuple ami;
Et puis en renversant
Le flot obeyssant
Sus le prince obstiné,
Tu as exterminé
Luy et sa gent noyée
Sous l'onde renvoyée.
Ton peuple errant delà
Aux deserts çà et là,
Les veaux de fonte adore;
Mais pour sa faute encore
Le ciel ne laissa pas
De pleuvoir son repas,
Qu'il receut de ta grace
Par quarante ans d'espace.
O Seigneur! retourne ores
Tes yeux, et voy encores
Ton peuple languissant,
Ton peuple perissant,
Que la palle famine
(Mort estrange) extermine!
Pere, nous sçavons bien,
Selon tes loix, combien
Nos journalieres fautes
Sont horribles et hautes,
Et, voyant nos pechez,
Dont sommes entachez,
Que ceste affliction
N'est pas punition;
Mais nous sçavons aussi
Que nous aurons merci,
Toutes les fois que nous,
Flechissans les genous
Et soulevans la face,
Demanderons ta grace.
Las, ô Dieu! sur nous veille,

Et de benigne aureille
En ceste aspre saison
Reçoy nostre oraison;
Ou bien sur les Tartares,
Turcs, Scythes et Barbares
Qui n'ont la cognoissance
Du bruit de ta puissance,
O Seigneur, hardiment
Espan ce chastiment,
Et ton peuple console
Qui croit en ta parole,
Où fay encor renaistre
Les ans du premier estre,
L'âge d'or precieux,
Où le peuple ocieux
Vivoit aux bois sans peine
De glan cheut et de feine!

A CASSANDRE. (1550.)

Le printemps vient, naissez fleurettes
Coupables de mes amourettes,
Sus! naissez, et toutes ensemble
Variez par vostre peinture
Un manteau verd à la nature.

Cassandre, qui tant leur ressemble,
Tu crois comme elle, ce me semble,
Et ton petit poil acourci
S'allonge en fil d'or avec l'âge,
Comme un reverdissant fueillage.

Tu croistras donc pour le souci
De maint peuple, et de moy aussi,
Et si feras les fleurs compagnes

Qui croissent à l'envi de toy
Pallir de l'amour comme moy.

Et les eaux baignans les campagnes,
Celles qui tonnent aux montaignes,
Frappant contre leur bord dolant,
Bruiront leurs amours eternelles
Si ton bel œil se mire en elles.

Après maints cours de l'an volant,
Les cieux, pour t'enfanter voulant
Se piller eux-mesmes, ont pris
Tout le beau vers eux retourné,
Et de toy le monde ont orné,

A fin qu'on ne mette à mespris
Mes chants pour t'amour entrepris,
Qui les traits de ta beauté suivent,
Et qui d'un vers laborieux
La font remonter jusqu'aux dieux.

Les beautez jusqu'aux cieux arrivent
Si les poëtes les descrivent;
Donc, Cassandre, si tu m'aimois
Tu apprendrois de main docile
L'art et la maniere facile
Des Odes du luth Vendomois.

CONTRE LA JEUNESSE FRANÇOISE
CORROMPUE. (1550.)

Esperons-nous l'Italie estre prise,
Ou regaigner par meilleure entreprise,
  D'un bras vindicatif,
Le serf butin de nos pertes si amples
Dont l'Espagnol a decoré ses temples
  Dessous le roy captif?

Que telle gloire est loin de l'esperance,

Voyant (ô temps!) la jeunesse de France
    A tout vice estre encline!
Outrecuidée en ses fautes se plaist,
Hait l'enseigneur, l'ignorante qu'ell' est
    De toute discipline!

Ny escrimer, combattre à la barriere,
Ne façonner poulains en la carriere,
    Peu vertueuse, n'ose;
Suit les putains, les naquets, les plaisans,
Et laschement corrompt ses jeunes ans,
    Sans oser plus grand'chose.

De telles gens Charles n'a pas donté
Naples, Venise, et Milan surmonté
    Dessous son joug rebelle,
Mais d'un soldat brave, vaillant et fort,
Qui de soy-mesme alloit hastant sa mort
    Par une playe belle.

Le pigeon vient du pigeon, et la chévre
Naist de la chévre, et le liévre du liévre;
    Le fils tousjours rapporte
Le naturel des parens avec luy :
Quel peuple donc pourroit naistre aujourd'huy
    De race si peu forte?

La fille preste à marier accorde
Trop librement sa chanson à la corde
    D'un poulce curieux,
Et veut encor Petrarque retenir,
A fin que mieux ell' puisse entretenir
    L'amant luxurieux.

Il n'y a rien que cet âge où nous sommes
N'ait corrompu; il a gasté les hommes,
    Les nopces sont pollues;
Des dieux vengeurs, sans honneur et sans pris,
Les temples met l'Alleman à mespris
    Par sectes dissolues.

A SON RETOUR DE GASCONGNE,
VOYANT DE LOIN PARIS. (1550.)

Deux et trois fois heureux ce mien regard,
Duquel je voy la ville où sont infuses
La discipline et la gloire des Muses!
C'est toy, Paris, que Dieu conserve et gard'!
C'est toy qui as de science, avec art,
Endoctriné mon jeune âge ignorant,
Et qui chez-toy, par cinq ans demeurant,
L'as allaicté du laict qui de toy part.
  Combien je sen ma vie heureuse en elle
En te voyant, au prix de ces monts blancs
Qui ont l'échine et la teste et les flancs
Chargez de glace et de neige eternelle!
Je voy déjà la bande solennelle
Du sainct Parnasse en avant s'approcher
Et me baiser, m'accoler et toucher,
Me r'appellant à son estude belle.
  De l'autre part, ma librairie, helas!
Grecque, latine, espagnole, italique,
En me tançant d'un front melancolique,
Me dit que plus je n'adore Pallas.
Un milion d'amis ne seront las
Deux jours entiers de me faire la feste.
Un Peletier qui a dedans sa teste
Muses et dieux, les nymphes et leurs lacs;
  D'Aurat, réveil de la science morte,
Et mon Berger, qui s'est fait gouverneur
Non de troupeaux, mais de gloire et d'honneur,
Tiendra mon col lassé d'une main forte.
Tel jour heureux, qui tant d'aise m'apporte,
Soit par mes vers jusqu'au ciel colloqué,

Et sur mon cœur d'un blanc travers marqué,
A celle fin que jamais il n'en sorte !
 Mon Oradour ne Maclou n'y sont mie :
L'un est allé à Rome pour le Roy ;
L'autre en Anjou, esclave de sa foy,
Vit sous l'empire assez doux de s'amie.
Soit par la reste une joye accomplie.
De folastrer faison nostre devoir.
Ce jour passé, je suis prest d'aller voir
Si pour le temps les lettres on oublie.
 Plus que devant je t'aimeray, mon livre.
A celle fin que le sçavoir j'apprinse,
J'ay delaissé et cour, et roy, et prince,
Où j'estoy bien quand je les vouloy suivre.
Pour recompense aussi je me voy vivre ;
Et jusqu'au ciel icy bas remué,
Ainsi qu'Horace, en cygne transmué,
J'ay fait un vol qui de mort me delivre.
 Car, si le jour voit mon œuvre entrepris,
L'Espagne docte et l'Italie apprise,
Celuy qui boit le Rhin et la Tamise
Voudra m'apprendre ainsi que je l'appris,
Et mon labeur aura loüange et pris.
Sus, Vendomois (petit pays), sus donques,
Esjouy-toy, si tu t'éjouys oncques :
Je voy ton nom fameux par mes escris !

A BOUJU, ANGEVIN. (1550.)

Cestui-cy en vers les gloires
 Des dieux vainqueurs escrira,
Et cestuy-là les victoires
De nos vieux princes dira.
 Mais moy, je veux que ma Muse
Répande ton nom par l'air.

Et que toute s'y amuse
Si peu qu'elle sçait parler,
  Pour estre de nostre France
L'un de ceux qui ont défait
Le vilain monstre Ignorance
Et le siecle d'or refait.
  Que celuy qui s'estudie
D'estre pour jamais vivant
La main d'un peintre mendie,
Ou l'encre d'un escrivant;
  Mais toy, qui hautain déprise
Une empruntée faveur
De la main (tant soit apprise)
D'un poëte ou engraveur,
  Tu peux, maugré la Mort blesme,
Mieux qu'une plume ou tableau,
T'arracher vivant toy-mesme
Hors de l'oublieux tombeau,
  Faisant un vers plus durable
Qu'un colosse elabouré,
Ou la tombe memorable
Dont Mausole est honoré.
  Les pyramides, tirées
Des entrailles d'un rocher,
Jadis des rois admirées,
Le temps a fait trébucher;
  Mais, si l'esprit poëtique
Qui m'agite n'est errant,
Plus que nul pilier antique
Ton œuvre sera durant.
  Et si prevoy que la gloire
De ton vagabond renom
Ne fera sonner à Loire,
Contre ses bords, que ton nom,
  Et, le tournant en son onde,
Le ru'ra dedans la mer,
A fin que le vent au monde
Le puisse par tout semer.

CONTRE UN
QUI LUY DESROBA SON HORACE. (1550.)

Quiconques ait mon livre pris,
D'oresnavant soit-il épris
D'une fureur, tant qu'il luy semble
Voir au ciel deux soleils ensemble,
  Comme Penthée !

Au dos, pour sa punition,
Pende sans intermission
Une furie qui le suive !
Sa coulpe luy soit tant qu'il vive
  Representée.

A MACLOU DE LA HAYE,

Sur le traité de la paix fait entre le roy François
et Henry d'Angleterre en 1545.
(1550.)

Il est maintenant temps de boire,
Et d'un doux vin oblivieux
Faire assoupir en la memoire
Le soin de nostre aise envieux.
 Que c'estoit chose defendue
Auparavant de s'éjouyr,
Ains que la paix nous fust rendue,
Et le repos pour en jouyr !
 Je dy quand Mars armoit l'Espagne
Contre les François indontez

Et ce peuple que la mer bagne
(Hors du monde) de tous costez;
L'Espagne en picques violentes,
Furieuse, et ce peuple icy,
Par ses fleches en l'air volantes,
A craindre grandement aussi.

Puis que la paix est revenue
Nous embellir de son sejour,
La joye en l'obscur detenue
Doit à son rang sortir au jour.

Sus, page, en l'honneur des trois Graces,
Verse trois fois en ce pot neuf,
Et neuf fois en ces neuves tasses,
En l'honneur des Sœurs qui sont neuf.

Ces lys et ces roses naïves
Sont espandues lentement,
Je hay les mains qui sont oisives :
Qu'on se despeche vistement.

Là donc, amy, de corde neuve
R'anime ton luth endormy :
Le luth avec le vin se treuve
Plus doux, s'il est meslé parmy.

O quel zephyre favorable
Portera ce folastre bruit
Dedans l'oreille inexorable
De Magdaleine, qui nous fuit ?

Le soin qui en l'ame s'engrave
Secouer aux vents or' tu dois ;
C'est chose sage et vray'ment grave
De faire le fol quelque-fois.

A LA FONTAINE BELLERIE. (1550.)

Argentine fontaine vive,
De qui le beau crystal courant,
D'une fuitte lente et tardive
Ressuscite le pré mourant,
   Quand l'Esté mesnager moissonne
Le sein de Ceres devestu,
Et l'aire par compas resonne
Dessous l'espy de blé battu;
   A tout jamais puisses-tu estre
En honneur et religion
Au bœuf et au bouvier champestre
De ta voisine region;
   Et la Lune, d'un œil prospere,
Voye les Bouquins amenans
La Nymphe auprès de ton repere,
Un bal sur l'herbe demenans!
   Comme je desire, fontaine,
De plus ne songer boire en toy
L'esté, lorsque la fiévre ameine
La mort despite contre moy.

A SA MUSE. (1550.)

Grossi-toy, ma Muse françoise,
Et enfante un vers resonant,
Qui bruye d'une telle noise
Qu'un fleuve debordé tonant,
   Alors qu'il saccage et emmeine,

Pillant de son flot, sans mercy,
Le thresor de la riche plaine,
Le bœuf et le bouvier aussi.

   Et fay voir aux yeux de la France
Un vers qui soit industrieux,
Foudroyant la vieille ignorance
De nos peres peu curieux.

   Ne suy ny le sens, ny la rime,
Ny l'art du moderne ignorant,
Bien que le vulgaire l'estime,
Et en béant l'aille adorant.

   Sus, donque, l'envie surmonte,
Coupe la teste à ce serpent!
Par tel chemin au ciel on monte,
Et le nom au monde s'épend.

A LA FOREST DE GASTINE (1550) [1].

Donques, forest, c'est à ce jour
   Que nostre Muse oisive
Veut rompre pour toy son sejour,
   Aussi tu seras vive.
Je te dy vive pour le moins
   Autant que celles voire
De qui les Latins sont tesmoins,
   Et les Grecs, de leur gloire.
De quel present te puis-je aussi
   Payer et satisfaire,
Plus grand que cestuy-là qu'icy
   Ma plume te veut faire?
Toy qui au doux froid de tes bois
   Ravy d'esprit m'amuses;

---

1. Voyez page 159 de ce volume une autre ode à la forêt de Gastine, prise en partie de celle-ci.

Toy qui fais qu'à toutes les fois
    Me respondent les Muses;
Toy qui devant qu'il naisse en moy,
    Le soin meurtrier arraches;
Toy encor qui de tout esmoy
    M'alleges et défasches;
Toy qui au caquet de mes vers
    Estens l'oreille oyante,
Courbant en bas les cheveux vers
    De ta cime ployante,
La douce rosée te soit
    Tousjours quotidiane,
Et le vent qu'en chassant reçoit
    L'haletante Diane.
En toy habite desormais
    Des Muses le college,
Et ton bois ne sente jamais
    La flâme sacrilege.

A CASSANDRE. (1550.)

Si cet enfant qui erre
Vagabond par la terre
Avecques le carquois,
Frere de l'arc turquois,
Arc qui me point et mord,
Avoit son flambeau mort
Allumé dans l'haleine
Du geant qui à peine
Tient le mont envoyé
Sur son dos foudroyé,
Et m'en eust en dormant
Bruslé le cœur amant,
Comme (flâme indiscrette)
A la roine de Crete,
Encor ne m'auroit tant

Bruslé, sa flâme estant
Reprise en son flambeau,
Que ton visage beau,
Que ta bouche qui semble
Roses et lis ensemble,
Que tes noirs yeux lascifs,
Armez d'archiers sourcis,
Qui mille flesches tirent
Dans les miens, qui se mirent
En ta face, ô pucelle,
Me plaisant plus que celle
Qui, desdaignant Tithon,
Au matin le voit-on
Peindre de mille roses
Ses barrieres descloses.

DE FEU LAZARE DE BAÏF.
A Calliope. (1550.)

Si les Dieux
Larmes d'yeux
Versent pour la mort d'un homme,
A ceste heure,
Dieux, qu'on pleure,
Et qu'en dueil on se consomme !
Calliope,
Et ta trope,
Baïf chantez en voix telle
Que sa gloire
Par memoire
Soit saintement immortelle.
En maint tour,
A l'entour
Du cercueil croisse l'hierre.
Nuit et jour
Sans sejour,

A l'ignorance il eut guerre.
L'excellence
De la France
Mourut en Budé premiere,
Et encores
Morte est ores
Des Muses l'autre lumiere.

A JOACHIM DU BELLAY ANGEVIN. (1550.)

Si les ames vagabondes
Aux enfers des peres vieux,
Après avoir beu les ondes
Du doux fleuve oblivieux,
Desdaignans l'obscur sejour,
Pleines d'amour de la vie premiere
Reviennent voir de nos cieux la lumiere,
Et le clair de nostre jour;
Si ce qu'a dit Pythagore
Pour vray l'on veut estimer,
L'ame de Petrarque encore
T'est venue r'animer;
L'experience est pour moy,
Veu que son livre antiq' tu ne leus oncques,
Et tu escris ainsi comme luy; donques
Le mesme esprit est en toy.
Une Laure plus heureuse
Te soit un nouveau soucy,
Et que ta plume amoureuse
Engrave à son tour aussi,
Des amoureux le doux bien,
A celle fin que nostre siecle encore,
Comme le vieil, en te lisant t'honore
Pour gaster l'encre si bien.

D'une nuit oblivieuse
Pourquoy tes vers caches-tu ?
La lumiere est envieuse
S'on luy cele la vertu ;
Par un labeur glorieux
Ont surmonté les fureurs poëtiques
Du vieil Homere et des autres antiques
Les siecles injurieux.

D'UN ROSSIGNOL ABUSÉ. (1550.)

En may, lors que les rivieres
Des-enflent leurs ondes fieres
De la nége de l'hyver,
Et que l'on voit arriver
Le beau signe qui r'assemble
Les amoureux joints ensemble,
Duquel la clarté naissant,
Sur un bateau perissant,
Le vent se couche, et la mer
Rengorge son flot amer,
Le marinier soucieux
Prenant un front plus joyeux.
Donc, au retour de ce temps
Que tout rit sous le printemps,
Le rossignol passager
Estoit venu r'assieger
Sa forteresse ramée,
De son caquet animée ;
Là, soit qu'il voulust chanter
Amour ou le lamenter,
S'assit, si l'antiquité
Chenue dit verité,
Sur un buis, dont s'escartoit

Un ruisseau qui clair partoit,
Chantant de voix si sereine,
Si gaye, si souveraine,
Que les chesnes bien oyants,
Et les pins en bas ployants
Leurs oreilles pour l'ouyr
S'en voulurent resjouyr.
Ceste nymphe sonoreuse
Du fier enfant amoureuse,
Jusqu'au ciel le chant rapporte,
Redoublant la voix de sorte
Que les rochers d'eaux lavez
Et leurs pieds d'elle cavez,
Le ciel feirent assez seur
De la champestre douceur.
Mais luy, qui escoute un son
Tout semblable à sa chanson,
Puis voyant son ombre vaine
Remirée en sa fontaine,
Pense que son ombre estoit
Un oiseau qui mieux chantoit.
Amour de gloire obstinée
Avec toute beste née,
Voulant demeurer le maistre
Et de soy le vainqueur estre,
Plus haut que devant il sonne,
Plus haut le bois en resonne.
Il dit et chante comment
Il fut tesmoin du tourment
Que la jalouse receut
Sous feint nom qui la deceut;
Et comme le chevalier
Au javelot singulier
Se pasma dessus la face
Que desja la mort efface,
Appellant plustost les dieux
Et les astres odieux,
Plustost avecque grands cris

Comblant l'air de sa Procris,
Despitoit le nom semblable,
Et le vent du fait coulpable.
Il vouloit encore dire
De Clytie le martire,
Lors que les nymphes des bois,
D'aise ne tenant leurs vois,
A se mocquer commencerent,
Et le mocquant l'offenserent.
Luy, qui a bien apperceu,
Les oyant, qu'il est deceu,
Teignit, tant ire le donte,
Ses joues d'honneste honte;
Si que, rompant viste en l'air,
Le vuide par son voler,
Tellement se disparut,
Qu'onques puis il n'apparut.
Qui est mieux semblable à toy,
Petit rossignol, que moy?
Tous deux des nymphes ensemble
Sommes trompez, ce me semble,
Toy de ton chant, moy du mien :
Ainsi nous nuit nostre bien.
Car vers, ne chansons escrites,
Ne rimes, tant soient bien dites,
N'ont rompu la cruauté
D'une de qui la beauté
Me lime jusques au fond
Le cœur, qui en flammes fond.
Mais, ô deesse dorée,
Des beaux amans adorée,
Livre-la-moy quelque jour
Dedans un lit à sejour,
Afin qu'ell' me baise et touche,
Qu'ell' me mette dans la bouche
Je ne sçay quoy, dont Envie
Ait despit toute sa vie;
Qu'ell' me serre, qu'ell' m'enchesne

(Comme un lierre le chesne,
Ou la vigne les ormeaux)
Mon col de ses bras jumeaux.

A GASPAR D'AUVERGNE. (1550.)

Que tardes-tu, veu que les Muses
T'ont eslargi tant de sçavoir,
Que plus souvent tu ne t'amuses
A les chanter, et que tu n'uses
De l'art qu'ell's t'ont fait recevoir ?
Tu as le temps qu'il faut avoir,
Repos d'esprit et patience,
Doux instrument de la science ;
Et toutefois l'heure s'enfuit
D'un pied leger et diligent,
Sans que ton esprit negligent
Face apparoistre de son fruit.
On ne voit champ, tant soit fertil,
S'il n'est poitry du labourage,
Qu'à la fin ne vienne inutil,
Voire, et le champ joignant fut-il
Du Nil l'egyptien rivage.
Tant soit un cheval de courage,
Et coustumier à surmonter,
S'on est long-temps sans y monter
Il devient rosse et fort en bride ;
Ainsi des Muses l'escrivain,
S'il les delaisse, helas ! en vain
Il les invoque après pour guide.
L'orfévre de tenir n'a honte
Les instrumens de son mestier,
Son plaisir sa peine surmonte ;
Tellement qu'il feroit grand conte
Estre oisif un jour tout entier ;

Ton art le passe d'un quartier.
Quoi! voire du tout, ce me semble;
Toutefois, encre et plume ensemble
Tu crains, paresseux à toucher.
D'oresnavant escry, compose :
La louange pour peu de chose
S'achette, et qu'est-il rien plus cher?
 Mainte ville jadis puissante
Est ores morte avec son nom,
Ensevelie et languissante,
Et Troye est encor florissante,
Comme un beau printemps en renom;
Bien d'autres rois qu'Agamemnon
Ont fait reluire leur vertu;
Et si sont morts, car ils n'ont eu
Un Homere, qui mieux qu'en cuivre,
En medaille, en bronze ou tableau,
Les eust arrachez du tombeau,
Faisant leur nom vivre et revivre.

CHANT DE FOLIE A BACCHUS. (1550.)

Delaisse les peuples vaincus
Qui sont sous le lit de l'Aurore,
Et la ville qui, ô Bacchus,
Ceremonieuse t'adore.
 De tes tigres tourne la bride
En France, où tu es invoqué,
Et par l'air ton chariot guide,
Dessus en pompe colloqué.
 Que ceste feste ne se face
Sans t'y trouver, pere joyeux,
C'est de ton nom la dedicace
Et le jour où l'on rit le mieux.

Voy-le-ci, je le sen venir,
Et mon cœur estonné ne peut
Sa grand' divinité tenir,
Tant elle l'agite et l'esmeut.

Quels sont ces rochers où je vais
Leger d'esprit? Quel est ce fleuve,
Quels sont ces antres et ces bois
Où seul, esgaré, je me treuve?

J'entens le bruire des cymbales
Et les champs sonner : Evohé !
J'oy la rage des bacchanales
Et le son du cor enroué.

Icy le chancelant Silene,
Sus un asne tardif monté,
Les inconstans Satyres mene,
Qui le soustiennent d'un costé.

Qu'on boute du vin en la tasse,
Sommelier! qu'on en verse tant
Qu'il se respande dans la place !
Qu'on mange, qu'on boive d'autant !

Amoureux, menez vos aimées,
Ballez et dansez sans sejour;
Que les torches soient allumées
Jusques à la pointe du jour.

Sus, sus, mignons, aux confitures !
Le cotignac vous semble bon;
Vous n'avez les dents assez dures
Pour faire peur à ce jambon.

Amis, à force de bien boire,
Repoussez de vous le soucy ;
Que jamais plus n'en soit memoire.
Là doncques, faites tous ainsi.

Helas ! que c'est un doux tourment
Suivre ce dieu qui environne
Son chef de vigne et de sarment
En lieu de royalle couronne.

PALINODIE A DENISE (1550).

Telle fin que tu voudras mettre
  Au premier courroux de mon metre
    Contre toy tant irrité,
Mets-la luy, soit que tu le noies (a),
Que tu l'effaces ou l'envoyes
    Au feu qu'il a merité.

La grande Cybele insensée
N'esbranle pas tant la pensée
De ses ministres chastrés furieux,
Non Bacchus, non Phœbus ensemble,
Le cœur de leur prestre, qui tremble
    Les sentant venir des cieux,

Comme l'ire, quand elle enflâme
De sa rage le fond de l'ame
    Qui ne s'espouvante pas
Non d'un couteau, non d'un naufrage,
Non d'un tyran, non d'un orage
    Que le ciel darde çà bas.

De chaque beste Promethée
A quelque partie adjoustée
    En l'homme, et, d'art curieux,
D'un doux aigneau fit son visage,
Trempant son cœur dans le courage
    De quelque lyon furieux.

Le courroux a rué par terre

---

a. Var. (1560) :
  Telle fin maintenaut soit mise
  Que tu voudras au vers, Denise,
    Qui, malin, a despité
  Ton cœur, on soit que tu le noyes.

Thyeste; il cause que la guerre
　　Renverse mainte cité,
Et que le vainqueur qui s'y rue
Enflamme la captive rue
　　D'un feu contre elle irrité (*a*).

Jamais l'humaine conjecture
N'a preveu la chose future,
　　Et l'œil trop ardent de voir
Le temps futur, qui ne nous touche,
En son avis demeure louche.
　　Qui le futur peut sçavoir?

Las! si j'eusse preveu la peine
Dont maintenant ma vie est pleine,
　　Je n'eusse jamais lasché
Une ode d'erreur si tachée,
De laquelle, t'ayant fachée,
　　Moi-même je suis faché.

Ores, ores, je voy ma faute;
Je cognois combien elle est haute,
　　Et je tends les mains afin
Que ta sorceliere science,
Dont tu as tant d'experience,
　　Ne mette mes jours à fin.

Je te suppli', par Proserpine
(De Pluton la douce rapine),
　　Que courroucer il ne faut,
Et par les livres qui esmeuvent
Les astres charmez, et les peuvent
　　Faire devaler d'enhaut,

a. Var. (1560) :
Toujours l'ire cause la guerre ;
La seule ire a rué par terre
　　Le mur amphionien,
Voire et fit qu'après dix ans Troye
(Hector ja tué) fut la proye
　　Du grand roy mycenien.

Reçoy mes miserables larmes
Et me deslie de tes charmes,
 Espouventable labeur.
Destourne ton rouet, et ores
Deschante les vers qui encores
 M'accablent d'une grand'peur.

Telephe, prince de Mysie,
Peut bien flechir la fantasie
 D'Achil pour le secourir,
Lors que sa lance pelienne,
En la mesme playe ancienne,
 Repassa pour le guarir.

D'Ulysse la peineuse troupe,
Reboivant de Circé la coupe,
 Laissa des porcs le troupeau,
Et luy rougit dedans la face
L'honneur et la première grace
 De son visage plus beau.

Assez et trop, helas! j'endure!
Assez et trop ma peine est dure!
 Mon corps, par tes eaux souillé,
Efface sa couleur de roses,
Et mes veines ne sont encloses
 Que d'un sac palle et rouillé.

Ma teste, de tes onguents teinte,
Plus blanche qu'un cygne s'est peinte.
 Le lict me semble espineux,
L'aube me semble une serée;
Plus ne m'est douce Cytherée,
 Ny le gobelet vineux.

Appaise ta voix marsienne,
Et fay que l'amour ancienne
 Nous reglue ensemble mieux;
De moy ta colere repousse,
Et lors tu me seras plus douce
 Que la clarté de mes yeux.

ODE (1560).

Mon petit bouquet, mon mignon,
Qui m'es plus fidel compagnon
Qu'Oreste ne fut à Pylade,
Tout le jour, quand je suis malade,
Mes valets, qui, pour leur devoir,
Le soin de moy devroient avoir,
Vont à leur plaisir par la ville,
Et ma vieille garde inutile,
Aprés avoir largement beu,
Yvre, s'endort auprés du feu
A l'heure qu'elle deust me dire
Des contes pour me faire rire.
  Mais toy, petit bouquet, mais toy,
Ayant pitié de mon esmoy,
Jamais le jour tu ne me laisses
Seul compagnon de mes tristesses.
  Que ne puis-je autant que les dieux ?
Je t'envoirois là haut, aux cieux,
Fait d'un bouquet un astre insigne,
Et te mettrois auprés du signe
Que Bacchus dans le ciel posa
Quand Ariadne il espousa,
Qui seule lamentoit sa perte
Au pied d'une rive deserte.

ODE (1560).

Pipé des ruses d'Amour,
Je me promenois un jour
Devant l'huis de ma cruelle,
Et tant rebuté j'estois
Qu'en jurant je promettois
De ne rentrer plus chez elle.

« Il suffit d'avoir esté
Neuf ou dix ans arresté
Es cordes d'Amour, disoye;
Il faut m'en déveloper,
Ou bien du tout les couper,
Afin que libre je soye. »

Et pour ce faire je pris
Une dague que je mis
Bien avant dedans la lesse,
Et son nœud j'eusse brisé
Si lors je n'eusse avisé
Devant l'huis une déesse.

Mais, incontinent que j'eu
Son corps garny d'aisles veu,
Sa robe et sa contenance,
Et son roquet retroussé,
Incontinent je pensé
Que c'estoit dame Esperance.

Je m'approche; elle me prit
Par la main dextre et me dit :

ESPERANCE.

« Où vas-tu, pauvre poëte?
Tu auras avec le temps
Tout le bien que tu pretens
Et ce que ton cœur souhête.

Ta maistresse avoit raison
De tenir quelque saison
Rigueur à ta longue peine;
Elle le faisoit exprès,
Pour au vray cognoistre après
Ton cœur et ta foy certaine.

Mais ores qu'elle sçait bien,
Par seure espreuve, combien
Ta loyale amitié dure,
D'elle-mesme te pri'ra,
Et benigne guarira
Le mal que ton cœur endure. »

RONSARD.

Alors je luy respondis :
« Et qu'est-ce que tu me dis ?
Veux-tu r'abuser ma vie ?
Après me voir eschappé
De celle qui m'a trompé
Veux-tu que je m'y refie ?

Dix ans sont que je la suis,
Et que pour elle je suis
Comme une personne morte ;
Mais en lieu de luy ployer
Son orgueil, pour tout loyer
Je muse encor à sa porte.

Non non, il vaut mieux mourir
Tout d'un coup que de perir
En langueur par tant d'années ;
Ores je veux de ma main
Me tuer, pour voir soudain
Toutes mes douleurs finées. »

ESPERANCE.

« Ah ! qu'il te feroit bon voir
De tomber en desespoir,
Quand l'esperance te guide !
Laisse, laisse ton esmoy,
Laisse ta dague, et suy-moy
Là haut chez ton homicide. »

Disant ces mots, je suivy
Ses pas, autant que je vy,
Dans la chambre de Cassandre.

ESPERANCE *parle à Cassandre.*

« Tien, dit l'Esperance, tien :
Tout exprès icy je vien
Pour ton fugitif te rendre.
Il t'a servi longuement,
C'est raison que doucement

Ses angoisses tu luy ostes;
Il te faut bien le traitter,
Craignant ce grand Jupiter,
Puis qu'il est l'un de tes hostes. »

RONSARD *parle à Cassandre.*

A-tant elle s'eslança
Dans le ciel, et me laissa
Seul en ta chambre, m'amie.
Là doncque, par amitié,
Là, maistresse, pren pitié
De ton hoste qui te prie.

Si j'ay quelque mal chez toy,
Jupiter, le juste roy,
Foudroyra ta chere teste :
Car il garde ceux qui sont
Hostes, et tous ceux qui font
En misere une requeste.

ODE POUR AMADIS JAMYN,
Sur sa traduction d Homere (1).

Homere, il suffisoit assez
D'avoir en Grece, aux temps passez,
Fait combattre pour toy sept villes,
Sans qu'ores nos Gaules fertilles,
Pour se vanter de ton berceau
Refissent un combat nouveau.

En toy Jupiter transformé
Composa l'ouvrage estimé
De l'Iliade et l'Odyssée,
Et tu as ton ame passée

1. En tête de la traduction des treize derniers livres de l'Iliade par A. Jamyn, Paris, L'Angelier, 1584, in-12.

En Jamyn, pour interpreter
Les vers qu'en toy fit Jupiter.

  C'est afin qu'en lieu de Gregeois
Tu fusses appelé François,
Et qu'on revist la mesme noise
Pour toy en la terre gauloise
Qu'en Grece en sept villes tu fis,
Qui toutes t'avouoient leur fils.

  Tous deux en un corps n'estes qu'un,
Le ciel vous est pere commun,
Vous n'estes ouvrage de terre ;
La terre que la mer enserre,
Aux membres grossiers et pesans,
N'engendre point de tels enfans.

  Ou si la terre vous conceut,
Fut sur Parnasse, qui receut
La part au giron de ses Muses
Allaictant des liqueurs infuses
Du nectar vos membres petits,
Entre les roses et les lis.

  Mais la terre ne peut avoir
Cet honneur de vous concevoir :
Nature, de gros germe pleine,
Vous parturoit à toute peine ;
Depuis, vous aymant par sus tous
N'a daigné faire autre que vous.

  Toute en vous deux elle se voit ;
Ce qu'aux autres elle devoit,
Elle l'a mis d'un soin de mere
En son Jamyn, en son Homere,
Vous faisant, comme deux soleils,
Patrons des Muses sans pareils.

  Mille Romains, pour haut voler,
Ont voulu ton vol égaler,
Mais pour neant, car l'artifice,
Au prix de la nature est vice,
Restant à la posterité,
Adorable, et non imité.

Heureux le brazier d'Ilion !
Heureuse Troye ! un milion
De villes riches et peuplées
Voudroient ainsi estre bruslées,
Prenant à plaisir et à jeu
Qu'Homere y eust jetté le feu.

La riche pompe de tes vers
Ressemble à des joyaux divers,
Diamans, rubis, chrysolithes,
Où toutes clartez sont eslites,
Luisantes comme astres des cieux,
Aussi tu es poete des Dieux.

Le plus admirable de toy,
Et le plus divin, c'est dequoy
Tu as poussé toutes les guerres
De Grece aux estrangeres terres,
Et n'as souffert qu'un Argien
Fust meurtrier d'un Achaïen.

Mais en faisant outre la mer
Contre Ilion la Grece armer,
Tu as des barbares provinces,
Orné la gloire de tes princes,
Eslevant d'un superbe front
Leurs victoires sur l'Hellespont.

Çà, las ! je ne sçaurois mon nom
Honorer aujourd'huy, sinon
Qu'en chantant les guerres civiles,
Et le feu qui brusle nos villes ;
Dieux qui presidez aux dangers,
Portez ce mal aux estrangers,

Et faites que nostre bon roy,
Et nostre bonne antique loy,
Toujours immuables demeurent ;
Que les guerres civiles meurent,
Et qu'en la France pour jamais
Florisse une eternelle paix !

*A LA ROYNE D'ESCOSSE
Pour lors Royne de France.

ODE (1567) [1].

O belle, plus que belle et agréable Aurore,
Qui avez delaissé vostre terre escossoise
Pour venir habiter la région françoise,
Qui de vostre clarté maintenant se décore !

Si j'ay eu cest honneur d'avoir quitté la France,
Voguant dessus la mer pour suyvre vostre père,
Si, loing de mon pays, de frères et de mère,
J'ay dans le vostre usé trois ans de mon enfance,

Prenez ces vers en gré, Royne, que je vous donne,
Pour fuyr d'un ingrat le miserable vice,
D'autant que je suis né pour faire humble service
A vous, à vostre race et à vostre couronne.

A DIANE DE POITIERS
Duchesse de Valentinois.

ODE (1567).

Quand je voudrois celebrer ton renom,
Je ne dirois que Diane est ton nom ;
Car on feroit, sans se travailler guère,
De ton nom seul une Iliade entière.

---

1. Elle se retrouve dans l'édition in-12 de Lyon, Soubron, 1592, à la suite des Mascarades.

* Les odes qui suivent ne font pas partie du volume des pièces retranchées. Je les ai recueillies dans les éditions originales.   P. B.

Mais recherchant tes honneurs de plus loin,
Je chanterois, animé d'un beau soin,
Tes vieux ayeux chevalereux en guerre,
Qui ont porté le sceptre en mainte terre,
Enfants de roys ou de roys heritiers.
Je chanteroys le beau sang de Poitiers
Venu du ciel, et la race divine
Que Remondin conçeut de Melusine.
Je chanteroys comme, l'un de leurs filz
Au bord du Clain dormant, luy fust avis
Que hors de l'eau le petit Dieu de l'onde
Jusques au col tiroit sa teste blonde,
L'admonestant d'aller en Dauphiné.

Et luy disoit : « Enfant predestiné
Pour commander à plus haute rivière,
Laisse mes bords; cherche la rive fière
Du large Rhosne, et poursuy ton destin
Qui conduira ta voye à bonne fin,
Car jà le ciel pour jamais à ta race
Aux bords du Rhosne a destiné ta place. »
  Il luy conta quels seigneurs et quels roys
Naistroient de luy, et en combien d'endroits,
Soit d'Italie ou d'Espagne, ou de France,
Tiendroient le sceptre en longue obéissance.
Il luy chanta ses hoirs de point en point,
Ceux qui mourroient, ceux qui ne mourroient point
Ains que regner, et combien de princesses
Viendroient de luy, de ducs et de duchesses;
Mais par sus tous ce fleuve luy chantoit
D'une Diane, et jurant promettoit
Qu'ell' passeroit en chasteté Lucrèce
Et en beauté ceste Helene de Grèce,
Qu'elle prendroit d'un seul traict de ses yeux
Les cœurs ravis des hommes et des Dieux,
Et qu'à jamais ses fameuses louanges
Iroient volant par les terres estranges.

Disant ainsy le fleuve devala

Son chef dans l'eau, et l'enfant s'en alla
Tout bouillonnant d'affection nouvelle
D'estre l'ayeul d'une race si belle.

Je chanterois encore ta bonté,
Ton port divin, ta grace, ta beauté;
Comme tousjours ta vertueuse vie
A repoussé par sa vertu l'envie.

Je chanterois vers l'Eglise ta foy;
Comme tu es la parente du roy,
Qui te cherist comme une dame saige,
De bon conseil et de gentil couraige,
Grave, benine, aymant les bons esprits
Et ne mettant les Muses à mespris.

Je chanterois d'Anet les edifices,
Thermes, piliers, chapitaux, frontispices,
Voutes, lambris, cannelures; et non,
Comme plusieurs, les fables de ton nom.
Et te louant je chanteroy peut-estre
Si haultement que ce grand roy, mon maistre,
En ta faveur auroit l'ouvrage à gré,
Que je t'aurois humblement consacré.

DIALOGUE DES MUSES ET DE RONSARD.

(1567.)

RONSARD.

Pour avoir trop aymé vostre bande inégale,
   Muses, qui defiez (ce dites vous) les temps,
J'ay les yeux tout battus, la face toute pasle,
Le chef grison et chauve, et je n'ay que trente ans.

MUSES.

Au nocher qui sans cesse erre sur la marine
Le teint noir appartient; le soldat n'est point beau
Sans estre tout poudreux; qui courbe la poitrine
Sur nos livres, est laid s'il n'a pasle la peau.

RONSARD.

Mais quelle recompense aurois-je de tant suivre
Vos danses nuict et jour, un laurier sur le front?
Et cependant les ans aux quels je deusse vivre
En plaisirs et en jeux comme poudre s'en vont.

MUSES.

Vous aurez, en vivant, une fameuse gloire,
Puis, quand vous serez mort, votre nom fleurira.
L'age, de siècle en siècle, aura de vous memoire;
Vostre corps seulement au tombeau pourrira.

RONSARD.

O le gentil loyer! Que sert au vieil Homère,
Ores qu'il n'est plus rien, sous la tombe, là bas,
Et qu'il n'a plus ny chef, ny bras, ny jambe entière,
Si son renom fleurist, ou s'il ne fleurist pas!

MUSES.

Vous estes abusé. Le corps dessous la lame
Pourry ne sent plus rien, aussy ne luy en chaut.
Mais un tel accident n'arrive point à l'ame,
Qui sans matière vist immortelle là haut.

RONSARD.

Bien! je vous suyvray donc d'une face plaisante,

Deussé-je trespasser de l'estude vaincu,
Et ne fust-ce qu'à fin que la race suyvante
Ne me reproche point qu'oysif j'aye vescu.

MUSES.

Vela saigement dit. Ceux dont la fantaisie
Sera religieuse et devote envers Dieu
Tousjours acheveront quelque grand'poésie,
Et dessus leur renom la Parque n'aura lieu.

ODE (1567).

Si tost, ma doucette Ysabeau,
Que l'aube, à tes yeux ressemblable,
Aura chassé hors de l'estable
Parmy les champs nostre troupeau,
   Au marché porter il me faut
(Ma mère Jeanne m'y envoye)
Nostre grand cochon et nostre oye,
Qui le matin crioit si haut.
   Tu veux que j'achette pour toy
Une ceinture verdelette
Et une bague joliette,
Pour en orner ton petit doy.
   Tu veux l'epinglier de velours
Et une bourse toute telle
Qu'à Toinon la sœur de Michelle,
Qui vient aux champs avecque nous.
   Bien ; à mon retour du marché
Tu les auras, pourveu, bergere,
Qu'au premier somme de ta mere,
Quand le mastin sera couché,
   Tu viennes querir tes presents

Dessous la coudre où je t'attends.
Tu sçais où elle est, mignonette.
Mais vien, mon cœur, toute seulette.

ODELETTE (1560).

Tay-toy, babillarde arondelle,
  Ou bien je plumeray ton aile,
Si je t'empoigne, et d'un cousteau
Je te couperay ta languette,
Qui matin sans repos caquette,
Et m'estourdit tout le cerveau.
  Je te preste ma cheminée
Pour chanter, toute la journée,
De soir, de nuict, quand tu voudras;
Mais au matin ne me resveille
Et ne m'oste, quand je sommeille,
Ma Cassandre d'entre les bras.

LE BAISER DE CASSANDRE.

ODE (1550).

Baiser, fils de deux levres closes,
  Filles de deux boutons de roses,
Qui serrent et ouvrent le ris
Qui deride les plus marris;
  Baiser ambroisin, que j'adore
Comme ma vie, et dont encore
Je sen en ma bouche, souvent,
Plus d'un jour aprés le doux vent;
  Baiser qui fais que l'amant meure

Puis qu'il revive tout à l'heure,
Ressouflant l'ame qui pendoit
Aux levres où ell' t'attendoit;
 Bouche d'aumône toute pleine,
Qui m'engendre de ton haleine
Un pré de fleurs à chaque part
Où ta flairante odeur s'épart;
 Et vous, mes petites montaignes,
Je parle à vous, levres compaignes,
Dont le coral naïf et franc
Cache deux rangs d'ivoire blanc,
 Je vous suppli', n'ayez envie
D'estre homicides de ma vie :
Bouche, sans tes baisers je meurs,
Car je vy d'eux, et non d'ailleurs.

ODE (1560).

L'un dit la prise des murailles
De Thebe, et l'autre les batailles
De Troye; mais j'ay entrepris
De dire comme je fus pris.
 Ni nef, pieton, ni chevalier,
Ne m'ont point rendu prisonnier.
Qui donc a perdu ma franchise?
Un nouveau scadron furieux
D'amoureaux, armé des beaux yeux
De ma Dame, a causé ma prise.

FIN DU TOME SECOND.

TABLE DES MATIÈRES

CONTENUES DANS CE VOLUME.

LES ODES DE P. DE RONSARD.
Au lecteur. 7
Préface mis au devant de la première impression des
    Odes. 9
Advertissement au lecteur. 14
Au Roy Henri II de ce nom. 19
Le premier Livre des Odes 23
Le second Livre des Odes. 130
Le troisiesme Livre des Odes. 172
Le quatriesme Livre des Odes. 240
Le cinquiesme Livre des Odes. 295
Odes retranchées. 385

FIN DE LA TABLE.

www.ingramcontent.com/pod-product-compliance
Lightning Source LLC
Chambersburg PA
CBHW050240230426
43664CB00012B/1771